Veronica Frenzel
In eurem Schatten beginnt mein Tag

VERONICA FRENZEL

IN EUREM SCHATTEN BEGINNT MEIN TAG

Wie die Nazi-Vergangenheit
meiner Familie mich bis heute
rassistisch prägt

GOLDMANN

Sollte diese Publikation Links auf Webseiten Dritter enthalten, so übernehmen wir für deren Inhalte keine Haftung, da wir uns diese nicht zu eigen machen, sondern lediglich auf deren Stand zum Zeitpunkt der Erstveröffentlichung verweisen.

Dieses Sachbuch schildert die persönliche Geschichte der Autorin und beruht auf Erfahrungen, Erlebnissen, umfassenden Recherchen, Gesprächen und Aufzeichnungen. Alle Informationen und Angaben in diesem Buch wurden von der Autorin und vom Verlag sorgfältig erwogen und geprüft.

Wir haben uns bemüht, alle Rechteinhaber*innen ausfindig zu machen, verlagsüblich zu nennen und zu honorieren. Sollte uns dies im Einzelfall bedauerlicherweise einmal nicht möglich gewesen sein, werden wir begründete Ansprüche selbstverständlich erfüllen.

Die Arbeit der Autorin wurde von *Neustart Kultur* der Bundesregierung und der VG Wort gefördert.

Penguin Random House Verlagsgruppe FSC® N001967

1. Auflage
Originalausgabe September 2022
Copyright © 2022 by Wilhelm Goldmann Verlag, München,
ein Unternehmen der Penguin Random House Verlagsgruppe GmbH
Neumarkter Straße 28, 81673 München
Copyright © 2022 by Veronica Frenzel
Umschlaggestaltung: UNO Werbeagentur, München,
unter Verwendung eines Fotos von © Antonio Perrone
Redaktion: Dr. Marion Preuß
Gutachter*innen: Henriette Hufgard, Prof. Dr. Markus May u. a.
MP · Herstellung: CF
Satz: Vornehm Mediengestaltung GmbH, München
Druck und Bindung: CPI books GmbH, Leck
Printed in the EU
978-3-442-31644-1

www.goldmann-verlag.de

INHALTSVERZEICHNIS

VORBEMERKUNG   7

ZUR QUELLENLAGE   9

OMA UND ICH. DIE JUDENKIRSCHE.   13

ICH. ERTAPPEN.   19

OPA. DAS BLAUE VON DER MILCH.   41

ICH. ENTNAZIFIZIEREN.   49

OPA. GRÖSSE.   69

ICH. AUF OPAS SPUREN.   73

OMA UND ICH. LEISTEN.   89

OMA. IM HEU.   93

ICH. GRABEN.   97

OMA. DIE CHANCE.   109

ICH. OMAS SPUREN.   115

OPA. IM OSTEN.   133

ICH. ENTWURZELN.   143

OMA UND ICH. ZEUGEN.   163

ICH. INTELLEKTUALISIEREN. 167

OPA. DIE WAHRSAGERIN. 189

ICH. TRAUERN. 197

OMA. DER ANFANG VOM ENDE. 209

ICH. HERRENMENSCHELN. 217

OMA UND ICH. DIE TOTEN. 229

ICH. SEHEN. 233

OMA. SCHNITTBLUMEN. 247

ICH. TASTEN. 255

OPA. ALTE WUNDEN. 271

ICH. TANZEN. 277

OMA. IM WAHN. 291

OMA UND ICH. SCHWIMMEN. 297

ICH. PUZZELN. 301

EPILOG 311

ADRESSEN UND ANLAUFSTELLEN 315
BIBLIOGRAFIE 318
DANK 320

VORBEMERKUNG

Dieses Buch erzählt von meiner ganz persönlichen Auseinandersetzung mit der NS-Vergangenheit meiner Vorfahr*innen und überhaupt mit meinem Aufwachsen in der *weißen* deutschen Gesellschaft. Als ich mit dem Schreiben begonnen habe, wusste ich noch nicht, wie sich alles entwickeln würde. Mit dem Ende des Buchs ist diese Auseinandersetzung nicht abgeschlossen. Wahrscheinlich wird sie es nie sein. Dieses Buch soll deshalb ein offenes sein.

Schon jetzt will ich versuchen, dass sich alle eingeschlossen fühlen, auch die, die sich nicht auf ein Geschlecht festlegen. Das Gendersternchen * benutze ich nur dann nicht, wenn es um Menschen mit bekannten (oder: gesellschaftlich etablierten) Geschlechterzuschreibungen geht, außerdem wenn es historisch wenig Sinn macht. Auch verwende ich das generische Maskulinum oder Femininum, wenn die Personenbeschreibung in Zitaten steht und die Haltung der*des Sprecherin*Sprechers eine Rolle spielt, etwa in den Kapiteln, in denen ich die Geschichte aus der Perspektive meiner Großeltern erzähle. Nach Absprache mit einem*einer nonbinären Gesprächspartner*in habe ich in dem betreffenden Kapitel das doppelte Pronomen er*sie benutzt, das männliche zuerst.

Die Zuschreibungen Schwarz und *weiß* verwende ich als politisch-soziologische Kategorien, die auf die unterschiedlichen Sprecherpositionen verweisen, nicht um Hautfarben zu beschreiben, auch wenn die Begriffe historisch und praktisch natürlich damit zu tun haben. Schwarz mit großem S, weil viele Schwarze, afro-deutsche und afro-diasporische Menschen in Deutschland sich selbst so beschreiben. *Weiß* schreibe ich kursiv, weil die meisten *weißen* Menschen mit dem Farbattribut noch nicht vertraut sind und sich selbst nicht so bezeichnen würden. Ich verwende auch die Begriffe People/Person of Color (PoC), da viele Deutsche sich selbst so bezeichnen, die von *Weißen* zu Migranten gemacht werden. Darüber hinaus werde ich das N-Wort nie ausschreiben, auch keine anderen rassistischen Fremdbezeichnungen, etwa die für Sinti*zze und Rom*nja.

In historischen Zitaten wird in diesem Buch allerdings Antisemitismus reproduziert und auch Ableismus, die Diskriminierung von Menschen, die eine Behinderung haben.

Für jeden Hinweis auf Fehler, Versäumnisse oder diskriminierende Haltungen, auf die ich beim Schreiben noch nicht selbst gestoßen bin und die auch meine *weiße* Lektorin und die anderen *weißen* und Schwarzen Leser*innen und Gutachter*innen des Manuskripts, die mich unterstützt haben, mich so achtsam wie möglich auszudrücken, übersehen haben können, werde ich dankbar sein.

ZUR QUELLENLAGE

Die Kapitel über die Leben meiner Großeltern sind fiktionalisiert. Ich habe sie so genau rekonstruiert, wie es mir möglich war: aus Geschichten, die ich in meiner Kindheit mitbekommen habe, die meine Großmutter erzählt hat, die ich während meiner Recherche von noch lebenden Verwandten gehört habe. Sie sind vermengt mit den Angaben, die ich in diversen Archiven gefunden habe, mit historischen Recherchen – und mit eigenen Interpretationen.

Wenn ich beispielsweise über die Begegnung meines Großvaters mit der Wahrsagerin schreibe, kenne ich die Familienanekdote über die Handleserin. Ich weiß aus den Akten des Spruchkammergerichts, dass er als SS-Mann ins *Sudetenland* einmarschierte. Ich habe in der Staatsbibliothek recherchiert, wie dieser Einmarsch vor sich ging, und kenne aus den Kriegstagebüchern der Division meines Großvaters die Perspektive seiner Kameraden auf dieses Ereignis, die bisweilen verstörende Euphorie, den Korpsgeist. Wenn ich darüber schreibe, was mein Großvater während des Offizierslehrgangs erfahren hat, den er an der Kraftfahrttechnischen Anstalt der SS in Wien-Schönbrunn von September bis Dezember 1941 in Wien absolvierte, dann habe ich über die Lehrinhalte der SS-Kaderschmieden gelesen und über den aktuellen Forschungsstand zur Entwicklung des Holocausts. Wenn ich erzähle, wie meine Oma im März 1945 von Wien in die Oberpfalz gefahren ist, habe ich mich im Archiv über die Reisemöglichkeiten zu genau jenem Zeitpunkt informiert. Wenn ich den Antisemitismus meiner Großmutter darstelle, weiß ich aus Büchern und Gesprächen mit Historiker*innen wie verbreitet er in der damaligen Wiener Gesellschaft war, auch unter Arbeiter*innen und Bäuerinnen*Bauern, und wie er sich im Alltag manifestierte. Wenn ich andeute, dass meine Großmutter in ihrer Jugend vergewaltigt worden ist, habe ich mich an ihre Worte über die Begegnungen mit Bauern, Jungen und anderen Männern in ihrem Dorf erinnert. Ich habe auch an die Bilder gedacht, die ich im Kopf hatte, wenn sie davon erzählte.

Ich habe diese Geschichten, Fakten, Recherchen auch mit meinen eigenen Gefühlen angereichert. Sie sind während meiner Auseinandersetzung mit dem Erbe meiner Großeltern hochgekommen. Währenddessen fühlte ich mich oft deshalb auch wie eine Schatzsucherin. Meine Schätze waren verschüttete Emotionen. Ich entdeckte in mir Größenwahn und Hörigkeit, Scham, eine entsetzliche Angst vor Zurückweisung, Schuldgefühle und tiefe Trauer. Die endlose Sehnsucht, etwas Besonderes sein zu wollen. Ich habe mich getraut und mir erlaubt, meinen Großeltern meine Emotionen *anzudichten*. Denn bei der Auseinandersetzung habe ich vor allem eines ganz deutlich gemerkt: Ich trage die Geschichte der beiden in mir, in jeder Faser meines Seins.

Weitere Informationen zu Archiven, Quellen und Anlaufstellen habe ich im Anhang zusammengefasst.

*Auch die Toten werden vor dem Feind,
wenn er siegt, nicht sichtbar sein.
Und dieser Feind hat zu siegen nicht aufgehört.*

Walter Benjamin, *Über den Begriff der Geschichte*

OMA UND ICH.
DIE JUDENKIRSCHE.

Eine zarte Lampionblume bringt meine Welt ins Wanken. Orangerot ragt sie durch die Streben des Gartenzauns hinaus auf die Straße. Oma beugt sich hinunter, wiegt die Kapsel in der Hand, bricht sie ab, reicht sie mir. *Eine Judenkirsche.* Ich zucke zusammen. Oma sollte nicht das Wort Jude in den Mund nehmen, erst recht nicht, wenn sie einer Blume die Blüte abreißt. *Judenkirsche sagt man nicht,* will ich antworten. Doch etwas hält mich zurück. *Ist es wirklich so?,* frage ich mich. *Woher habe ich das? Hat Oma nicht immer recht?* Stumm laufe ich neben ihr, in der hohlen Hand halte ich vorsichtig den zerbrechlichen Lampion zusammen mit der Eichel, die wir ein paar Schritte vorher vom trockenen Waldboden aufgesammelt haben. Mit der anderen greife ich nach Oma, lasse sie nicht los, während wir im Gleichschritt durch die Siedlung spazieren, rechts-links-rechts-links, ignoriere den dumpfen Schmerz, den ihr Ring an meinem Finger hinterlässt, bis ich ihn nicht mehr spüre. In unserem Garten werfe ich den Lampion zwischen die Johannisbeersträucher, von denen ich im Frühsommer so gern nasche. Mit der Eichel in der Hand laufe ich in die Küche, in der Oma für mich und meine Zwillingsschwester Antonia Butterbrote schmiert, Kakao kocht und zu einem deutschen Schlager summt, der aus dem Radio dudelt, die königsblaue Schürze über einen ihrer wadenlangen braunen Wollröcke gebunden, die mich im Gesicht kratzen, wenn sie mich an sich drückt. Von der Eckbank aus schaue ich ihrem geschäftigen Sein zu, den Kopf in die Hände gestützt, was Mama mir als Lümmeln verbietet und Oma mir großzügig erlaubt. Als sie eine Tasse mit dampfendem süßen Kakao vor mich stellt, bin ich längst wieder ganz ruhig. Nichts wankt.

Oma, Antonia und ich spazieren um ein Containerdorf für Asylbewerber*innen, das vor ein paar Wochen auf einer Brache hinter der Einfamilienhaussiedlung im Osten von München errichtet worden ist. Dort haben sich meine Großeltern nach dem Krieg ihr Häuschen gebaut. Es ist Anfang der Neunzigerjahre, die meisten Menschen in diesem Dorf sind vor dem Bosnienkrieg geflohen, ein paar stammen vom afrikanischen Kontinent, dunklere Haut als Oma und ich haben sie alle.

Oma hält mich fest an der Hand, ich halte mich an ihr fest. Ich will näher ran, will sehen, wie die Leute die grauen Quader in Wohnungen verwandelt haben, wie sie leben, will wissen, wer sie sind. Ich ziehe an Omas Hand, in Richtung der Container. Doch diesmal gibt sie nicht nach wie sonst, wenn ich die Richtung bestimmen will. Ich maule. Der Stein ihres Rings drückt noch fester in das Fleisch meines Zeigefingers. Dieser Händedruck ist ein Befehl, das weiß ich sofort. Ich verstumme und marschiere im Stechschritt neben ihr her, im großen Bogen um die Container. Die nehme ich gar nicht mehr wahr, denn ich bin jetzt ganz mit meinen Füßen beschäftigt. Noch penibler als sonst achte ich darauf, bei jedem Schritt die gleiche Distanz wie Oma zu durchmessen. Eins-zwei-eins-zwei. *Da leben Asoziale*, raunt sie. Das Wort höre ich zum ersten Mal, es klingt bedrohlich, abstoßend. Ich schaue zu ihr auf. *Nimm dich in Acht*. Ihr Blick ist auf die grauen Container gerichtet. Ihr liebevolles Gesicht ist verwandelt, die sonst so weichen Züge sind hart, die blauen Augen funkeln kalt. Mir graut. Ich glaube, vor den Fremden, vor den Asylbewerber*innen, vor den Menschen mit dunkler Haut. Dass für mich soeben noch alles anders war, dass mir die Menschen in den Containern nicht fremd schienen, sicher nicht böse oder als Leute, vor denen ich mich in Acht nehmen muss, das habe ich schon fast vergessen.

Wenig später sitzen wir wieder nebeneinander in der warmen Küche, Antonia und ich auf der Eckbank, sie auf dem Stuhl gegenüber. Oma in der blauen Schürze blättert in der *Bild-Zeitung* und schüttelt den Kopf. Ich schlürfe heißen Kakao. *Diese Ausländer! Sie stehlen und vergewaltigen! Die lachen dir ins Gesicht und haben einen Knüppel im Rücken! Und es werden immer mehr!* Ich summe zu dem Volkslied aus dem Radio und genieße mit geschlossenen Augen, wie sich in meinem Mund die Säure des Butterbrots mit der Schokomilch vermengt, ihre Worte sind kaum mehr als ein Hintergrundrauschen. Da nimmt Oma mein Kinn in die Hand, dreht meinen Kopf nach rechts: *Hüte dich vor diesen Buben*. Vorhin beim Spaziergang, nach dem Bogen um das Containerdorf, habe ich ihr wieder vom Turnverein erzählt, irgendwie fühlte es sich richtig an, genau in dem Moment wieder über die Hänseleien zu jammern, über die Jungs, die uns Streber schimpfen, die uns wegen der No-Name-Klamotten auslachen. Die alle ausländische Namen tragen. Ich nicke. Oma streichelt mir über den Kopf.

Meine Großmutter war einer der Menschen, die meine Kindheit am meisten geprägt haben. Meine verwitwete Mutter war oft bis abends in der Arbeit, Oma immer da. Wenn meine Zwillingsschwester Antonia und ich mittags aus der Schule kamen, winkte sie uns schon vom Küchenfenster aus zu, schöpfte aus riesigen Töpfen Köstlichkeiten auf unsere Teller, beobachtete mit ihren blauen Augen zufrieden, wie wir ihre Gerichte verschlangen, füllte nach, bis wir den Löffel fallen ließen, und manchmal auch danach. Wenn uns die Jungs aus dem Sportverein hänselten, weil wir einen Kopf größer und breiter als sie waren, tröstete sie uns, *Männer können leider nur schwer damit umgehen, wenn Frauen sie übertrumpfen*, drückte uns Schokolade in die Hand und warnte uns, vor verletzter männlicher Eitelkeit müssten wir uns hüten, die sei gefährlich, die dürften wir nicht triezen. Sie schien uns in vielem eine weise Autorität.

Omas Worte über die Geflüchteten lösten aber schon damals Unbehagen bei mir aus. Allerdings fand ich keine Worte dafür. Dass in ihrer Vergangenheit etwas Bedrohliches lag, dass sie und Opa Nazis gewesen, vielleicht noch immer waren, das wusste ich irgendwie auch, als Oma meinem achtjährigen Ich den orangeroten Lampion in die Hand legte. Ich weiß nicht mehr, woher ich es hatte. Nie hat sich irgendjemand aus meiner Familie mit mir hingesetzt, mich aufgeklärt, mir irgendetwas erklärt. Ich musste es nebenbei aufgeschnappt, mir aus Gesprächsfetzen zusammengereimt haben. Und ich hatte aus irgendeinem Grund auch verinnerlicht, dass man darüber nicht redete, dass diese Vergangenheit ein Tabu war, an dem auch ich nicht zu rütteln hatte, ja auch gar nicht rütteln wollte. Ich schob es weit weg, sodass ich bis heute nur mühsam Zugang zu solchen Erinnerungen finde.

Mittlerweile sind meine Großeltern verstorben. Und tatsächlich habe ich mit beiden zu ihren Lebzeiten nie offen darüber sprechen können, was sie in der NS-Zeit getan haben – und das hat auch sonst niemand in meiner Familie getan. Auch nach ihrem Tod hat niemand je mit mir darüber gesprochen. Bis zu diesem Zeitpunkt weiß ich nicht, welche Rolle meine Vorfahr*innen unter Hitler hatten. Bis zu diesem Moment habe ich nur diese dunkle Ahnung. Und die habe ich bisher ziemlich erfolgreich aus meinem Bewusstsein verdrängt.

Natürlich hat mich auch nie jemand vor Oma gewarnt. Niemand hat mir je gesagt: Sosehr sie dich auch liebt, sosehr du sie auch liebst, in den meisten Dingen ist sie keine Instanz. Zum Beispiel pfropft sie dir eine Weltsicht auf, die andere Menschen zu *Fremden* macht, zu vermeintlich gefährlichen, minderwertigen Wesen. Ich hatte keine Wahl. Wenn sie mich vor etwas warnte, führte ich es eben genau auf die vermeintliche Gefahr zurück, von der sie mich schützen wollte. Und nicht auf die menschenverachtende Weltsicht, die diesen angeblichen Warnungen oft zugrunde lag. Die setzte sich ab als verquere Wahrheit, verankerte sich irgendwo tief in meinem Unterbewusstsein, während sie uns Kakao kochte. Oder wenn wir wieder mal *Vom Winde verweht* schauten, ihren Lieblingsfilm, der mittlerweile als rassistisches Kolonialspektakel enttarnt worden ist. Diese ihre Weltsicht wirkt bis heute in mir. Auch wenn ich es längst besser weiß.

ICH.
ERTAPPEN.

Zum ersten Mal bewusst habe ich mich in Wien ertappt. Ich war zu Besuch bei einer Kindheitsfreundin, wir hatten uns lange nicht gesehen, versunken in unser Gespräch spazierten wir am Graben, dieser glitzernden Einkaufsstraße. Da trat ein Mann auf uns zu. Er war Schwarz. Aus den Augenwinkeln nahm ich wahr, wie er den Mund öffnete, wie er ansetzte, etwas zu sagen. Noch bevor er das erste Wort sprach und ohne ihn anzusehen, beschleunigte ich den Schritt, blickte starr zu meiner Freundin. Während ich ihn angestrengt ignorierte, sagte der Mann in von mir unerwartet perfektem Deutsch: *Entschuldigen Sie, ich habe eine Frage …* Mitten im Satz brach er ab. Er hatte es natürlich gesehen. Dass ich zusammengezuckt war. Dass ich mich abgewandt hatte. Dass ich mir aufgrund seiner Hautfarbe ein Bild von ihm machte, das ihm nicht gerecht wurde, an dem ich festhielt, aus Gewohnheit, Faulheit, Scham. Steif lief ich an ihm vorüber, ohne mich umzuwenden, ohne mich zu entschuldigen, ohne ihn zu fragen, was er eigentlich wissen wollte. Ein peinliches Unbehagen wuchs in mir mit jedem Schritt, den ich mich von ihm entfernte, und die Worte meiner

Freundin, denen ich gerade noch aufmerksam gefolgt war, drangen kaum noch zu mir. Als wir wenig später in einem Kaffeehaus bestellten, fragte ich, ob sie gehört hätte, was der Mann am Graben zu uns gesagt hatte, ob sie sich auch so erbärmlich fühlte, weil wir ihn ignoriert hatten und einfach weitergegangen waren. Irritiert schüttelte sie den Kopf. Sie habe ihn gar nicht gesehen.

Ein halbes Jahr vor dieser Nicht-Begegnung hatte ich mich bei einem Antirassismus-Training angemeldet. Aus Neugier. Vielleicht wollte ich tatsächlich sehen, wie andere sich bloßstellten, rassistische Einstellungen offenbarten? Also: Alltagsrassismus durch den Spiegel der anderen erleben, von dem ich in der #MeTwo-Debatte so viel gelesen, den ich aber natürlich noch nie bewusst wahrgenommen hatte? Ich glaubte jedenfalls nicht, dass ich selbst ein solches Training brauchen würde. Ich war sicher: Schwarze und *weiße* Menschen betrachtete und behandelte ich unterschiedslos. Rassismus existierte nicht wegen, sondern trotz meiner Person.

Seit Langem hatte ich Schwarze Freunde, für meine Arbeit war ich viel auf dem afrikanischen Kontinent unterwegs, ich kiffte auf Antifa-Partys, organisierte Schlafplätze für Geflüchtete. Längst hatte ich begriffen: Rassismus bezeichnete nicht die pseudowissenschaftliche Rassenlehre der Nazis, die behauptete, Menschen unterschiedlicher Hautfarben hätten unterschiedliche Fähigkeiten und Eigenschaften. Die hatten die Alliierten den Deutschen nach 1945 mit der Entnazifizierung ausgetrieben. Rassismus war vielmehr ein System, in dem Schwarze systematisch unterdrückt und *Weiße* privilegiert werden, in dem *Weiße* Macht haben und Schwarze leiden.

Jedes Mal, wenn ich erfuhr, dass wieder Menschen auf der Flucht nach Europa im Meer ertrunken waren, kamen mir die Tränen, und ich heulte noch mehr, wenn ich erneut erlebte, dass sich dafür keine*r der Verantwortlichen verantwortlich fühlte. Bei meiner Arbeit als Journalistin schrieb ich lange fast ausschließlich über die Ungerechtigkeiten, die Schwarzen immer und überall auf der Welt widerfuhren. In Europa recherchierte ich die Situation derer, die zu uns flohen, weil *weiße* Politiker Schwarze Zukunft wieder einmal *weißen* Interessen geopfert hatten, begleitete jene, denen in Europa nichts anderes blieb, als ohne Vertrag und unter menschenverachtenden Bedingungen Obst und Gemüse für *Weiße* zu ernten oder *weiße* Einkaufszentren zu bauen und schon wieder für *weißen* Wohlstand zu sorgen. Und ich analysierte, dass kaum jemand in Europa diese Zusammenhänge sehen wollte, weil die meisten *Weißen* noch immer glaubten, dass jeder seinen Platz auf der Welt verdient hatte, weil sie nicht sehen wollten, dass es bloß Zufall war, dass wir mit Privilegien zur Welt gekommen sind. In West-, Ost- und Südafrika suchte ich deshalb dauernd nach Geschichten, die illustrierten, welche Verantwortung Europa am Leid des Kontinents trägt und wie wir Europäer*innen versagen, uns dieser zu stellen.

Ich glaubte, ich kämpfte an derselben Front wie alle weltweit Unterdrückten. Obwohl ich natürlich verstand, dass auch ich als *Weiße* qua Geburt und per Default auf Kosten von People of Color und Schwarzen privilegiert werde, war Rassismus für mich damals doch vor allem ein weiterer

Unterdrückungsmechanismus des kapitalistischen Gesellschaftssystems, unter dem ich als Arbeitertochter und vor allem als Frau genauso litt. Ich dachte, es genüge, mir und anderen *Weißen,* unsere Privilegien bewusst zu machen, um das Unrecht auszugleichen. Das Antirassismus-Training würde mir helfen, rassistisches Verhalten anderer schneller zu erkennen und zu benennen, meine Schwarzen Freund*innen besser zu schützen, klüger auf diskriminierende Kommentare zu reagieren, besonnener und weniger aggressiv. Denn allzu oft verlor ich noch die Fassung, wenn mein *weißes* Gegenüber sich weigerte, den eigenen Anteil am Schwarzen Leid zu sehen, wurde ungehalten, laut und verpasste eine weitere Chance, den anderen zu erreichen und für den Kampf für Gerechtigkeit zu gewinnen. Ich glaubte wirklich, ich führte das richtige Leben im falschen System.

Ich wollte (und konnte?) nicht sehen, wie viel Rassismus mit meinem ganzen Selbst zu tun hat und dass es nicht reichte, die richtigen politischen Überzeugungen zu haben. Mir war nicht bewusst, dass ich wegen meiner Erziehung und wegen meiner Sozialisierung nicht nur Komplizin bin, sondern dass ich das rassistische System immer weiter nähre, solange ich das nicht anerkenne und vor allem: solange ich mich nicht selbst auseinandernehme. Natürlich verstand ich auch nicht, dass ich diesem System mit meinem oberflächlichen Aktivismus bisher nur einen aufgeklärten Anstrich gab, einen Deckmantel, der es sogar immer schwerer macht, das Unrecht zu sehen. Dass ich, wenn ich um die toten Menschen im Mittelmeer weinte, historische Schuld mit historischem Schmerz verwechselte, dass ich mich also auf die Seite der Opfer schlug, ohne mich damit auseinanderzusetzen, welchen Anteil ich als Bürgerin der europäischen Gesellschaft daran noch heute tatsächlich habe. Dass ich im Namen meiner vermeintlichen Empathie mit den versklavten und kolonialisierten Menschen gar die Schwarze Erzählperspektive vereinnahmte, las ich später in dem Buch *Inspirationen durch May Ayim* von der Schwarzen deutschen Publizistin Natasha A. Kelly, und es dauerte danach noch eine Weile, bis ich verstand, was sie damit eigentlich meinte. Ich kapierte einfach nicht, dass ich mich davor drückte, mich mit mir selbst und meiner eigenen Familiengeschichte auseinanderzusetzen.

Deshalb rollte ich innerlich mit den Augen, als der Antirassismus-Trainer Mutlu zu Beginn des Workshops erklärte, so gut wie **alle** *Weißen* würden Schwarze unbewusst verletzen, wegen der Erziehung, der Schulbildung, der Medien, einfach wegen der Struktur der Gesellschaft, in der wir uns bewegen, die wir bilden. *Ernsthaft?, sagte ich stumm, aber sichtbar. So binär denken doch nur die Neonazis, die, die ein »weißes Europa« fordern und vor der »Islamisierung des Abendlands« warnen! Mit solch einem Denken zementieren wir doch Rassismus! Darüber bin ich doch längst hinaus! Ich bin doch eine Alliierte der Schwarzen. Ich verletze sie nicht.*

Keine zwei Stunden später passierte bei einem Rollenspiel etwas, das meine Sicht radikal veränderte, vor allem den Blick auf mich selbst, etwas, das mich endlich dazu zwang, mich selbst wirklich kritisch zu betrachten. Vor Schreck hüpfte ich vom Stuhl. *Das hatte nicht wirklich ich gesagt! Nicht in diesem Brustton der Überzeugung! »Schwarze sind anders als wir. Wenn man in Afrika unterwegs ist, kann man sehr* *gut beobachten, dass die Menschen da nicht so gut organisiert sind wie wir. Sie kriegen einfach nicht so viel auf die Reihe.«* Ich blickte auf und sah Mutlu, der zufrieden in sich hineinlächelte, das zumindest bildete ich mir ein, und die anderen *weißen* Teilnehmer*innen, die verschämt meinen Blick mieden. Blut schoss in meine Wangen. Am liebsten wäre ich hinausgelaufen, hätte mich auf der Toilette verkrochen und geheult, so wie ich es als Kind immer tat, wenn etwas nicht so lief, wie ich dachte, dass es zu laufen habe. Natürlich wahrte ich die Fassung. Setzte mich steif auf einen freien Platz und schwieg.

Existieren biologische Rassen?, hatte Mutlu gefragt und mitten in dem leer geräumten, quadratischen Seminarraum zwei Stühle einander gegenübergestellt. Er zeigte auf den einen, *wer sich hierhin setzt, argumentiert dagegen*, dann auf den anderen, *wer hier sitzt, dafür*. Natürlich setzte ich mich zuerst auf den einen. *Logisch gibt es biologische Rassen,* brüllte mir der grauhaarige Mann auf dem anderen ins Gesicht, *wir unterscheiden uns doch schon optisch von Schwarzen und Gelben. – Was Sie da sagen, ist rassistisch. Es gibt doch keine Menschenrassen! Das sagen doch nur Nazis!* Entgegen meiner Absicht und obwohl ich versuchte, laut zu sprechen, klang ich zaghaft wie eine Erstklässlerin. Ungerührt und mit größter Selbstverständlichkeit fuhr der Grauhaarige fort. *Schwarze sind phlegmatisch und uns deshalb in ihrer Entwicklung hinterher; wir sind diszipliniert und deshalb fortschrittlicher.* Hektisch suchte ich nach Argumenten, Schweißtropfen liefen an meinen Rippen herab, beißend saurer Geruch stieg mir in die Nase. Ich war blockiert. Mir fiel nichts ein. Bloß: *Rassist! Nazi!* Schließlich erinnere ich mich noch, mich piepsen zu hören, es gebe keine Unterschiede zwischen Menschen, Hautfarbe spiele keine

Rolle. Da schubste mich jemand auf die andere Seite, auf den anderen Stuhl. *Leider spielt Hautfarbe in unserer Gesellschaft sehr wohl eine Rolle – obwohl natürlich alle Menschen gleich sind*, erklärte das Mädchen, das mir nun gegenübersaß. Bevor sie den Satz beendete, hörte ich mich grölen. Die Worte sprudelten nur so aus mir heraus, sie kamen tief aus meiner Brust, so kraftvoll, als hätten sie nur darauf gewartet, sich endlich einen Weg nach draußen zu bahnen. Augenblicke später sprang ich auf. Warum fiel es mir so viel leichter, vom Standpunkt der Rassistin zu argumentieren? Woher kam dieser erschreckend überzeugte Ton?

Danach machte ich einen großen Bogen um diese beiden Stühle, dem weiteren Programm zu folgen, fiel mir schwer. Beim Abendessen sprach ich mit niemandem, ich zog mich früh zurück, obwohl ich nicht müde war. Tatsächlich wälzte ich mich die ganze Nacht schlaflos in dem knarzenden, schmalen Stockbett des Landschulheims, in dem das Training stattfand. Ich dachte an Oma. Vor allem an einen Satz von ihr. *Schwarze lächeln dich an und haben dabei einen Knüppel im Rücken.* Natürlich sagte sie nicht *Schwarze*. Sie nutzte das N-Wort.

Es war das allererste Mal, dass ich mich an diese schrecklichen Worte dieser mir so wichtigen Person erinnerte. Jetzt schien jemand die Repeat-Taste gedrückt zu haben. Immer wieder kehrte ich zurück in mein Grundschul-Ich. Mein Gesicht war auf Höhe von Omas Bauch, ich sah ihren Mund über mir, während sie den Satz formulierte. Je öfter ich die Szene vor mir sah, die Worte hörte, desto elender fühlte ich mich. Vor allem – das spürte ich sofort, und es ließ mein Unwohlsein ins Unermessliche wachsen – weil meine geliebte Oma plötzlich in so einem hässlichen Licht dastand. Je länger ich mich in meinem Elend wälzte, desto mehr Details tauchten auf. Lebhaft sah ich nun alles vor mir. Oma. Mich. Die anderen. Die Küche. Als der Morgen graute, hatte mein Selbstmitleid einer schamvollen Frage Platz gemacht: Wie hatte ich Omas Worte, ihre rassistische Weltsicht, ihr menschenverachtendes Erbe bisher nur so effektiv verdrängen können?

Erst vor Kurzem habe ich mich wieder ertappt. Auf einer Geburtstagsparty in einem Berliner Park stieß ein afroamerikanischer Freund des Gastgebers zu uns, und noch bevor ich ihn richtig wahrnahm, merkte ich, wie ich zusammenzuckte, mich in Habachtstellung brachte angesichts einer eingebildeten Gefahr. Wieder verletzte ich potenziell einen Schwarzen Menschen, weil ich mich instinktiv vor ihm in Acht nahm, so wie Oma es mir aufgetragen hatte; weil ich ihn als Fremden identifizierte, der nicht zu meiner Gruppe gehörte, ganz wie sie es mir gezeigt hatte, und wie es mir in der Schule, in Zeitungen, im Fernsehen, von *weißen* Bekannten bestätigt worden ist. Bewusst oder unbewusst. Wieder fühlte ich mich den übrigen Abend erbärmlich. Ich grübelte, ob der Schwarze Freund meines Freundes mein Zucken gesehen haben mochte, ob ich mich entschuldigen sollte oder ob er vielleicht gerade das rassistisch finden würde; könnte es sich doch für ihn so anfühlen, als wollte ich ihm mein Unbehagen überstülpen, ihn damit belasten. Und ich fragte mich, ob es mir bei all diesen Überlegungen eigentlich um ihn ging oder nur um mein eigenes Gewissen. Er verabschiedete sich, bevor ich Antworten fand und bevor ich ihn behelligen konnte. Und ohne, dass ich ein einziges Wort mit ihm gewechselt hätte.

Ich blieb zurück mit ein paar Einsichten. Mein Blick auf andere, auf Menschen, die sich in unserer Gesellschaft zum Beispiel als Schwarze oder People of Color definieren, sagt viel über mich selbst aus, über meine Herkunft, Erziehung, Sozialisierung, über die westliche Kultur und nichts über den anderen. Und: Um keine Komplizin des rassistischen Systems zu sein, um es nicht zu fördern, musste ich mich selbst beobachten, verstehen, auseinandernehmen, nicht die anderen, auch nicht die anderen *Weißen* und auch nicht jene, die sich ihres Rassismus bewusst sind und sich dennoch nicht davon freimachen wollen.

Das hatte ich zu dem Zeitpunkt bereits ausführlich getan. Sogar einen Teil der Menschen, die sich in der zivilen Seenotrettung auf dem Mittelmeer engagierten, die sich verantwortlich fühlten für die Toten an unseren Grenzen, hatte ich als selbstgerecht und egoistisch entlarvt, als *White Saviors*, die sich in der Rolle der Erlöser*innen sonnten und die das System, das Schwarze zu Opfern und *Weiße* zu Retter*innen macht, nicht abschafften, sondern mit ihrem Engagement verstetigten. Um eine wahrhafte Anti-Rassistin zu sein, eine, die das diskriminierende System ernsthaft herausforderte, die andere *Weiße* wirklich für die Sache rekrutierte, musste ich mein Aufwachsen, mein Coming-of-Age im rassistischen System nachvollziehen. Ich musste kapieren, wie die Schlüssel zur Erkenntnis aussahen und wo sie lagen. Natürlich musste ich dafür den typisch deutschen Rassismus verstehen. Also meinen eigenen. Also den von meiner Oma.

Sie ist nun seit bald acht Jahren tot. Ihre letzten 20 Jahre verbrachte sie dement im Heim. Ich besuchte sie anfangs einmal in der Woche, später alle paar Monate. Ein einziges Mal rang ich mich dazu durch, sie dort (zum zweiten Mal in meinem Leben und zum ersten Mal als Erwachsene) zu fragen, ob sie von den Konzentrationslagern gewusst hatte, dass dort Menschen vergast wurden. Sie nahm das künstliche Gebiss aus dem Mund und setzte es, bis ich ging, nicht mehr ein. Fast, als wollte sie sich selbst am Sprechen hindern. Ich redete mir trotzdem ein, dass sie meine Frage nicht verstanden hatte.

Omas Mann, mein Opa, starb, als sie noch fit war und ich 13 Jahre alt. Ich erinnere ihn als liebevollen Alten, der kaum sprach und das linke Bein wegen einer Kriegsverletzung ein wenig nachzog, der eine dicke dunkle Kassenbrille trug, hinter der seine Augen winzig und müde aussahen, der mir Kinderschokolade und Zehn-Mark-Scheine zusteckte und immer einen Nusszopf aus derselben Bäckerei mitbrachte, die nicht auf dem Weg zu uns lag, der er aber treu war, und der mir nicht sonderlich schmeckte. Im Restaurant aß er alles auf, was wir übrig ließen, immer mit den Worten, *lieber den Magen verrenken, als dem Wirt was schenken*. Ich erinnere mich nicht, jemals ein Gespräch mit ihm geführt zu haben. Das einzige Mal, als er versuchte, uns näherzukommen, wollte er meiner Zwillingsschwester Antonia und mir Schachspielen beibringen. Nach wenigen Minuten ließen wir ihn gelangweilt sitzen. Danach gab es keine Annäherungsversuche mehr. Über seine Nazi-Vergangenheit haben wir niemals gesprochen. Und auch mit meiner Mama habe ich dieses Thema nie angefasst.

Ich wusste deshalb sehr lange kaum mehr über ihn als das, was ich schon als Zehnjährige wusste. Mein Opa, geboren 1915, mitten im Ersten Weltkrieg, war bei der SS und die meiste Zeit des Kriegs in *Russland* stationiert (damals natürlich eigentlich die Sowjetunion). In einem Winter dort erlitt er Erfrierungen an den Zehen, die ihn auch viel später noch manchmal schmerzten. Nach einem Oberschenkeldurchschuss musste er ein paar Wochen ins Lazarett, kämpfte aber bald danach wieder. Für die Heirat hatte Oma den *Arier-Nachweis* erbracht. In seinen letzten Lebensjahren wählte mein Opa die Republikaner, die damals wegen Verdacht des Rechtsextremismus vom Verfassungsschutz beobachtet wurden. Und ich weiß noch etwas. Etwas, das mehr aussagt als all diese Fakten. Dass diese Dinge nicht in Trauer weitergegeben wurden, nicht im Bewusstsein, dass er Teil von etwas Schrecklichem war. Sondern mit einem seltsam schamvollen, verkappten Stolz.

Ich habe Geschichte studiert, im Hauptfach Neuere und Neueste Geschichte, Schwerpunkt Zeitgeschichte. Aber ich habe mich auch während des Studiums nie wirklich gefragt, was mein Großvater mit der SS im Osten gemacht hat. Und auch nicht, welchen Platz die Naziideologie in meiner Familie eingenommen hat. Als ich nach dem Anti-Rassismus-Workshop, nach Wien, nach dem nächsten Ertappen endlich anfange, darüber nachzudenken, wird mir schlecht.

Der alte zerfurchte Holztisch in der Küche meiner Kindheit ist einem neuen gewichen. Die Politur strahlt jetzt matt. Die Raumaufteilung ist die von früher. Ich sitze gegenüber vom Herd auf der neuen birkenen Eckbank, an dem Platz, an dem ich so oft gesessen und darauf gewartet habe, dass Oma mir ihre Eintöpfe auftat. Ich rieche die Butter-Mehl-Milch-Einbrenn, die sie zu allem servierte, sehe ihre Brille, die beschlägt, weil sie sich wieder zu sehr über den Kochtopf beugte, ihr gutmütiges Lächeln, während sie die Gläser putzt.

Ich finde es gut, dass du das machst. Mama steht am Herd und rührt Suppennudeln in eine klare Gemüsebrühe. Ich muss daran denken, dass sie immer gesagt hat, *Einbrenn macht dick*, wenn Oma wieder den unwiderstehlichen Geruch gerösteter Butter in der Küche hinterlassen hatte. Gerade habe ich meiner Mutter offenbart, dass ich Nachforschungen anstellen will. Über Opa und seine Rolle bei den Nazis. Eigentlich hatte ich mir auch vorgenommen zu fragen, wieso sie selber nie versucht hat, etwas über jene Zeit herauszufinden. Doch spontan beschließe ich, es erst zu tun, wenn ich weiß, wieso ich selbst so lange gebraucht habe, mich da heranzutrauen.

Nachdem wir schweigend die Suppe gelöffelt haben, holt Mama ein Familienfotoalbum aus dem Keller. Dort lagert die Kiste mit den letzten Hinterlassenschaften meiner Großeltern. Als sie mir das Album reicht, fällt ein Bild heraus. Oma steht im langen schwarzen Mantel hinter meiner Schwester und mir, ihr kurzes graues Haar ist vom Wind zerzaust, sie schaut auf uns herab. Ich blicke zu ihr auf. Plötzlich steigt dieselbe Scham in mir auf, die ich empfand, als ich mich am Graben in Wien ertappte. Sie vermischt sich mit der Zuneigung zu meiner Oma zu einer lähmenden und irgendwie unangenehm behaglichen Geborgenheit.

Meine Familie, das sind heute: meine Mutter und meine

Tante, Antonia und ich. Mein Vater ist früh gestorben, wir waren keine vier Jahre alt. Mit den Verwandten väterlicherseits haben wir wenig Kontakt. Uns allen fällt es schwer, über die Vergangenheit zu reden und überhaupt über alles, was tendenziell unangenehm ist. *Das ist ein Tabu, daran darf man nicht rütteln.* Diese Regel, die nie ausgesprochen wurde, haben wir alle allzu sehr verinnerlicht. *Das bringt doch nichts, das reißt doch nur Wunden auf,* sagte meine Tante prompt, als ich ihr erzählte, dass ich herausfinden will, was Oma und Opa in der NS-Zeit getan haben. Meine Frage, *welche Wunden?,* hörte sie nicht mal mehr. Sie war schon wieder ganz woanders.

Die ersten Seiten des Familienalbums aus dem Keller zeigen, wie meine Großeltern nach dem Krieg ein Haus im Münchner Osten bauen. Sie mischen Mörtel, schleppen Ziegelsteine, stapeln Holz. Es folgen Bilder von Familienausflügen in dem schwarzen Taxi, das mein Großvater Mitte der Fünfzigerjahre zu fahren begann; Fotos von meinem ausgemergelten Onkel, der wieder mal ein extremes Radwettrennen überstanden hatte, ein anderes von meiner kollabierten Tante, die bei einem Wettlauf ins Sauerstoffzelt musste, daneben eines von meiner triumphierenden Mutter, die es gerade so ins Ziel geschafft hatte; von meiner Oma, die nur ein paar Jahre außerhalb des Hauses arbeitete, und zwar in einer Metzgerei und in einer Gärtnerei, im schicken Kostüm. Während ich blättere, erzählt Mama von Opa, ihrem Vater. Dass er ein *Bastard* war, ein uneheliches Kind, das mit dem Vieh im Stall schlafen und immer *das Blaue von der Milch* trinken musste. Ich stelle mir meinen kleinen Opa vor schimmeligen Essensresten vor. Mama spricht schon von Oma.

Sie verlor mit 15 Jahren ihre Mutter und musste sich, verlassen vom alkoholkranken Vater, verantwortlich für die jüngeren Schwestern, drei und neun Jahre alt, auf dem Hof eines Onkels verdingen. *Der behandelte sie gut, aber einfach wird das sicher nicht gewesen sein,* sagt Mama. Ich nicke, ohne aufzublicken, halte aber im Blättern inne. Beide Geschichten kenne ich schon. Sie gehören zu dem wenigen, was in unserer Familie über die Vergangenheit erzählt wird. Zum ersten Mal klingen sie in meinen Ohren schablonenhaft, scherenschnittartig. Wie eine Rechtfertigung für das, was danach gekommen ist, über das wir bisher nicht sprechen konnten und das uns doch alle irgendwie plagt.

Bei einer Serie von Fotos bleibe ich hängen. Sie zeigen Opa, meine Mama und ihre Zwillingsschwester vor orthodoxen Zwiebeltürmen in Moskau, auf dem Roten Platz, in Lenins Mausoleum. Dass meine Mutter mit ihrem Vater Anfang der Siebzigerjahre die sowjetische Hauptstadt besucht hatte, weiß ich. Es ist eine weitere oft erzählte Familiengeschichte. Sie mussten aufwändig eine Sondergenehmigung beantragen, um mit dem schwarzen Taxi von München durch die DDR bis nach Berlin zu fahren, damals die einzige Stadt in Deutschland, von der man nach Moskau fliegen konnte. Bisher habe ich geglaubt, dass die drei diese unglaubliche Reise unternahmen, weil mein Opa ein Abenteurer war, unternehmungslustig, neugierig, unabhängig, jemand, der sich nicht aufhalten ließ, weder von politischen Wirren noch von bürokratischen Hindernissen. So hatte ihn meine Mama immer dargestellt, und er sich selbst wahrscheinlich auch. Jetzt, als ich zum ersten Mal die Fotos jener Reise sehe, spüre ich ganz genau, dass die Erzählung von meinem reiselustigen Großvater ein weiterer familiärer Mythos ist; eine Geschichte, die eine andere vertuschen soll und die nun so abgedroschen auf mich wirkt, dass ich mich frage, wie ich ihren wahren Kern bislang nicht erkennen konnte.

Auf einem Bild steht Opa steif und aufrecht vor einem riesigen Gedenkstein, der eingerahmt ist von drei ineinander verkeilten Stahlstangen. Sie sollen überdimensionale Panzerabwehr-Konstruktionen darstellen, wie sie im Zweiten Weltkrieg von den deutschen wie auch von den sowjetischen Streitkräften verwendet wurden. *Das war an der Stelle, an der die deutsche Front im Osten umkehren musste,* sagt Mama. Ich wundere mich noch, dass sie solch ein Detail kennt, sie, die kaum Bücher liest, die sich für Geschichte nie wirklich interessiert hat, die in den Sechzigerjahren auf einer katholischen Mädchenrealschule vor allem Handwerken und Kochen gelernt hat und der der Vater verbot, nach dem mittleren Abschluss eine höhere Schule zu besuchen, sodass sie nie Lehrerin werden konnte, wie sie es immer wollte. Da liefert sie mir schon die Antwort. *Da hat sich der Papa fast die Zehen abgefroren.*

Natürlich fällt wieder kein Wort dazu, dass während dieses Ost-Feldzugs, an dem mein Opa von Anfang bis Ende teilgenommen hat, der Holocaust passierte. Stattfand. Organisiert wurde. Wir schweigen weiter darüber, dass die Nazis diesen Krieg auch führten, weil sie meinten, im Osten ein »*Judenproblem*« zu lösen. Immerhin denke ich daran, dass dieser Albtraum noch nicht vorbei war, als die sowjetischen Soldaten meinen Großvater und seine Kameraden im Dezember 1941 dreißig Kilometer vor Moskau zur Umkehr zwangen, dass er danach sogar noch fanatischer umgesetzt wurde und erst und überhaupt nur endete, weil die Alliierten Deutschland nach sechs Jahren Weltkrieg und Massenmord endlich besiegten. Aber auch diesmal erinnere ich Mama nicht daran, dass die Nazis ihren grausigen Masterplan, in den Osten einzufallen, *Unternehmen Barbarossa* nannten, nach dem Kaiser des Heiligen Römischen Reichs Deutscher Nation, in dessen Nachfolge sie sich sehen wollten, der mit dem roten Bart, der einer nazistischen Legende nach unter einem Berg auf die Wiederkehr seines Reichs wartet und von der Oma so gern erzählte. Vor allem gedenken wir wieder nicht der ermordeten Jüdinnen*Juden, Sinti*zze und Rom*nja, Menschen mit Behinderungen und all der anderen Opfern der Nazis.

Das Schweigen darüber aber sitzt mit uns am Küchentisch. Und es wird immer größer und schwerer und unerträglicher und schwieriger zu überwinden. Wie ein Krebsgeschwür.

Ist er damals mit euch nach Moskau, weil er die Kriegsgräber der deutschen Soldaten besuchen wollte?, frage ich, obwohl ich die Antwort schon kenne, denn mein Opa hat Kriegsgräberstätten besucht, wann immer es ging. *War er etwa stolz darauf, dass er damals dabei war?*, schiebe ich patzig hinterher, vor allem, weil ich frustriert bin, dass ich es wieder nicht fertigbringe, die wirklich wichtigen Dinge anzusprechen. Mama zuckt mit den Schultern und nickt, beides gleichzeitig, hilflos, unsicher, auch sie ganz offenbar im Bann des Schweigens. *Wie konntest du ihn nur auf so einem Nazi-Nostalgie-Trip begleiten? Du warst da doch schon erwachsen!*, will ich rufen. Aber ich bringe es nicht über mich. Ich weiß, dass die Reise nach Moskau eine der liebsten Erinnerungen meiner Mutter an ihren Vater ist. Unzählige Male hat sie davon erzählt. Und ich spüre ganz genau, dass sie gerade weniger das Krebsgeschwür fürchtet, sondern vor allem, dass ich den Zauber dieser ihrer Erinnerung zerstören könnte. Ohne zu blinzeln, starre ich auf die schwarz-weißen Aufnahmen meiner strahlenden, jungen Mama, meines jungen, ehrfürchtigen Großvaters, so lange, bis sie verschwimmen. Zu welchen Dingen habe ich bisher noch aus Loyalität zu meiner Familie geschwiegen? Was habe ich schon alles normalisiert, obwohl es mich und die Welt krank macht, nur um meine Angehörigen nicht vor den Kopf zu stoßen, um keinen Konflikt mit ihnen zu riskieren? Schnell blättere ich weiter.

Ein paar Seiten weiter ist Opa noch einmal vor einem Denkmal zu sehen. Wieder ganz steif, wieder ganz ehrfürchtig. Daneben steht meine Mutter, kaum älter als auf den Aufnahmen aus Moskau, wieder lächelnd, adrett gekleidet, zukunftssicher. *Das war in el-Alamein*, sagt sie jetzt ganz leise, denn natürlich weiß auch sie, dass unser Opa nicht dort war, weil er sich für das alte Ägypten interessierte. Wahrscheinlich ist ihr nun auch klar, dass ich nicht nur im Archiv nach Opas vergangenen Verfehlungen suche. Doch obwohl sie es ganz offensichtlich versucht, gelingt es ihr nicht ganz, die Freude aus ihrer Stimme zu tilgen, die ihr die vermeintliche *Reiselust* ihres Vaters bereitet hat. Ich gehe wieder darüber hinweg. Vor allem wundere ich mich gerade sowieso über mich selbst. Natürlich hat Mama mir schon erzählt, dass sie und Opa Anfang der Siebzigerjahre in Nordafrika waren. Was sie dort getan haben, habe ich aber nie gefragt. Dass sie in el-Alamein waren, wusste ich jedenfalls nicht. Oder habe ich es nicht hören wollen? Falls Mama den Ort doch schon mal genannt hat, hat mir der Name vielleicht nichts gesagt? Ich wusste einfach noch nicht, dass die deutsch-italienischen Panzerverbände in dieser Küstenstadt, ein paar Hundert Kilometer nördlich von Kairo entfernt, im Zweiten Weltkrieg vernichtend geschlagen wurden. Und auch nicht, dass der deutsche Afrika-Feldzug damit zum Glück ein Ende fand, bevor er richtig anfing.

Wieso wollte Opa mit dir nach Ägypten?, frage ich jetzt endlich, vorsichtig, weil mir gerade wieder bewusst wird, wie schwer es fällt, wie weh es tut, all das Grauen mit unserer Familie zusammenzubringen. »*Wer will nach Ägypten?*«, *hat Papa gefragt, und niemand außer mir wollte mit*, antwortet Mama und lächelt breit. *Das Reiselustige, das habe ich von ihm.* Ich lächle auch.

Ich kehre zurück zum Anfang des Albums, zur allerersten Reise, die Mama mit Opa unternommen hat, im Frühjahr 1976, sie war 13 Jahre alt. Mit dem schwarzen Taxi fuhren sie an die französische Westküste und setzten dann mit dem Schiff nach London über. Zwischen den Aufnahmen von der Tower Bridge und dem Buckingham Palace entdecke ich nun ein weiteres Denkmal. Vorhin habe ich darüber offensichtlich hinweggeblättert. *Das war in der Nähe von Clermont-Ferrand*, sagt Mama, als ich jetzt darauf deute, *da ist er auch im Krieg gewesen.*

Ich muss an den Befehl eines Wehrmachtsoffiziers aus dem Frankreich-Feldzug denken, den ich vor Kurzem gelesen habe. Ich bin darauf gestoßen, als ich herausfinden wollte, was die Nazis mit Schwarzen Menschen gemacht haben. *Der Einsatz schwarzer und farbiger Truppen gegen das deutsche Heer entspricht nicht dem Herren-Standpunkt der weißen Rasse gegenüber den farbigen Völkern. Es wird als eine Schmach und Beleidigung empfunden,* schrieb er und forderte seine Untergebenen auf, *ohne Milde und mit größter Schärfe* vorzugehen.

Da ist noch ein Bild von einem Kriegsgräberdenkmal. *Das war in der Normandie, bevor wir nach England übergesetzt sind,* sagt Mama. *Da war der Papa auch.* – Wie furchtbar, dass er da überall war, denke ich. *Das sagt doch bestimmt nichts Gutes über seine Funktion im NS-Regime.* Wieder will ich Mama anmotzen. *Wieso bitte wollte er an die frühere Frontlinie fahren? Hast du dich nie gefragt, was er bei diesen Denkmälern wollte? Wolltest du nicht wissen, was er im Krieg an diesen Orten genau gemacht hat? Wieso bist du da mitgefahren?* Wieder sage ich nichts. Diesmal auch, weil für mich andere Fragen drängender werden. Was hat dieses endlose Nicht-Sprechen über die Dinge, an denen mein Großvater beteiligt war, mit uns gemacht? Was hat das Schweigen über die Verbindungen unserer Familie mit diesem verbrecherischen Regime mit unserem Umfeld gemacht? Was bedeutet es, dass Mama immer noch *bis zur Vergasung* sagt? Wie kann es sein, dass auch mir dieser Ausdruck noch manchmal rausrutscht?

Vor einigen Jahren sprachen spanische Freund*innen beim Abendessen über den Israel-Palästina-Konflikt. Sie verteidigten die palästinensische Position und verurteilten die israelische. Ich schwieg. Als sie mich nach meiner Meinung fragten, antwortete ich, als Deutsche sei ich befangen und könne nur Israel verteidigen. Ich fügte noch eine Zahl hinzu. Sechs Millionen. Einer der Spanier rollte mit den Augen und erwiderte so etwas wie, *ihr Deutschen habt doch alle einen Schuldkomplex*. Ich stimmte ihm zu. Auch ich fand ja, dass ich am Holocaust selbst schuldlos war, und fragte mich, wieso ich Schuld empfand, ohne sagen zu können, an was genau ich schuldig geworden wäre. Ich glaubte, das sei ein atavistisches Gefühl, ähnlich der christlichen Erbsünde, etwas, das mich unnötig belastete und das ich irgendwann mal loswerden müsste. Ich dachte daran, dass es mit den vielen Filmen zu tun haben könnte, die ich über die NS-Zeit gesehen hatte, in denen die Deutschen die Verkörperung des Bösen waren. An meine Familie dachte ich nicht. Jetzt glaube ich, endlich zu verstehen. Ich bin nicht mitschuldig an dem vergangenen Geschehen. Vielleicht bin ich mitschuldig daran, dass mein Opa bis zu seinem Tod den Holocaust verdrängen konnte, dass er sich mit seinen Taten nicht auseinandersetzen musste und dass er dazu beitragen konnte, dass unsere Gesellschaft weiter entmenschlicht. Vor allem glaube ich nun, dass ich mich schuldig gemacht habe, weil ich sein Erbe **in mir** bisher nicht angepackt habe, diese rassistischen Gedanken und Reflexe.

Mama geht noch mal in den Keller. Wieder oben angekommen übergibt sie mir einen großen weißen Umschlag. Darin finde ich Opas Taufschein, seinen Lehrvertrag bei Bäcker Schwab, Omas *Deutsche-Reich-Kennkarte*, die *Urkunde über die Heirat zwischen der Verkäuferin Johanna F. und dem SS-Untersturmführer Franz Xaver R.*

Untersturmführer war im Dritten Reich ein niedriger Offiziersrang, vergleichbar mit dem heutigen Leutnant. Ein bekannter ehemaliger Untersturmführer war Hanns Martin Schleyer, der Arbeitgeberpräsident, den die RAF 1977 während des *Deutschen Herbstes* ermordete. Schleyer arbeitete in Prag als Sachbearbeiter für den *Zentralverband der Industrie für Böhmen und Mähren*, der die *Arisierung* und die *Entjudung* der tschechischen Wirtschaft vorantrieb und Zwangsarbeiter rekrutierte.

Wir wissen wirklich nicht, was der Opa im Krieg genau getan hat?, frage ich nun und wundere mich, wieso ich *im Krieg* sage und nicht *unter den Nazis*. Mama schüttelt den Kopf und zuckt mit den Schultern. *Soweit ich weiß, hat er mit Kraftfahrzeugen zu tun gehabt. Das war doch immer schon sein Steckenpferd.* Dass wir nichts Genaues über jene Jahre wissen, erscheint mir jetzt, da es endlich einmal ausgesprochen ist, unglaublich.

Der Beamte im Staatsarchiv in München, in das ich die Unterlagen aus dem weißen Umschlag noch am selben Tag schicke, findet auch nichts zu meinen Großeltern. Aber er verweist mich an seine Kolleg*innen in Amberg. Mein Opa wurde in der Oberpfalz geboren, das zuständige Archiv liegt dort. *Vielleicht finden sie da was.* Am folgenden Morgen liegt in meinem Postfach eine E-Mail aus dem Regionalarchiv. *Unter der Signatur Spruchkammer Waldmünchen R 128 ist hier ein Entnazifizierungsverfahren gegen Franz Xaver R., geb. 13.03.1915, vorhanden. Wir bitten gegebenenfalls zeitnah um Auftragsbestätigung.*

Alle Deutschen über 18 Jahre mussten nach 1945 in der amerikanischen Besatzungszone einen Bogen mit 131 Fragen ausfüllen. Auf Basis der Antworten und weiterer Nachforschungen wurde anschließend in sogenannten Spruchkammerverfahren entschieden, ob jemand *Hauptschuldiger* war, *Belasteter*, *Minderbelasteter*, *Mitläufer* oder *Entlasteter*.

Drei Wochen später erhalte ich einen Brief von der Fotowerkstatt des Amberger Archivs. *Betrifft: Familienforschung Franz Xaver R. Bitte beachten Sie die beiliegende CD-ROM.*

OPA.
DAS BLAUE VON DER MILCH.

Als die Mutter ihn am Abend seines 14. Geburtstags nach dem Essen unauffällig an den Herd winkte, hoffte Franz trotz allem, sie würde ihm etwas zum Naschen zustecken. Aber wieder flehte sie ihn an. Er müsse jetzt endlich für sich selbst sorgen, auf dem Hof könne er nicht länger bleiben, der Stiefvater sei nicht mehr in der Lage und auch nicht willens, ihn weiter auszuhalten. Jeder Tag sei nun zu viel, für einen unnützen Esser kein Platz mehr. Die Dringlichkeit in ihren Worten steigerte sich mit jedem Satz. Er wusste, was das bedeutete. Er würde doch beim Bäcker in die Lehre gehen müssen, so bald es ginge. Denn in einer Backstube bekam er auch einen Schlafplatz. Franz hasste die Vorstellung. Schon die Küchenarbeit, die er sich zu Hause mittags und abends zu verrichten gezwungen sah, regte ihn auf. In einer Backstube zu arbeiten, erschien ihm wie die Fortführung der Erniedrigung, die er jedes Mal dabei empfand. Wie ein weiterer Abstieg in der sozialen Hierarchie, in der er doch schon ganz unten stand. Aber er wusste, er hatte keine Wahl. Wenn er jetzt klagte, würde seine Mutter wieder hilflos weinen. Der Stubenvater, der nicht nur dem Hof vorstand, sondern auch sein Stiefvater war, würde den Gürtel aus der Hose nehmen, ihn im Stall verdreschen, bis Blut und Schweiß flossen, und wenn er besonders übel gelaunt war, würde er auch die Mutter züchtigen. Also schlich Franz, ohne etwas zu erwidern und mit gesenktem Haupt, aus der warmen Stube, vorbei an den sieben jüngeren Geschwistern, die auf dem Boden mit den Holztieren spielten, die er ihnen geschnitzt hatte, vorbei am Stiefvater, der sich auf der Eckbank vor dem Ofen den nächsten selbst gebrannten Kartoffelschnaps einschenkte, hinaus in die klirrend kalte Nacht. Er lehnte sich an die Stallwand, die ihm ein wenig den Rücken wärmte. Hinter ihm blökten die Kühe. Er beobachtete seinen dampfenden Atem und versuchte, die nächsten Schritte zu planen. Aber in die Gedanken an die Zukunft gewann die Angst vor dem jähzornigen Stubenvater, um die zitternde Mutter, und sein Urteilsvermögen verwässerte.

Im Grunde würde er froh sein, von hier fortzukommen, versuchte er, sich die neue Situation schönzureden. Fort von den Prügeln, dem Krach, den Hänseleien, fort von den Kühen, die jeden Morgen gemolken werden mussten, von der Küchenarbeit, der endlosen Feldarbeit, von den dauernd gackernden Hühnern, fort von den ständigen Tränen der Mutter, dem Mitleid der Schwestern, der Häme der Brüder, der immer dünner werdenden Suppe. Doch es gelang ihm nicht. Als Bäcker würde er niemals lernen, einen Traktor zu fahren, wie ihn der Großbauer aus dem Ort hatte. Wahrscheinlich würde er überhaupt nie lernen, irgendeinen Wagen mit Motor zu bedienen. Das aber war das Einzige, was er wirklich wollte und was er überhaupt jemals wirklich gewollt hatte. Jedes Mal, wenn er davon anfing, versuchte die Mutter, ihn zum Schweigen zu bringen, denn der Stubenvater wollte nichts wissen von seinen Plänen. Franz konnte es trotzdem nicht lassen. *Wenn du bloß ein einzig's Mal still wärst,* zischte sie ihn an. Vor ein paar Tagen hatte sie danach so laut geseufzt, dass der Stubenvater es mitbekam. *Was hat er denn wieder angestellt?,* donnerte er sofort, als hätte er nur darauf gewartet, und schon war seine Hand an der Gürtelschnalle. *Der Bub will halt unbedingt Traktor fahren lernen,* flüsterte die Mutter. Franz wusste, sie meinte es gut. Sie hoffte, der Vater würde ihm vielleicht doch noch eine Chance verschaffen. Ihm war aber auch gleich klar, dass sie sich täuschte und dass es diese Chance für ihn nicht geben würde, nicht hier. Und tatsächlich. Noch bevor sie den Satz beendete, löste der Stubenvater die Schnalle. Im nächsten Moment packte er Franz an den Haaren. *Dummer Kerl, dir werde ich die Flausen austreiben, dir zeig ich, was es zu leben heißt,* schrie er, zerrte ihn in den Stall und ließ den Gürtel schnalzen. Als Franz sich am Kuhstall an diese Episode erinnerte, ärgerte er sich vor allem über sich selbst. Allerspätestens da hätte er doch wissen müssen, dass er sich wirklich nur auf sich selbst verlassen konnte. Er hätte anfangen müssen, sich auf die Zukunft vorzubereiten, als er sich noch dafür hatte entscheiden können, nicht erst jetzt, da er sich dazu gezwungen sah, da er schwach war. Und dann fiel ihm in jener eisigen Nacht doch noch eine Möglichkeit ein, seinem Traum näherzukommen, und die durfte er nicht vorbeiziehen lassen.

Ganz früh am nächsten Morgen machte Franz sich auf zum Hof des Großbauern. Er wusste, dass dieser die Schweine selbst fütterte, und zwar als Allererstes am Tag. Der reichste Mann im Ort hatte ausgerechnet ihn nach der Sonntagsmesse ein paar Mal neben sich auf den Fahrersitz des Traktors klettern lassen und ihm aus seinem Leben erzählt. Einmal hatte er ihn sogar den Schaltknüppel führen lassen und breit gelächelt, als Franz ihm von seinem Traum erzählte, Traktorfahrer zu werden. Seitdem malte Franz sich ständig aus, der Großbauer sei sein leiblicher Vater, vor allem, wenn er sich nachts wieder schlaflos auf dem Holzboden in der Stube wälzte; je öfter er das tat, desto logischer erschien es ihm. Wieso sonst sollte dieser bedeutende Mann so nett zu ihm sein, zu einem Bastard aus der ärmsten Familie? Jedes Mal, wenn Franz ihm dann tatsächlich gegenüberstand, fürchtete er, diesmal würde der Mann seine Schäbigkeit sehen, so wie sie alle irgendwann sahen, und wie alle würde er beginnen, ihn zu verachten und zu erniedrigen, auch jetzt, als er breitschultrig im Morgengrauen vor ihm stand. Aufgeregt haspelte Franz, er wolle nicht beim Bäcker in die Lehre gehen, er wolle doch Traktor fahren. Doch der Bauer schickte ihn auch diesmal nicht weg. Stattdessen schob er ihn sanft an der Schulter in den Schweinestall und ermutigte ihn sogar mit einem Kopfnicken weiterzureden. *Wie soll ich denn das Traktorfahren lernen, wenn ich jeden Tag in der Backstube stehen muss?*, sagte Franz nur noch, und beinahe kamen ihm die Tränen. Der Großbauer sah ihn lange an. *Du hast recht,* sprach er schließlich, *als Bäcker und mit deiner Herkunft wirst du es niemals schaffen, etwas aus deinem Leben zu machen.* Franz hörte so aufmerksam zu wie wahrscheinlich überhaupt noch nie. *Du wirst nicht genug verdienen, um dich selbstständig zu machen, und das ist der einzige Weg für einen wie dich,* fuhr der Bauer fort. *Wenn du es zu etwas bringen willst, dann musst du Soldat werden. Ich kann dir helfen, ich kenn' jemanden bei der Reichswehr.* Und er versprach, seinen Bekannten noch diese Woche zu fragen. Am liebsten wäre Franz in die Luft gesprungen, und vielleicht tat er es sogar ein bisschen.

Am folgenden Sonntag in der Kirche wagte er nicht, zum Großbauern hinüberzusehen. Er fürchtete, der könne sein Angebot zurückziehen, ihn vergessen, und er fragte sich, wie er diese weitere Enttäuschung würde ertragen können. Nach der Messe richtete es der Alte dann aber so ein, dass er beim Hinausgehen neben Franz lief. Schon als er den Blick des Großbauern auf sich spürte, wusste Franz, dass er erneut kein Glück hatte. *Gerade ist wieder mal Einstellungsstopp,* erklärte der Bauer, *wegen des Versailler Diktats. Du musst aber sowieso warten, bis du 18 bist. Versuche es nach deiner Ausbildung!* Dann klopfte er ihm auf die Schulter und beschleunigte seine Schritte. Franz glaubte, seine Beine würden einknicken. Doch sie trugen ihn bis zum Hof, wo der Stubenvater mit der Hand am Gürtel von ihm wissen wollte, was er mit dem Großbauern zu reden hatte.

Vom *Versailler Diktat* hatte Franz schon oft gehört. Fast jeden Abend schimpfte der Stubenvater darüber, es sei der Grund, dass es Deutschland immer schlechter ginge, und auf dem Heimweg von der Messe sprachen die anderen Bauern häufig ganz ähnlich. Franz wusste nicht genau, worum es sich handelte, nur dass es mit dem verlorenen Krieg zu tun hatte und dass Deutschland daher nicht frei war, sondern unter der Fuchtel der Siegermächte stand. Vielleicht, hatte er sich schon manchmal gefragt, hatte dieses Diktat auch etwas mit seinem eigenen andauernden Unglück zu tun? Nun, nach der letzten Begegnung mit dem Großbauern war er sicher. Sein Entschluss stand fest. Natürlich würde er sich bei der Reichswehr bewerben, sobald er 18 Jahre alt war. Bis es so weit war, würde er die Zähne zusammenbeißen. Wie immer.

Das einzig Gute an seiner Lage war, dass keiner ihm sagte, in welcher Stadt er die Lehre machen sollte. Franz wollte so weit weggehen wie möglich. Und von seinem oberpfälzischen Heimatdorf aus schien München so weit weg wie der Mond. Er brach zu Fuß auf. Hätte nicht am dritten Tag, kurz vor Straubing, der Schaffner des Bummelzugs gesehen, wie Franz in seinen löchrigen Stiefeln und dem zerschlissenen Mantel auf dem vereisten Feldweg schlitterte, er hätte ganze zehn Tage in die Stadt gebraucht.

Der Bäcker- und Konditormeister Schwab in Berg am Laim im Osten von München war der zwölfte, bei dem er sich vorstellte, und der erste, der ihm einen Lehrvertrag anbot. Franz unterschrieb sofort, ohne sich die Unterkunft oder die Arbeitsstube oder den Meister genauer anzusehen. Er war sicher, schlimmer als auf dem Hof und beim Stubenvater konnte es nicht werden. Das mit Stroh gestopfte Laken neben dem Ofen kam ihm dann tatsächlich zunächst vor wie ein Himmelbett. Doch bald begann auch Meister Schwab, ihn zu verprügeln. Mit Holzbrettern und heißen Eisenstangen. Franz wunderte sich nicht. Und weil die Reichswehr wegen des *Versailler Diktats* auch drei Jahre später keine Rekruten aufnahm, als er endlich 18 war, sagte er zu, als Schwab ihn nach dem Ende der drei Lehrjahre fragte, ob er sein Geselle werden wolle. Wohin hätte er auch sonst gehen sollen?

Im selben Jahr, im März 1933, nahm ihn der Bäckermeister mit zum Odeonsplatz. Als er dort in der Menschenmenge stand, nur ein paar Meter von Adolf Hitler entfernt, spürte Franz zum ersten Mal, dass es einen Platz für ihn geben könnte. Zum ersten Mal in seinem Leben hatte er das Gefühl dazugehören.

ICH.
ENTNAZIFIZIEREN.

Darf ich das? Es rauscht in meinem Kopf. Mich in meinen Nazi-Opa hineinversetzen, versuchen, seinen Lebensweg, seine Motivation, seine Gefühle nachzuvollziehen? Ist das verharmlosend und relativierend, so viel Empathie mit dem Täter zu haben? Nehme ich meinen Großvater aus der Verantwortung, wenn ich ihn auch als Geschädigten eines unmenschlichen Systems verstehen will? Als selbst Traumatisierten, der deshalb auch andere traumatisierte? Mache ich den Täter damit nicht zum Opfer? Darf ich ihn, den Täter, überhaupt auf diese Weise in den Mittelpunkt stellen? Schon wieder? Immer wieder lösche ich das, was ich über ihn schreibe. Mache das Löschen rückgängig. Lösche erneut.

Auf der anderen Seite: Ist es nicht notwendig, dieses Leben auseinanderzunehmen, damit ich verstehen kann, wie es so weit kommen konnte? Damit ich weiß, woher meine nazihaften, rassistischen Reflexe stammen? Muss ich dafür nicht versuchen zu durchdringen, wie es passierte, dass mein Vorfahre sich dieser menschenverachtenden, vernichtenden Ideologie verschrieb? Welche äußeren und welche inneren Umstände Voraussetzungen dafür waren? Was die Gesellschaft damit zu tun haben mochte und welche Emotionen eine Rolle spielten? Muss ich diesen Sog, dem mein Großvater nicht entkommen konnte oder wollte, nicht zumindest erahnen, um zu verhindern, dass er auch mich mitreißt?

In den Unterlagen aus dem oberpfälzischen Staatsarchiv steht, dass mein Opa es nicht beim SS-Untersturmführer beließ, wie ich es in der Heiratsurkunde gelesen hatte. Er stieg bis zum SS-Obersturmführer auf. Ich google. Er hatte denselben Rang wie die SS-Kommandeure von Sobibor und Treblinka, jener deutschen Vernichtungslager auf dem Gebiet des besetzten Polens, die so gut wie kein jüdischer Mensch lebend verließ.

Die CD-ROM enthält auch sehr viele Dokumente mit sehr langen und auf den ersten Blick ziemlich nichtssagenden Aussagen meines Großvaters, von Familie und Bekannten. Auch sie versuchen, seinen Weg ins NS-Regime zu beschreiben, allerdings mit der eindeutigen Absicht, die Wahrheit zu verhüllen und zu beschönigen. Die einzige Angabe über ihn, die mir authentisch und ehrlich scheint, stammt nicht von einem Deutschen und ist sehr knapp gehalten. Sie steht im *Arrest Report,* den der US-amerikanische Nazi-Fahnder verfasst hat, der meinen Opa am 11. Juni 1946 in einem Kriegsgefangenenlager bei Landshut verhaftete. Franz Xaver R., heißt es dort, habe ohne Umschweife zugegeben, dass er Obersturmführer der Waffen-SS gewesen sei. Anders übrigens als Hanns-Martin Schleyer, der bei seiner Verhaftung aus Angst vor Bestrafung angegeben haben soll, er sei bloß Oberscharführer gewesen. In einem US-Archiv recherchiere ich, dass der Mann, der ihn schnappte, ein koreanischstämmiger Hawaiianer war. Ich stelle mir vor, wie mein Opa ihm in einem überlaufenen, schmutzigen Camp in zerfledderter Uniform voller Abscheu und Stolz seinen Nazi-Titel entgegenschleuderte. Vielleicht konnte mein Opa nicht anders, als sich aufzuplustern vor einem, der bis vor Kurzem sein Gegner gewesen war – und der ihm seiner Logik nach auch noch besonders minderwertig scheinen musste? Vielleicht wusste mein Großvater aber auch einfach, dass Abstreiten nichts mehr brachte? Die Festnahme am 11. Juni 1946 war schließlich schon die zweite. Das erste Mal hatten ihn US-Soldaten am 8. Mai 1945 im Süden von München gefangengenommen, wohin er mit seiner Einheit vor sowjetischen Truppen geflohen war. Schon dort haben sie ihm bei seiner Gefangennahme wahrscheinlich das SS-Soldbuch abgenommen, den Soldatenausweis, in dem Einheit und Rang und Urlaubstage festgehalten waren, in dem sein eigenes Foto hinter dem von Adolf Hitler klebte. Wenn die US-amerikanischen Alliierten es nicht in die Hände bekommen hätten, läge es heute jedenfalls nicht im Bundesarchiv.

Im *Report* des GIs finde ich noch ein paar weitere interessante Hinweise zu der Zeit nach Kriegsende. Einen Monat, nachdem Opa im Landshuter Kriegsgefangenenlager als SS-Mann entdeckt worden war, wurde er in ein Internierungslager für mutmaßliche Naziverbrecher*innen in Regensburg gebracht. Ich lese über den Grundsatz des *Automatischen Arrests,* wonach Mitglieder der Waffen-SS mit Offiziersgrad automatisch als NS-Belastete verhaftet wurden. Von da an war mein Großvater kein einfacher Kriegsgefangener mehr, kein *Prisoner of War,* sondern ein entwaffneter Angehöriger einer feindlichen Armee (*Disarmed Enemy Force*). Dort in der Oberpfalz, nicht weit von seinem Heimatdorf, wurde das Entnazifizierungsverfahren gegen ihn vor einer Spruchkammer eröffnet, einem Laiengericht also, das die Alliierten einrichteten und mit deutschem Personal besetzten. Ihm saßen ein Kläger vor, der im NS-Staat keine Funktionen übernommen hatte und juristisch qualifiziert war, außerdem zwei Männer, die mit den lokalen Verhältnissen vertraut und ebenfalls als *sauber* eingestuft worden waren. Viele, die den Spruchkammern vorsaßen, waren tatsächlich befreite Häftlinge, oft Menschen, die die Nazis mit dem Siegel *nichtarische Herkunft* gebrandmarkt hatten. Die Namen der Richter meines Großvaters finde ich aber in keinem Archiv. Ich weiß nicht, ob sie Überlebende eines Konzentrationslagers waren, im Widerstand oder einfach *unbelastete* Deutsche, Leute also, die sich in keinem Nazi-Organ engagiert hatten.

Was mein Opa zu diesem Prozess selbst beisteuerte, in ausfernden, wolkigen Worten, und auch alles, was andere Deutsche über ihn schrieben, oft fast mit identischem Wortlaut, klingt für mich nur falsch. Hölzern beschreiben sie alle einen naiven, gutmütigen Menschen, der vor 1933 viel gelitten hat, der sich in seiner großen Not gezwungen sah, die Aufstiegschancen zu nutzen, die ihm die Nazis boten, der deren Fängen dann nicht mehr entkommen konnte, der aber ein *Judenfreund* und auch sonst völlig unschuldig war. Kaum ein Wort über die Nazizeit und wenn doch, dann um ihn als Widerständler und Opfer des Systems darzustellen. Da ist zuallererst die zweiseitige Verteidigungsschrift, die mein Opa angeblich selbst verfasste. *Mein Lebensweg, der mich zum Berufssoldatentum und durch Zufall zur Waffen-SS führte, zeigte die unheil-*

vollen Folgen, die das Jahr 1933 für einen armen Bauernjungen aus einer kinderreichen Familie hatte, heißt es dort. Nachdem die Annahme in der Reichswehr gescheitert war, las ich zufällig den Aufruf, den die Waffen-SS 1933 zur Werbung Freiwilliger erließ. Es geht schon aus meiner Jugend hervor, dass ich bei meiner Bewerbung keinerlei politische Richtung verfolgte. Und er schließt den Bericht mit den Worten: Ich versichere an Eides statt, dass ich weder im Frieden noch im Kriege zu irgendwelcher Aktion herangezogen wurde, die gegen Recht, Gesetz und Menschlichkeit verstoßen hat, und dass ich frei bin von Nazismus und Rassenhass. Der Großbauer aus seinem Heimatdorf berichtete in einem Brief, Franz Xaver R. wurde in dürftigen Verhältnissen groß, und nur aus einem bösen Zufall und wegen seiner völligen politischen Unaufgeklärtheit sei er mit 18 Jahren bei der Waffen-SS eingetreten. Der Pfarrer erklärte, er war ein ordentlicher, guter Deutscher, der Bürgermeister, er hatte eine korrekte Haltung, war freundlich, sehr beliebt, hilfsbereit, hätte seinen Stiefvater zweimal aus einem Konzentrationslager geholt, wo dieser wegen staatsfeindlicher Äußerungen gelandet war. Sein Lehrmeister, Bäcker Schwab, schrieb, er hat während der Lehrzeit Freundschaft mit einer 70-jährigen Jüdin geschlossen und diese auch während seiner Zeit bei der Waffen-SS fortgeführt.

Täter*innen leugnen ihre Taten, lese ich in Aufsätzen zur allgemeinen Täter*innenforschung, und wenn sie gezwungen werden zu gestehen, was sie getan haben, geben sie nur wenig preis. Sie rechtfertigen sich, erklären ihr Handeln mit Befehlsnotstand und leugnen die eigene Verantwortung. Die Weggefährt*innen, Angehörigen, Freund*innen, die meinen Großvater verteidigten, müssen die US-Amerikaner auch gefürchtet haben. Für sie waren sie ja wahrscheinlich (zunächst zumindest) keine Befreier*innen, sondern Eroberer*innen und Besatzer*innen. Vielleicht empfanden einige der Verteidiger*innen meines Opas die Entnazifizierung sogar auch als Angriff auf alles, an was sie die vergangenen zwölf Jahre geglaubt hatten?

Immer wieder lese ich die Zeugnisse aus dem Archiv, in der Hoffnung, dass sie mir doch noch mehr offenbaren, vielleicht ja ganz nebenbei. *Wenn mein Großvater sich im Angesicht des Siegers vom Rassenhass distanzieren wollte, muss er dann nicht gewusst haben, was in dessen Namen geschehen war? Und wenn er das wusste, hat er sich dann nicht mit großer Wahrscheinlichkeit gerade nicht ferngehalten?* Dass seine Verteidiger nur über den Charakter und seine Kindheit schrieben und dass sie ihm sogar eine Freundin jüdischen Glauben andichteten, lese ich als Beweis dafür, dass sie Schwierigkeiten hatten, überhaupt etwas zu seiner Entlastung zu finden. Gleichzeitig wundere ich mich, wie mein Opa, der Bauernsohn, Bäckerlehrling und Soldat überhaupt solch eine elaborierte Verteidigungsschrift verfassen konnte. *Im Sommer 1937 wurde ich ohne mein Zutun korporativ in die Partei überführt*, schreibt er an einer Stelle seiner Verteidigungsschrift. *Ist das ein Hinweis darauf, dass er bei dem Entnazifizierungsverfahren Hilfe erhalten hat? Und wäre das nicht ein weiterer Hinweis auf seine Verstrickung in das System? Denn wer, wenn nicht andere Nazis, sollen ihm geholfen haben?*

Es braucht dann nur noch ein bisschen weitere Recherche, um die Aussagen meines Großvaters als verbreitete Verteidigungsstrategie angeklagter Nazis zu entlarven. In der Berliner Staatsbibliothek stoße ich auf die Doktorarbeit der jungen Historikerin Hanne Leßau. Sie schreibt, dass die allermeisten Angeklagten in den Entnazifizierungsverfahren behaupteten, im Sommer 1937 *ohne eigenes Zutun* Mitglied in der NSDAP geworden zu sein. Und sie erklärt: Tatsächlich stellten in den Monaten nach der Machtergreifung so viele Deutsche Mitgliedsanträge bei der Partei, dass die Nationalsozialist*innen im Mai 1933 einen Aufnahmestopp verhängten, um den Ansturm bewältigen und *Konjunkturritter* (so nannten die Nazis Opportunisten) ausschließen zu können. Erst im Sommer 1937 wurden wieder neue Mitglieder aufgenommen, zunächst jene Anwärter*innen, die sich in nationalsozialistischen Organisationen wie der Waffen-SS *verdient* gemacht hatten. Menschen wie mein Opa. Dass er das Parteibuch nicht 1937 beantragte, mag also stimmen. Aber nur weil er es vermutlich schon 1933 getan hatte. Auch die Strategie, Nazi-Täter*innen in Opfer der Nazis zu verkehren, die sich durch alle Verteidigungsschriften meines Großvaters und seiner Fürsprecher*innen zieht, findet sich laut Leßau in den Akten vieler Entnazifizierungsverfahren wieder, oft wortgleich. So gut wie alle Angeklagten wollen und sollen *unpolitisch* und nur durch *Zufall* bei den Nazis gewesen sein.

Viele versuchten außerdem genau wie mein Opa, das nationalsozialistische Regime als eine Individualität verhindernde Zwangsdiktatur darzustellen, der nicht auszuweichen war, der man sich unterwerfen musste. Diese Auslegung haben ausgerechnet die westlichen Alliierten befördert, beweist neue Forschung. Vor allem die US-Amerikaner stellten die NS-Diktatur als kollektivistisches Terrorregime dar, das sie nicht gewesen ist. Sie wollten damit den Kontrast zu der pluralistischen Demokratie verschärfen, die sie aufbauen wollten. In Wirklichkeit aber schätzte die NS-Volksgemeinschaft den Nazi-Staat gerade als Garant des Individuellen. Tagebucheinträge zu Beginn der NS-Zeit lassen keinen Zweifel daran, dass sich Menschen mit den unterschiedlichsten Einstellungen zum Nazitum bekennen konnten. *Ich erkläre mich als Vertreter des Nationalsozialismus, behalte aber meine eigene Meinung und selbstständige Kritik*, schrieb ein Geschichtsstudent Anfang 1934, dessen Aufzeichnungen Hanne Leßau auswertete. Zwei Jahre zuvor hatte der gleiche *weiße* Mann festgestellt, er sei *kein Anhänger der konservativen Welt- und Staatsauffassung*, sondern der Meinung, *die Menschen wandeln sich dauernd*. In den Entnazifizierungsverfahren beriefen sich die Angeklagten dann gerade auf ihre *individuellen Auffassungen* davon, wer ein Nazi sei, um sich wiederum vom NS-Regime distanzieren zu können.

Die Morde an Millionen Menschen jedenfalls erwähnte in den von Leßau untersuchten Entnazifizierungsverfahren fast niemand. Keiner gestand, und niemand bereute.

In den Akten aus dem Oberpfälzer Archiv finde ich noch ein paar weitere Fakten über die Nazizeit meines Opas. Sie stehen auf den schematisierten Formularen der US-amerikanischen Militärverwaltung, auf denen mein Großvater seine Soldatenlaufbahn und seine Einsatzorte angeben sollte. Dort versuchte er, nichts zu verdrehen. In knappen Stichpunkten und in sauberen, aufrechten Druckbuchstaben hielt er in einer Tabelle fest, wie er von Anfang an die militärische Hierarchie nach oben kletterte. Zunächst war er Mitglied der SS-Verfügungstruppe. Diese Einheit wurde 1938 der NSDAP eingegliedert und war von da an zu Hitlers *ausschließlicher Verfügung*. Vor jedem neuen Rang vermerkte mein Opa penibel das exakte Datum. Allein in seinem ersten Dienstjahr 1934 stieg er zum Sturmmann auf (1.7.34), zum Rottenführer (1.10.34), zum Unterscharführer (1.12.34), er befehligte also erst vier, dann acht SS-Männer. Fast jedes Jahr wurde er danach befördert, oft sogar mehrmals. Insgesamt durchlief er elf Dienstgrade. Bei Kriegsende war er schließlich Obersturmführer, heute vergleichbar mit dem Rang eines Oberleutnants. Er hatte zwischen fünfzig bis hundert Soldaten unter sich.

In einem anderen Formular verzeichnete er, wo er eingesetzt war. Am 1. September 1939 in Polen, am 22. Juni 1940 in Frankreich, am 22. Juni 1941 in der Sowjetunion. In dem Feld *Bemerkungen* schrieb er, ebenfalls in sehr aufrechten Lettern, *noch Auslandsreisen: Jugoslawien, Holland, Belgien, Ungarn, Österreich und in der Tschechoslowakei; noch Abzeichen: SA Sportabzeichen, Reichssportabzeichen, Jugendsportabzeichen, Schein der D.L.R.G.* (der Wasserrettung).

13 Jahre lang war mein Opa also Mitglied der Waffen-SS. Jener Elitetruppe der Nazis, die 1946 vom Internationalen Militärgerichtshof in Nürnberg zur verbrecherischen Organisation erklärt wurde. Wegen ihrer Beteiligung am Holocaust und am Porajmos bzw. Samudaripen, dem Völkermord an den europäischen Sinti*zze und Rom*nja, wegen zahlreicher Kriegsverbrechen und Massakern an der Zivilbevölkerung. Er war beim völkerrechtswidrigen Angriff auf die Zweite Polnische Republik dabei, mit dem Nazideutschland den Zweiten Weltkrieg gezielt auslöste. Er unterjochte Frankreich und überfiel die Sowjetunion. Er nahm also an allen Feldzügen teil, die die Nazis für ihre totalitäre Propaganda nutzten, mit der sie die damalige deutsche Gesellschaft vollends in ein effektives Organ des Regimes ver-

wandelten. In eine von Rassismus und Antisemitismus durchdrungene, ausgrenzende, gleichmachende, antiplurale Volksgemeinschaft, in ein Täterkollektiv, das sich nie dagewesener, systematisch begangener Verbrechen schuldig machte und dessen Trauma nicht die grausame Ermordung von Abermillionen Menschen wurde, sondern der *Zusammenbruch* von Nazideutschland der die Blutsbruderschaft mit dem Führer beendete. Mein Opa war nicht nur irgendeiner der Millionen deutschen Mitläufer*innen, nicht nur Komplize im Kollektiv. Er war ein Anführer. Täter. Und er war ganz offensichtlich stolz darauf.

Am Spruchkammergericht des Internierungslagers Regensburg kamen der Vorsitzende und seine zwei Beisitzer am 10. Februar 1948 zu dem gleichen Ergebnis: *Der Betroffene ist Belasteter (II). Die eingehende Prüfung sämtlicher Unterlagen überzeugte die Kammer davon, dass er doch ein Anhänger des Naziregimes gewesen ist, das geht schon aus seiner freiwilligen Meldung zur Allgemeinen SS und Waffen-SS hervor, deren Tendenzen ihm angeblich nicht zusagten. Seine Beförderung zum Obersturmführer in dieser Organisation beweist, dass er seinen Dienst mit regem Eifer ausgeführt hat. Durch seine Stellung und Tätigkeit in diesen Naziorganisationen hat der Betroffene wesentlich zur Stärkung und Erhaltung der nationalsozialistischen Gewaltherrschaft beigetragen.* Als *Sühnemaßnahme* sollte mein Großvater zwei Jahre 45 Stunden in der Woche für die Allgemeinheit arbeiten; nie wieder ein öffentliches Amt ausüben; nicht Notar oder Anwalt werden; das Wahlrecht verlieren sowie die Wählbarkeit und das Recht, sich politisch zu betätigen; keiner politischen Partei angehören; sich fünf Jahre lang nicht selbstständig machen, keinen gewerblichen Betrieb eröffnen, nicht als Lehrer, Prediger, Redakteur, Schriftsteller oder Rundfunkkommentator arbeiten. Auch seine Bewegungsfreiheit sollte eingeschränkt werden, denn er sollte nie wieder einen Kraftwagen halten. Er sollte sein übriges Leben lang für seine Rolle im Nationalsozialismus büßen.

Doch es kam anders. Zehn Tage nach der Urteilsverkündung legte mein Großvater Berufung ein. Auch das steht in den Dokumenten aus dem Staatsarchiv. Neue Beweise, neue Argumente oder eine neue Strategie hatte er nicht. Er forderte einfach erneut, sein Leben vor 1933 zu betrachten, die Notlage anzuerkennen, die ihn in die Hände der Nazis getrieben hatte. Wieder beteuerte er, er sei doch gar kein Nazi gewesen. Bevor er bei der Waffen-SS eintrat, habe er mit der Ideologie überhaupt nichts zu tun gehabt und überhaupt habe er sich vom Rassenhass stets ferngehalten.

Über seine Berufung beriet ein anderes Spruchkammergericht. Diesmal finde ich den Namen eines Beisitzers im Arolsen Archiv, dem internationalen Zentrum in Nordhessen mit der weltweit umfassendsten Dokumentensammlung zu den Opfern und Überlebenden des Nationalsozialismus, wo Hunderttausende Papiere online gestellt worden sind. Zu finden sind dort zum Beispiel Schriftstücke, in denen die Nazis die Namen derer auflisteten, die sie in die Konzentrationslager schickten. Neben unterschiedlichen Geburtsdaten und auf verschiedenen Listen finde ich den Namen Emil Mahler. Ein Zahnarzt Emil Mahler, geboren am 4. Januar 1887, wurde am 17. Juli 1942 von Wien nach Auschwitz deportiert. Ein anderer, geboren am 14. Mai 1901, wurde am 14. Dezember 1941 von Dachau nach Theresienstadt gebracht und am 19. September 1944 nach Auschwitz. Ob der Beisitzer wirklich einer dieser früheren KZ-Häftlinge war oder nur ein Namensvetter, kann mir auch der Bearbeiter in dem oberpfälzischen Regionalarchiv nicht sagen. Er schätzt die Wahrscheinlichkeit allerdings als gering ein. Die meisten jüdischen Überlebenden seien im März 1949, als über meinen Großvater das endgültige Urteil gesprochen wurde, bereits ausgewandert. Außerdem: Hätte ein KZ-Überlebender einen SS-Obersturmführer aus der Gefangenschaft entlassen?

Mein Opa jedenfalls musste keine Buße tun. Seiner Berufung wurde stattgegeben. Er durfte wählen und gewählt werden, einer Partei beitreten, ein Auto besitzen, sich selbstständig machen, ein Gewerbe anmelden und den Beruf ausüben, den er wollte. Nur weil das ursprüngliche Urteil aufgehoben wurde, konnte er schließlich Taxiunternehmer werden. Vielleicht nur deshalb kann meine Familie sich heute überhaupt ein Leben in München leisten.

Mein Großvater war nicht der Einzige, der Anfang 1949 vom Belasteten zum Mitläufer wurde. Knapp vier Jahre nach Ende des Kriegs wurden die allermeisten Urteile der Entnazifizierungsverfahren gekippt, und fast alle, die als *Belastete* oder *Minderbelastete* verurteilt waren, zu *Mitläufern* erklärt – deshalb wurden die Spruchkammerverfahren oft *Mitläuferfabriken* genannt. Der Kalte Krieg hatte begonnen. Für die US-amerikanische Außenpolitik war nun wichtiger, dass die Westdeutschen den Kommunismus hassten, als dass sie dem Faschismus abschworen. Die in Deutschland stationierten Soldaten mussten vergessen, was ihnen vor der

Entsendung eingetrichtert wurde, zum Beispiel dass *so gut wie jeder Deutsche Teil des Nazi-Netzwerks war*. Wichtig war jetzt, dass die junge Bundesrepublik so schnell wie möglich ein funktionierender Staat wurde, ein verlässlicher Partner im Kampf gegen die Sowjetunion. Und dafür waren alle (Männer) nötig, die mehr oder weniger unversehrt den Krieg überlebt hatten. Auch jene, die ganz offiziell Nazis gewesen waren. Auch jene, die in einem Entnazifizierungsverfahren als Gefahr identifiziert und stillgelegt worden waren. Auch mein Opa.

1951 erklärte der damalige NATO-Oberbefehlshaber und spätere US-Präsident Dwight D. Eisenhower offiziell, die Mehrheit der deutschen Soldaten und Offiziere sei ehrenhaft gewesen, sie hätten mit Hitler und seiner kriminellen Bande nichts zu tun gehabt. Zu dem Zeitpunkt war der Koreakrieg gerade im Gange, der erste Stellvertreterkrieg im Kalten Krieg, die USA und die NATO wollten Westdeutschland wieder bewaffnen, und Bundeskanzler Konrad Adenauer hatte die Ehrenerklärung Eisenhowers zur Bedingung für seine Zustimmung zur Wiederbewaffnung gemacht. Nicht lange davor hatte auch Eisenhower, der Oberkommandeur der alliierten Streitkräfte in Deutschland gewesen war, die Wehrmacht heftig kritisiert und sowohl für Kriegsverbrechen als auch für den Holocaust verantwortlich gemacht.

Weil auch die allermeisten *weißen* Journalist*innen schwiegen und verharmlosten und auch der Großteil der *weißen* Intellektuellen und überhaupt fast alle *weißen* Bürger*innen, konnten der Vernichtungskrieg und die Millionen Morde im deutschen Bewusstsein weiterhin einfach verdrängt und als gerechtfertigt wahrgenommen werden.

Als ich die ausgedruckten Dokumente aus dem Staatsarchiv auf dem polierten Küchentisch meiner Mutter ausbreite, wirft sie nur einen kurzen Blick darauf. Dann legt sie die Unterarme darauf ab, verschränkt die Hände und erzählt. Sie sei sieben oder acht gewesen, es war Ende der Fünfzigerjahre, Anfang der Sechziger, zum Novemberbeginn. Sie sei neben ihrem Vater am Münchner Odeonsplatz gestanden, vor der Feldherrnhalle, *herausgeputzt wie für einen Festtag. Der Papa ist immer größer geworden,* sagt sie, und ich höre, auch wenn ich es nicht möchte, Ehrfurcht in ihrer Stimme.

An der Feldherrnhalle war in der Nazizeit eine Gedenktafel angebracht worden, die an jene Nationalsozialisten erinnerte, die beim gescheiterten Hitlerputsch am 8. und 9. November 1923 umgekommen waren. Die Tafel wurde rund um die Uhr von zwei SS-Männern bewacht. Jeder, der vorbeikam, musste den Hitlergruß zeigen. Ab 1939 war der 9. November ein staatlicher Nazifeiertag. *Der Gedenktag für die Gefallenen der Bewegung.* Es ist auch das Datum, das die NS-Strategen 1938 für die *Reichspogromnacht* auswählten, in der SA- und SS-Männer Synagogen entweihten und zerstörten, Geschäfte von Mitbürger*innen mit jüdischen Wurzeln plünderten, Altersheime anzündeten und Tausende Bürger*innen anstachelten, es ihnen gleichzutun.

Mama erzählt an diesem Nachmittag noch etwas, das sie bisher nicht mit mir geteilt hat. Noch etwas, das ich nicht hören will, das mich unwillkürlich seufzen lässt. *Der Papa hat immer eine Anstecknadel getragen. Unterm Revers, damit keiner sie sehen konnte. Von der HIAG. – Was ist das? – Hitler irgendwas. Musst du mal googeln.*

HIAG steht für *Hilfsgemeinschaft auf Gegenseitigkeit der*

Angehörigen der ehemaligen Waffen-SS. Treffender ist die Umschreibung SS-Veteranenverein. Die Gruppe kümmerte sich um Menschen, die wegen Mord und Folterung in Konzentrationslagern verurteilt worden waren; die Mitglieder organisierten Rechtsbeistand und Demos, auf denen sie zu deren Freilassung aufriefen. Bis in die Achtzigerjahre beeinflussten sie den *Verband deutscher Soldaten*, pflegten Kontakte mit allen im Bundestag vertretenen Parteien, mit der CDU intensive, und sie erkämpften sogar Pensionsansprüche für ehemalige Mitglieder der Waffen-SS. Bis zu ihrer Auflösung im Jahr 1992 veröffentlichte die HIAG außerdem die geschichtsrevisionistische Zeitschrift *Der Freiwillige*. *Manche unserer Kameraden sind depressiv geworden und haben Vorwürfe an ihr Herz herankommen lassen, die ihnen gar nicht gemacht werden durften*, heißt es dort zur Frage, ob Mitglieder der Waffen-SS am Holocaust beteiligt waren. Und: *Die in den sogenannten Kriegsverbrecherprozessen erhobenen Vorwürfe sind weitgehend widerlegt.* Die Mitglieder hielten an den antisemitischen Verschwörungstheorien fest, die die Nazis nutzten und schufen. Sie wollten überzeugen, dass Menschen jüdischen Glaubens und alle, die sie weiterhin als Jüdinnen*Juden markierten, das deutsche Volk vernichten wollten, und behaupteten, dass deren Verfolgung und *Ausrottung* notwendige Selbstverteidigung war. In ihrer Lobby-Zeitschrift erzählten sie aber vor allen Dingen jahrzehntelang Geschichten von deutschen Held*innen, die das Gute gegen das Böse verteidigten, von der Grausamkeit der Roten Armee und der Unverhältnismäßigkeit der alliierten Bombardements sowie der Bestrafung nach dem Ersten und dem Zweiten Weltkrieg.

Mein Opa war also nicht bloß in der NS-Zeit Täter. (Er

war nicht nur einer der vielen Nazis, die nach dem Krieg das Verbrechen nicht Verbrechen nannten, sondern weiterhin einen *berechtigten militärischen Akt der Selbstverteidigung;* die das Unrecht nie anerkannten, das sie anderen Menschen angetan hatten, und auch nicht um die Millionen Toten trauerten; die sich stattdessen in ihren Familien zum Opfer stilisierten und Bücher wie *Die unsichtbare Flagge* (1952) zum Bestseller machten, in denen die Nazi-Mörder*innen zu Einzeltäter*innen gemacht wurden, mit denen alle anderen Nazianhänger*innen nichts zu tun hatten.) Mein Großvater, das erkenne ich mittlerweile deutlich, war einer von diesen Verbrecher*innen und auch noch Mitglied einer Kriegsverbrecherlobby. Er hat in seiner, meiner Familie dafür gesorgt, dass niemand um die Opfer trauern konnte, keiner aus der Vergangenheit lernte, dass Rassismus und Antisemitismus fortdauerten. Er hat außerdem aktiv dazu beigetragen, dass andere sich auch nicht mit der eigenen (Familien-) Geschichte befassten. Mein Großvater hat ein Tabu geschaffen und erhalten, das noch immer wirkt. In meiner Familie und in vielen anderen.

Und meine Oma? Sie hat im Krieg einen SS-Offizier geheiratet. Ziemlich sicher hat sie seinen Eifer, seine Ansichten geteilt, während der NS-Zeit und danach. Auf jeden Fall hat sie nie gegen sein Engagement protestiert oder ihn dafür kritisiert.

Und meine Mutter? Sie hat das Tabu geachtet, das meine Großeltern geschaffen hatten. Auch sie hat ihr Leben lang die NS-Vergangenheit der Eltern ignoriert und verdrängt. Nie wollte sie herausfinden, was ihr Vater und ihre Mutter getan, gehört, gewusst haben.

Und ich? Ich habe es bisher genauso gemacht. Sehr wohl habe ich den Schatten wahrgenommen, den dieses Tabu auf meine Familie wirft. Ich wusste nicht, woher er kam, was ihn warf, aber ich spürte, dass er etwas Bedrohliches verbarg. Etwas, das ich nicht erkunden sollte. Und auch nicht wollte.

Im Zug zurück nach Berlin bin ich zunächst vor allem wütend auf mich selbst. Weil auch ich mich jetzt erst mit alldem auseinandersetze. Weil ich nicht früher gesehen habe, dass mir die rassistischen Argumente leichter über die Lippen gehen als meine eigenen Überzeugungen. Weil ich noch immer nicht genau weiß, was meine Großeltern in der NS-Zeit getan haben. Irgendwann wendet sich mein Zorn gegen den Großvater, den ich von nun an nur noch so nennen will. Nicht mehr Opa oder Opi, wie ich ihn bisher nannte, weniger weil er mir besonders nah gewesen wäre, wie ich jetzt glaube, sondern vor allem, weil er es für meine Mama war. Schließlich wüte ich gegen sie. Weil sie sich nicht von ihrem Nazi-Vater, meinem Nazi-Großvater, distanziert hat, bis heute. Weil sie ihn nie konfrontierte, nichts fragte, ihn sogar auf ein Podest stellte und es noch immer tut. Weil sie mich und meine Schwester in seinem Geiste aufwachsen ließ. Schließlich packt mich große innere Unruhe. Denn ich ahne nun, dass die Wut nur der Anfang ist. Irgendwie spüre ich, dass dieses hässliche Kapitel der Menschheitsgeschichte, in dem meine Vorfahr*innen Akteur*innen waren und mit dem sie sich bis zu ihrem Lebensende identifizierten, mein In-der-Welt-Sein ganz grundsätzlich beeinflusst. *Vielleicht haben auch meine Grand-Canyon-tiefen Unsicherheiten und die*

Everest-großen Ansprüche an mich selbst mit dem Nazi-Schatten zu tun? Vielleicht sind sogar die jüngsten Katastrophen der deutschen und europäischen Geschichte darauf zurückzuführen, dass sich die meisten Deutschen noch immer vor einer grundlegenden Auseinandersetzung mit diesem Erbe verschließen? Die NSU-Verbrechen, die Hanauer Morde und der Anschlag auf die Synagoge in Halle?

Immer wieder male ich mir aus, wie ich diese meine Wurzeln abhacke, wie ich mich von meiner Familie lossage. Und jedes Mal frage ich mich bestürzt, was dann eigentlich noch von mir übrig bleibt.

Als Kinder sind wir emotional komplett abhängig von unseren engsten Bezugspersonen. Wir fühlen, was sie fühlen. Das funktioniert nicht über Worte, sondern über Atmosphäre, und die schaffen die nächsten Erwachsenen unbewusst, mit Mimik, Gestik, Körperhaltung. Ein nicht verarbeitetes Trauma wird so von Generation zu Generation weitergegeben. Der einstige Auslöser ist immer schwieriger zu erkennen, vor allem wenn sich das geerbte Trauma mit neuen Verletzungen vermischt.

Der Psychotherapeut Jürgen Müller-Hohagen, mit dem ich in den Tagen danach telefoniere, hat sich auf psychologische Spätfolgen der NS-Zeit spezialisiert, seit er vor 40 Jahren von München nach Dachau gezogen ist. Dort lernte er mehrere Überlebende des Konzentrationslagers kennen und wurde *immer sensibler für die seelischen Nachwirkungen der Nazizeit*. Mit seiner Frau Ingeborg Müller-Hohagen, ebenfalls Psychotherapeutin, gründete er das *Dachau Institut für Psychologie und Pädagogik*, publizierte mehrere Bücher zum Thema, sprach auf Psychologie-Symposien, begleitete Treffen von Opfer- und Täter-Nachfahren. Er schätzt, dass in den fast 50 Jahren, die seine Frau und er als Therapeut*innen arbeiten, etwa die Hälfte der Klientinnen auch wegen Schwierigkeiten kam, die in der NS-Zeit wurzelten. Ich hoffe, mit seiner Hilfe alles besser einordnen zu können. *Wie kann das Nazi-Erbe an mich weitergegeben worden sein?*, habe ich ihn als Erstes gefragt und versucht, dabei so cool wie möglich zu klingen. Ich wollte mir meine Erschütterung nicht anmerken lassen. Ich habe mir vorgenommen, ihm als Journalistin zu begegnen, professionell und unbeeindruckt. Ich wollte ihn wie einen Experten befragen. Doch nach seinen ersten Erklärungen schnappatme ich. *Welches Trauma? Was meint er?* Ich versuche noch, mit der linken Hand das Mikrofon des Telefons zuzuhalten, doch der Therapeut hat meine Panik schon wahrgenommen. *Sie können das Gefühlserbe Ihrer Großeltern bearbeiten*, versucht er mich zu beruhigen. *Wenn Sie jetzt anfangen, sind Sie sogar früh dran. Viele schaffen es auch in der dritten Generation nicht, sich mit der Nazizeit auseinanderzusetzen. Aber auch sie haben ihr Leben lang unbewusst damit zu tun.*

Da erzähle ich ihm schon von dem Anti-Rassismus-Training, von meinem Ausbruch, von den plötzlichen Erinnerungen. Er bestätigt, dass natürlich nicht nur das Trauma vererbt werde, sondern das ganze Weltbild der Nazis. *Beobachten Sie sich weiterhin und versuchen Sie sich für das, was Sie entdecken, nicht zu verurteilen. Nur wenn Sie sich selbst gegenüber nachsichtig sind, wird es Ihnen überhaupt gelingen können, das Nazi-Erbe freizulegen und etwas zu verändern.* – *Wie bitte soll ich mich denn nicht verurteilen, wenn ich sehe, dass ich andere herabsetze?*, rufe ich da in den Hörer, meine Stimme fängt an zu zittern, und meine Augen werden feucht. Doch bevor ich weinen kann, frage ich mich, woher dieser Unbekannte bloß meine inneren Kritiker kennt. *Wieso weiß er, dass in meinem Kopf ein ganzes Komitee von Richter*innen sitzt und jede einzelne meiner Handlungen beurteilt? Oder ist diese endlose (Selbst-)Kritik etwa ein weiteres Nazi-Erbe?* Müller-Hohagen versucht, mich schon zu motivieren, mich dem allen zu stellen. *Dass wir solche unerwünschten Eigenschaften in uns selbst erkennen, ist für die gesamte Gesellschaft wichtig. Wenn wir sie nur bei Angehörigen rechtsradikaler Randgruppen verordnen, verändert sich nichts.*

Was mag ich da bloß noch alles in mir tragen? Lebt vielleicht auch in mir die völkische Vorstellung vom *edlen Menschen*? Bin auch ich autoritär und gleichzeitig hörig? Sehne ich mich nach einer Führerfigur? Bin ich das Opfer meiner Familie? Waren dann nicht auch meine Großeltern Opfer ihrer Familien?

Ich frage den Therapeuten, ob ich ihn nun regelmäßig anrufen kann. Er willigt ein. Danach rauche ich zwei Zigaretten hintereinander und einen Joint. Dann packe ich meine Badesachen. *Nach einer Stunde Kraulen hast du dich bisher immer noch besser gefühlt,* sage ich mir, als ich das Haus verlasse.

OPA.
GRÖSSE.

Ganz stramm stand Franz neben Hundert anderen Uniformierten vor der Münchner Feldherrnhalle. Er war stolzer denn je. Der Sturmbannführer hatte ihn in der ersten Reihe aufgestellt. Tausende Gesichter blickten ihn an, die meisten voller Ehrfurcht, manche voller Furcht. Franz stellte sich vor, er sei in Stein gemeißelt. Er blinzelte nicht, obwohl die Märzsonne ihn blendete, wartete mit angespannten Muskeln auf das Kommando. Die schwarze Uniform sollte an ihm genauso elegant und furchteinflößend aussehen wie an Himmler, seinem Vorgesetzten. Weder ihn noch Hitler sah er von seiner Position aus, aber das war nun egal. Er war jetzt mittendrin, an der Seite seiner Kameraden, im Dienst des Führers. Er hatte das Gefühl, angekommen zu sein, zum ersten Mal in seinem Leben. Er wusste, wenn er alles richtig machte, erwartete ihn in dieser Elitetruppe eine große Zukunft, und natürlich würde er alles richtig machen. Dass er sich dauernd bewähren und beweisen musste, störte ihn nicht. Im Gegenteil. Es kam seiner Natur entgegen, er war für die härtesten Aufgaben gemacht. Er hob die Brust noch ein wenig mehr. Seine Schultern schmerzten, die Augen tränten. Noch nie hatte er sich so groß gefühlt.

Vier Jahre zuvor war er auch hier gestanden, auf der Seite der Gaffer. Damals hatte er den Bäckermeister Schwab begleitet, der unbedingt Hitler sehen wollte. Franz war bloß neugierig, erwartete nicht viel. Aber dann rührte die Stimmung der Parade etwas in ihm an, etwas Tiefes, das ihm bis dahin unbekannt war. Voller Inbrunst skandierte er mit der Menge *Heil, Heil, Heil!* und hatte dabei das Gefühl, über sich selbst hinauszuwachsen. Im Frühling 1933 entdeckte er dann in einer Zeitung den Aufruf zur Rekrutierung für die Schutzstaffel. *Mindestkörpergröße 1,78 m* stand dort. Seine Körpergröße. Es erschien ihm wie ein Zeichen. Im Januar 1934 durfte er endlich antreten.

Er las den Vorgesetzten die Befehle von den Lippen ab, beim Morgenappell war er stets der Erste, und wenn es nötig war, wies er seine Kameraden zurecht. In der Führerschule, in die sie ihn nach seinem ersten Aufstieg zum Sturmmann schickten, gab er sich größte Mühe, die Lehrer zu beeindrucken. Es fiel ihm nicht schwer. Er wiederholte einfach immer wieder aufs Neue, was sie erwarteten. Dass er das Deutsche Reich gegen alle Feinde verteidigen würde, vor allem gegen *Juden, Z, N und ihre Bastarde,* weil sie das deutsche Blut schwächten und die Herrenrasse verunreinigten.

Der Befehl kam. Franz und seine Kameraden waren jetzt eine einzige Bewegung. Sie streckten den Arm aus, schlugen die Hacken zusammen, riefen aus einem Mund: *Heil Hitler.* Sofort wiederholte die Menge den Gruß. Es klang schief. Franz fragte sich, ob es auch so geklungen haben mag, als er auf der anderen Seite stand, damals vor vier Jahren, als er glaubte, über sich selbst hinauszuwachsen. Da traf den Kameraden neben ihm ein rohes Ei. Es roch nach Schwefel. Niemand ließ sich etwas anmerken. Franz dachte an die letzte Unterrichtsstunde an der Führerschule, es war um die Konzentrationslager gegangen. Ohne Gewalt würden die Menschen nicht lernen, sich an die neuen Umstände anzupassen.

ICH.
AUF OPAS SPUREN.

Er ist als Nazi verurteilt worden!, brülle ich und richte mich an dem üppig gedeckten Esstisch auf. *Unsere Familie konnte nur ein normales Leben führen, weil der Kalte Krieg anfing und die USA ein starkes Deutschland brauchten! Nur deshalb leben wir im Wohlstand!* Ich überrage jetzt die anderen, die ihre Messer und Gabeln über den Resten von Wiener Würstchen und Kartoffelsalat senken und zu mir hochsehen, irritiert und erschrocken. Ich erschrecke selbst. So deutlich habe ich bisher auch vor mir selbst nie ausgesprochen, was die Informationen aus dem Ansbacher Archiv für unsere Familie bedeuten können. Ausgerechnet bei einem Wiedersehen mit verloren geglaubten Verwandten bricht die Erkenntnis aus mir heraus.

Ich bin mit Mama zu Besuch bei Alfons, einem Neffen meines Großvaters. Alfons lebt mit seiner Frau Maria in einer menschenleeren Einfamilienhaus-mit-Vorgarten-Siedlung in Waldmünchen an der tschechischen Grenze. Nur ein einziges Mal habe ich ihn bisher bei der Beerdigung meines Großvaters gesehen. Er ist der Sohn einer Halbschwester meines Großvaters und der älteste Verwandte, der noch immer dort lebt, wo unser Nazi-Vorfahre aufgewachsen ist, wo er im Februar 1948 als Belasteter verurteilt und im März 1949 zum Mitläufer gemacht wurde. Vielleicht daher mein Ungestüm? Am Telefon habe ich den Siebzigjährigen vor zwei Wochen noch umständlich und unsicher gefragt, ob ich demnächst einmal mit meiner Mutter vorbeikommen könne, *eventuell, nur kurz, ohne zu stören,* und dann noch umständlicher und unsicherer erklärt, ich wolle die Wurzeln unserer Familie in der Oberpfalz kennenlernen, *wie seltsam, dass ich da nicht früher draufgekommen bin, ach ja, und ich habe da auch in einem Regensburger Archiv Unterlagen über Opa gefunden, die interessieren euch eventuell auch?* Je länger ich sprach, desto leiser wurde ich. Ich schämte mich. Schon wieder. Diesmal weil ich bis jetzt noch nie bei ihnen gewesen war, dass ich mich nie für diese Familie interessiert habe, weil ich das im Grunde auch jetzt nicht tat, weil ich das Interesse nur scheinheilig heuchelte. Denn ich versprach mir von dem Besuch vor allem Informationen über Opa. Und über mich. Alfons schien von meinem Gefühlswirrwarr nichts mitzubekommen. Er war freundlich und fröhlich, fast wirkte es, als hätte er auf meinen Anruf gewartet. Er versprach, uns alles zu zeigen, alles zu erzählen, was er wusste, und lud uns auch gleich ein, über Nacht zu bleiben. *Am Donnerstag in zwei Wochen ist auch mein Geburtstag, da feiern wir mit der ganzen Familie. Ihr seid's herzlich eingeladen!* Zu den Archivunterlagen fragte er nichts. Tatsächlich hat er Mama und mich gleich nach unserer Ankunft zu dem alten Bauernhof gebracht, auf dem mein Großvater aufwuchs und den jetzt sein jüngerer Bruder bewirtschaftet. Er hat viel von Opas Stiefvater erzählt, dem Stubenvater, der sein eigener Großvater war, der eine Kuh verkaufte, die Einnahmen im

Wirtshaus versoff, seine Frau schlug und ihr nichts anderes übrig ließ, als auf den Feldern anderer Bauern zu arbeiten, um die fünf Kinder zu ernähren. Während ich dem Neffen auf der Tour zuhörte, hatte ich wieder mit der unangenehmen Einsicht zu tun, dass die verharmlosende und relativierende Lebenserzählung meines Großvaters, die ich aus seinem Entnazifizierungsverfahren kenne, in unserer Familie fortbesteht. *Das Blaue von der Milch*, wovon er so oft gesprochen hat, lamentierend und wütend, sodass Mama und ich dachten, es sei Schimmel, den er vorgesetzt bekam, weil er ein Bastard war, weil er nicht dazugehörte, weil er von seiner Familie misshandelt wurde, *das war Molke, das, was übrig geblieben ist, wenn die Stubenmutter ausm Rahm an Butter gemacht hat.* Alfons freute sich sichtlich, als ich nachfragte, er wollte mir Auskunft geben, mir helfen. *Die hat nicht er allein bekommen. Die tranken in der Familie alle, vor allem die Kinder, wegen der Proteine und der Vitamine. Molke is gsund!* – Aaah!, sagte Mama daraufhin nur und sah den Neffen mit großen Augen interessiert an. Auch ich bemühte mich zunächst reflexhaft sehr, mir nicht anmerken zu lassen, dass er gerade eine weitere meiner vermeintlichen Gewissheiten zertrümmert hatte. Beim Abendessen bin ich dann endlich dazu gekommen, von den hässlichen Informationen zu berichten, die ich in den Spruchkammerakten gefunden habe. Aber niemand war wirklich angefasst, dass unser Vorfahre *Obersturmführer* bei der *verbrecherischen Waffen-SS* war und fast vier Jahre *im Osten* gekämpft hat, *wo die Menschen-Vernichtungsfantasien der Nazis Realität wurden.* Mama schaute betreten, als ich so sprach, und der Neffe und seine Frau begannen, unseren gemeinsamen Vorfahren zu verteidigen. Es sei Krieg gewesen, er hätte ja gar nicht anders gekonnt, *wie hätten wir uns wohl verhalten?*, sagte Maria, und Alfons nickte heftig, *was hätten wir wohl getan?* Ich ereiferte mich aufgebracht. *Solche Fragen bringen uns doch nicht weiter! Gerade als Nachkommen der größten Massenmörder der Menschheitsgeschichte dürfen wir das Geschehen doch nicht verharmlosen! Unsere Aufgabe muss doch sein herauszufinden, wie wir solche menschliche Verrohung verhindern können! Wir müssen das Geschehene doch anerkennen und bearbeiten. Auch wenn es kaum zu ertragen ist.* Nur weil Mama mich entsetzt ansah, merkte ich, dass ich laut geworden war. Ich hielt inne. Sofort sprach Alfons in mein Schweigen hinein, wieder wollte er beschwichtigen, verharmlosen, relativieren. *Ja, es sind böse Sachen passiert. Aber irgendwann muss doch ein Schlussstrich gezogen werden.* Da platzte es aus mir heraus, und ich warf das ganze Ausmaß der Verwicklung unseres gemeinsamen Angehörigen auf den Abendbrottisch.

Die anschließende Stille bricht die Frau des Neffen. *Wieder die gleiche Leier*, wie ich sofort stumm kommentiere. *Ja, so war das damals eben. Hätten wir damals gelebt … wer weiß, was wir damals gemacht hätten?* Alfons stöhnt bei jedem ihrer Sätze, *dasselbe!* In meinen Ohren klingt der Dialog wie ein gut einstudiertes Verdrängungsritual. Ich meine ganz deutlich das Tabu zu sehen, um das die beiden kreisen, das sie davon abhält, die Verstrickung unserer Familie anzuerkennen, das auch mich so lange davon abgehalten hat, genauer hinzuschauen, das mich sicher selbst noch immer so viele Dinge nicht sehen lässt. Aber ich schweige nun, denn ich bin erschöpft und habe ein schlechtes Gewissen, weil ich laut geworden bin. Dafür glaubt Mama, etwas sagen zu müssen. *Mmh, hm, also ..., setzt sie an.* Seufzt. Setzt noch einmal an. *Man muss auf der anderen Seite sagen: Der Papa hat auch was geleistet ...* Noch bevor sie geendet hat, pflichtet Alfons ihr laut bei. *Einwandfrei! Er hat was geleistet.* Sie fährt fort. *Er hat nie auf Kosten der Gesellschaft gelebt.* Alfons nickt leidenschaftlich. *Freilich!* Wieder fällt er Mama ins Wort. *Ich sag immer, jeder kann machen, was er will, aber nicht auf Kosten der Gesellschaft.* Vor Eifer verhaspelt sich die Frau des Neffen fast. *Richtig! Der Franz ist noch am Tag vor seinem Tod Taxi gefahren! Er hat bis zum Ende Geld verdient!* Fassungslos und zunehmend ratlos verfolge ich das Gespräch. Ich fühle mich nun auch noch einsam und isoliert. Ich schweige, denn ich habe Angst, die anderen weiter von mir zu stoßen, wegen meiner unkontrollierten Wut, meiner kaum noch zu unterdrückenden Aggression. Doch ich schaffe es nicht, mich zu beruhigen. Ich muss an ein Zitat von Hannah Arendt aus ihrem Text *Besuch in Deutschland* (1949/1950) denken:

> *Beobachtet man die Deutschen, wie sie geschäftig durch die Ruinen ihrer tausendjährigen Geschichte stolpern und wie sie es einem verübeln, wenn man sie an die Schreckenstaten erinnert, die die ganze Welt nicht loslassen, dann begreift man, dass die Geschäftigkeit zu ihrer Hauptwaffe bei der Abwehr der Wirklichkeit geworden ist. Und man möchte aufschreien: (...) wirklich sind die Ruinen; wirklich ist das vergangene Grauen, wirklich sind die Toten, die ihr vergessen habt. Doch die Angesprochenen sind lebende Gespenster, die man (...) mit dem Blick menschlicher Augen und der Trauer menschlicher Herzen nicht mehr rühren kann.*

Schon platzt es wieder aus mir heraus. *Dass er nicht auf Kosten der Gesellschaft gelebt hat, ist doch total falsch! Er hat ein toxisches Erbe hinterlassen, die nicht verarbeiteten Naziverbrechen!* Ich fühle mich nun wie Don Quijote, was nur dazu führt, dass ich noch aggressiver klinge und mich noch isolierter fühle. *Er hat doch wie ein Tier gearbeitet, weil er sich mit dem Geschehen nicht auseinandersetzen wollte! Er hat ja nicht einmal danach dieser unmenschlichen Weltanschauung abgeschworen und sie sogar an uns weitergegeben!* – Mmh, hm, murmelt Mama, ja also, der Neffe. Wieder findet seine Frau als Erste zu den bekannten Floskeln. *Ja, aber reicht es nicht endlich einmal? Die anderen Länder und die anderen Völker haben ja auch was Falsches gemacht, die sind ja auch keine Engel.* Sie seufzt, ihr Mann löst sie ab. *Man muss ganz einfach sagen: Nach 1933 war die Zeit so. Wer sich abseitsgestellt hat, aus dem ist nichts geworden. Der ist doch selbst gleich verräumt worden.* Den übrigen Abend kippe ich den lieblichen Roséwein in mich hinein, den der Neffe unaufhörlich nachschenkt, und schweige. In mir tobt es.

Am folgenden Morgen gibt es kannenweise Kaffee, dazu Kaisersemmeln mit Butter und Marmelade, *das Lieblingsfrühstück vom Franz*, erinnert uns der Neffe strahlend. Dann neckt er meine Mutter. *Dir war jedes Mal schlecht, wenn ihr bei uns angekommen seid. Du hast die vielen Kurven einfach nicht vertragen, die früher zu uns geführt haben, bevor es die Autobahn gab.* Sie stichelt zurück. *Die fettige Wurst, die uns deine Mutter zur Brotzeit serviert hat, hat meinem Magen auch nicht besonders gutgetan.* Alle außer mir lachen schallend. Ich ging in Gedanken das Ergebnis meiner Recherchen der letzten Wochen durch.

In den Archivunterlagen hatte ich auch die Namen der Einheiten gefunden, in denen mein Großvater befehligte.

Bis zu einer Verwundung Ende März 1944 diente er im siebten Bataillon des Regiments *Deutschland* und vom Sommer 1944 bis Kriegsende im Regiment *Der Führer*, das Bataillon ist mir unbekannt. Hektisch radelte ich zur Staatsbibliothek und tippte die Namen in die Suchmaske des Online-Katalogs. Ich las, dass beide Regimenter Teil der Division *Das Reich* und dem Oberkommando der Wehrmacht unterstellt waren. Ich sagte mir, *mein Opa hat also nur gekämpft. Er war also nicht in den Konzentrationslagern oder in den Einsatzgruppen eingesetzt, die hinter der Front die Säuberungsaktionen durchführten. Er war nicht im Osten, um angebliche Feind*innen in den Tod zu schicken. Er kann also gar nichts wirklich Schlimmes getan haben.* Ich war erleichtert. Aber es dauerte diesmal nicht lange, und ich erkannte, dass ich wieder in das Erzählmuster verfallen war, das er uns eingeimpft hat, das verharmlost, vernebelt, entschuldigt, das ich übernommen habe, unbewusst vielleicht sogar dankbar, mich von dem allen so leicht fernhalten zu können. *Natürlich war dein Großvater Teil der Vernichtungsmaschinerie,* murmelte ich aus Versehen so laut, dass die anderen Besucher*innen im Lesesaal zu mir aufsahen. Ich senkte den Kopf und las weiter. *Die Division (Das Reich) verübte zahlreiche Kriegsverbrechen an der Ost- und Westfront. Am Balkan im April 1941 sind beispielsweise Kriegsverbrechen des SS-Regiments Deutschland eindeutig belegt. Die Erschießung russischer Kriegsgefangener war außerdem an der Tagesordnung. Weiter ist belegt, dass Einheiten der Division im Sommer 1941 im Raum Minsk die Einsatzgruppe B bei systematischen Massenmorden unterstützten.* In einer Ereignismeldung jener Einsatzgruppe B fand ich dann noch einen Nachweis. *Eine größere Aktion gegen Juden kam in der Ortschaft Logojsk (Belarus) zur Durchführung. Im Zuge dieser Aktion wur-*

den mit Unterstützung eines Kommandos der SS-Division Das Reich 920 Juden exekutiert. Der Ort kann nunmehr als judenfrei bezeichnet werden. Das Tagebuch des Wehrmachts-Majors und Widerstandskämpfers Helmuth Groscurth gab mir den Rest. *Die SS-Standarte Deutschland hat der Reihe nach Juden ohne juristisches Verfahren erschossen*, notierte er am 11. September 1941.

Aber als ich wenige Tage später auf der militärhistorischen Webseite Forum der Wehrmacht herausfand, dass in der SS-Division *Das Reich* zwischen 10 000 und 1500 Männer kämpften und im Regiment *Deutschland* etwa 3000, war wieder mein erster Gedanke: *Die Wahrscheinlichkeit, dass er wirklich zu dem Kommando gehörte, das bei dem Massaker in Minsk half, ist also gering. Und wenn in seinem Regiment 3000 Männer dienten, ist es doch sehr gut möglich, dass er sich bei den Judenerschießungen rausgehalten hat.* Immerhin relativierte ich mein Relativieren sofort. *Aber macht es einen Unterschied, ob er selbst bei den Massakern und Morden mitgemacht hat, ob er nur dabeigestanden hat oder ob er sogar nicht mal anwesend war?* Und ich erinnerte mich daran, dass er sicher nicht umsonst Obersturmführer geworden war.

Ein Frankfurter Historiker zerstörte schließlich endgültig meine Hoffnung auf rasche Erlösung. *Ihr Opa hat definitiv alles mitbekommen, was im Osten passiert ist*, antwortete er, als ich ihn fragte, was ein Obersturmführer im Regiment *Deutschland* der Waffen-SS vom Holocaust gewusst haben mochte. Der Mann hat ein Buch über seinen Vater geschrieben, der in derselben Einheit kämpfte wie mein Opa, zwei Rangstufen höher, als Obersturmbannführer, und in einem anderen Bataillon. Natürlich hatte er sich auch schon ausführlich mit der Schuldfrage auseinandergesetzt. *Ich finde, es gibt keine Kollektivschuld,* fuhr er also ungefragt fort. *Stellen Sie sich vor, die schlimmsten Klimawandel-Szenarien würden wahr, und Ihre Enkel sagen zu Ihnen: Oma, du hast doch gewusst, dass wir in der Wüste sitzen werden, dass unsere Haut verbrennt, dass wir kein Wasser haben werden – wieso hast du nichts unternommen? Sie würden sich wahrscheinlich genauso rausreden wie Ihr Opa. Weil Sie sich auch nicht verantwortlich fühlen.* »Ja, nein, ja, nein, wir wussten es doch nicht wirklich, wir haben das alles damals nicht so verstanden.« Ich fand es irgendwie anrüchig, den Holocaust mit der Klimakrise zu vergleichen, und schnaufte hörbar. Der Historiker fühlte sich davon aber bloß ermuntert, noch schneller weiterzureden. *Nur die, die wirklich in der Mordmaschine der Nazis drinsteckten, die in den Konzentrationslagern arbeiteten, in der Verwaltung des Holocausts, die können sich nicht rausreden. Aber Ihr Opa? Allein dass er bei der Waffen-SS war, beweist noch nichts.* Ich hörte zu und fragte mich: *Ist der Mann auch im Denkmuster seines Vaters gefangen? Oder ist da vielleicht doch was dran? Können wir Menschen die Konsequenzen unseres Handelns möglicherweise einfach nicht richtig einschätzen? Können wir Fehlentwicklungen nicht rechtzeitig erkennen, um gegenzusteuern? Sind wir Menschen wirklich unfähig, eine Katastrophe zu erkennen, solange sie noch abzuwenden ist? Was bedeutet das für mich und meinen Großvater?* Der Historiker war längst weiter. *Es wäre nicht statthaft zu sagen, dass Ihr Opa, nur weil er beim Regiment Deutschland war, an einem Massaker an russischen Lazarett-Gefangenen teilgenommen hat oder an den Judenerschießungen bei Minsk. Sie müssen ihm jede einzelne Tat nachweisen, als stünde er jetzt bei Ihnen vor Gericht.* Nun stieß er scharf Luft aus. Mehr als 20 Jahre hätte er selbst darauf verwendet, die NS-Zeit seines Vaters zu rekonstruieren, und dennoch hätte er nicht herausfinden können, ob er nun

Zivilist*innen erschossen hat oder nicht, und auch nicht, ob er am Holocaust beteiligt war. *Sie müssen für diese Untersuchung viel Geduld mitbringen*, gab er mir mit auf den Weg. *Sie müssen Detektivarbeit leisten. Sie müssen recherchieren, recherchieren, recherchieren.* Ich verhandelte sogleich mit mir, dass reichen musste, was ich schon wusste. Dass Opa alles gewusst hatte.

Schauen Sie sich am besten erst einmal ein paar Kriegstagebücher seiner Truppe an, riet mir der Historiker noch. *Da bekommen Sie schon mal einen Eindruck, wie diese Männer so drauf waren.* Jeder Soldat bekam in der NS-Zeit bei Dienstantritt ein Kriegstagebuch, laut Propaganda ein *persönliches Geschenk des Führers*. Ein paar davon lagern heute in Archiven. *Holen Sie sich auch sonst alles, was zu seiner Division und seinem Regiment veröffentlicht wurde, vor allem die Bücher, die von ehemaligen SS-Leuten verfasst sind. Das ist zwar ekelhaftes Zeug, aber dort finden Sie auch viele Fotos, vielleicht erkennen Sie ja sogar auf einem Ihren Großvater. Fragen Sie alle Verwandten nach Bildern aus jener Zeit und vergessen Sie nicht, nach Feldpostbriefen zu suchen. Vielleicht gibt es auch irgendwelche Kriegssouvenirs, die Sie bisher nicht als solche erkannt haben.* Eifrig schrieb ich mit. *Ich habe mich über jedes Bröckchen gefreut, das ich gefunden habe*, sagte er zum Abschied. *Oft habe ich aber auch richtig Angst bekommen.*

Schwerfällig stieg ich kurz darauf in den Zug nach Bayern, um nach neuen Bröckchen zu wühlen. Im Rucksack trug ich ein dickes Buch über die Division *Das Reich* und ein noch dickeres über das Regiment *Deutschland*. Beide waren verfasst und herausgegeben von ehemaligen Waffen-SS-Befehlshabern und aktuellen Mitgliedern der Kriegsverbrecherlobby HIAG. Während ich durch Deutschland raste, quälte ich mich durch romantisierende Berichte von Kriegseinsätzen und studierte die verharmlosenden Bilder lachender SS-Männer. Nirgends fand ich Hinweise auf meinen Großvater. Am Abend kniete ich vor der Kiste im Keller. Die ältesten Fotografien stammten wirklich aus den Fünfzigerjahren, genau wie Mama es mir am Telefon immer wieder versichert hatte. Und da waren tatsächlich weder Briefe noch Postkarten. Ich malte mir aus, es doch dem Frankfurter Historiker nachzutun und zwanzig Jahre in die Welt der Nazis abzutauchen und keine nennenswerten Erkenntnisse ans Licht zu bringen. *Wie aber sonst willst du diesen Schatten abschütteln, den die NS-Vergangenheit auf dein Leben wirft?* Mir blieb die Luft weg. Zurück in der Küche setzte ich mich an den Tisch, den Mama für den Kaffee gedeckt hatte, und während sie mir einschenkte, schimpfte ich stumm. Über den Wegwerfwahn unserer Familie, den Sauberkeits- und Ordnungsfimmel, die Sprachlosigkeit. Mama schüttete weiteren Zündstoff hinzu. *Falls der Papa irgendetwas zurückgelassen hat, dann hat die Mama es entsorgt,* wiederholte sie achselzuckend. Ich glaubte, ein Blitzen der Erleichterung in ihrem Gesicht zu entdecken. Ich wütete noch toller, aber weiterhin still. *Und wenn die Oma es nicht vernichtet hat, dann hast du es weggeschmissen.* Sie schien meine Gedanken zu lesen, denn es wirkte nun, als wollte sie sich gegen meine stumme Anschuldigung verteidigen. *Aber der Papa hat ganz sicher nichts von damals aufbewahrt. Er hat sich doch nach dem Krieg sogar seine Blutgruppentätowierung aus dem Oberarm herausgeschnitten.* Als sie mich an dieses Detail erinnerte, wollte ich aufschreien. *Das ist doch ein eindeutiges Schuldeingeständnis! Dann muss ich ja keine weitere Details aus seiner Nazi-Vergangenheit suchen!* Ich schwieg und schaufelte zwei große Stücke des Käsekuchens in mich hinein, den Mama extra für mich gebacken hatte. *Er wusste also ganz offensichtlich, dass er Mist gebaut hatte*, sagte ich so ruhig, wie es mir möglich war, während ich ein drittes Stück auf meinen Teller lud. Sie nickte zaghaft. Ich räumte das Geschirr in die Spülmaschine, sie wischte den Tisch ab. Dann fuhren wir schweigend in die Oberpfalz.

Auch nach dem Treffen mit Alfons, auf dem Rückweg aus Opas Geburtsort nach München, der längst fast ausschließlich über die Autobahn führt, sprechen wir nicht. Mir ist schlecht vom süßen Rosé, und Mama scheint genug zu haben von meinen Provokationen. Sie dreht das Radio ungewöhnlich laut auf. *Ich bin morgen früh zum Golfspielen verabredet und danach zum Mittagessen*, sind ihre ersten Worte, als wir endlich angekommen sind. *Ist es in Ordnung, wenn ich dich schon morgen früh rauswerfe?* Auch wenn sie dabei spöttisch lächelt, weiß ich, dass sie es ernst meint. *Na klar*, töne ich. Ich habe noch kein Zugticket für den nächsten Tag, gerade habe ich mich sogar für den nächsten Abend mit einer Freundin in München zum Essen verabredet. Bei meiner Ankunft, noch vor meinem Abstieg in den Keller habe ich sie allerdings angeblafft, ich würde zurück nach Berlin fahren, sobald wir aus der Oberpfalz zurückkämen, ich hätte wahnsinnig viel zu recherchieren. Üblicherweise überredet Mama mich, länger zu bleiben, als ich vorhabe. Rausgeworfen hat sie mich noch nie.

In der Nacht wälze ich mich im Bett meiner Kindheit. Tue ich meiner Familie Unrecht? Ist meinem Großvater doch nichts vorzuwerfen? Hatte er wirklich keine andere Wahl, als bei den Nazis mitzumachen? War er so sehr getrieben von der Sorge um sein eigenes Dasein, dass er einfach beiseiteschieben konnte, dass Menschen in seinem Namen ausgegrenzt, entmenschlicht, getötet wurden? Sobald ich mir eingestanden habe, dass mein Verhalten in der Oberpfalz selbstgerecht war, kommt mir der Klimawandel-Vergleich des Frankfurter Historikers in den Sinn. Nun lese ich seine Analogie überhaupt nicht mehr als Entlastungsmanöver, nur noch als Aufforderung, über die eigenen Verstrickungen nachzudenken. *Natürlich kann allein das die Lehre aus dem Holocaust sein. Natürlich musst du sofort damit anfangen.*

Lebe ich nicht auch in einer Gesellschaft, in der sich doch alle vor allem um das eigene Dasein sorgen? Schieben nicht die meisten das Unrecht, das noch immer überall auf der Welt und auch in Deutschland passiert, in eine dunkle Ecke des Bewusstseins? Nehmen die meisten nicht ohne Gewissensbisse auch in Kauf, dass Millionen Menschen wegen unseres Wirtschaftens und unserer Interessen und für unsere Privilegien leiden? Allein Tausende Menschen sterben noch immer jedes Jahr im Mittelmeer, auf der Flucht aus armseligen Lebensbedingungen, die wir mitverantworten. Vor Gericht gestellt werden jene, die den Fliehenden helfen wollen. Die verheerenden und andauernden Folgen des Kolonialismus werden vom Großteil der *Weißen* einfach beiseitegeschoben. Lieber verbreiten die allermeisten den Glauben an ein vermeintliches Leistungsprinzip und reden sich und allen anderen ein, dass jede*r seinen Platz auf der Welt verdient hat. Und bleibt auch mir am Ende nichts anderes übrig, als mich mit diesen Unmenschlichkeiten zu arrangieren, ja abzufinden, wenn ich in dieser Gesellschaft teilhaben möchte?

Im Morgengrauen machen all diese theoretischen Zweifel einer ganz konkreten Frage Platz. Welchen wirtschaftlichen Nutzen zieht meine Familie bis heute aus dem Nationalsozialismus? Der Vater des Frankfurter Historikers bekam nach dem Krieg eine hoch dotierte Stelle beim Bundesnachrichtendienst. Ehemalige Kameraden seines Waffen-SS-Bataillons, die vorher angeworben worden waren, hatten sie ihm verschafft. Vielleicht hat mein Opa nach dem Krieg auch von solchen Kontinuitäten aus der Nazizeit profitiert? Vielleicht konnte er dank alter Waffen-SS-Seilschaften so schnell nach seiner Entlassung aus dem Internierungslager ein erfolgreiches Taxiunternehmen aufbauen? Mir erscheint nun höchst verdächtig, dass ausgerechnet er eine der begehrten und limitierten Münchner Taxilizenzen erhielt, ein quasi verurteilter Nazi, der nur dank der geopolitischen Entwicklungen ein Auto besitzen durfte. Im Nachkriegs-Bayern, wo es keine öffentlichen Verkehrsmittel gab, wo Heerscharen gut bezahlter US-amerikanischer Soldaten stationiert waren, die in ihrer Freizeit Neuschwanstein sehen wollten, war die Zulassung fast wie ein Lottogewinn. Mit seinem Verdienst konnte mein Großvater Anfang der 1950er Jahre im Münchner Osten ein Haus bauen und in den 1960er Jahren noch eines. In den 1980er Jahren schenkte er meiner Mutter Geld für den Bau eines weiteren Hauses und meiner Tante für eine Eigentumswohnung. *Fußt der materielle Wohlstand meiner Familie, der in erster Linie dem wirtschaftlichen Erfolg meines Großvaters geschuldet ist, also auf seiner Verwicklung im Nationalsozialismus? Versucht meine Familie auch deshalb, seine Verantwortung zu vertuschen? Wirft Mama mich auch deshalb raus?*

Weißt du, ob Opa seine Taxilizenz dank SS-Kontakten bekommen hat?, insinuiere ich, als sie mich zum Bahnhof fährt. Die war nach dem Krieg so begehrt, da müssen doch Nazi-Verbindungen im Spiel gewesen sein.

OMA UND ICH.
LEISTEN.

Gierig zermalme ich die Milchschokolade mit Joghurtfüllung, die Oma mir und meiner Zwillingsschwester Antonia stückchenweise über den zerfurchten Küchentisch schiebt. Wie ein Mantra wiederholt sie sanft, *jetzt ist gut, so viele Tränen haben die nicht verdient.* Diesmal haben die Jungs mit den ausländischen Namen nach der Turnstunde einen Mülleimer in unseren Rucksäcken entleert. *Die sind doch bloß neidisch auf euch,* sagt Oma und legt die nächsten Stücke Schokolade vor uns hin, *wer sind die denn schon?* Ich will aufbegehren, *stimmt doch gar nicht,* denn eigentlich möchte ich doch gerade, dass diese Jungs meine Freunde sind. Sie, die Antonia und mich ausstoßen und demütigen, finde ich interessant, anziehend, cool. Die zuckrige Schoko-Joghurt-Masse verklebt meinen Mund. *Ihr seid stark, sportlich, intelligent. Ihr habt den Kopf und Körper unserer Familie.* Ich greife zum nächsten Schokoladenrechteck. Allmählich fühle ich mich besser.

Bis auf einen der Jungs gehen alle auf die Hauptschule, auf der sich die *Minderbegabten* sammeln, die *Undisziplinierten,* die *Rebellen,* die *Problemkinder,* so viel habe ich schon verstanden. Der eine, der es in meine Klasse auf dem Gymnasium geschafft hat, kommt nicht richtig mit, lenkt uns andere ständig ab mit seinen Faxen. Die Lehrerin droht ihm an jedem Tag, den er anwesend ist, er werde bald die Schule verlassen. Wenn er nicht im Unterricht erscheint, erzählt sie hinter vorgehaltener Hand, er komme aus einer problematischen Familie. *Zu Hause sprechen sie kein Deutsch.* Seine Familie stammt aus dem Irak. Immer stärker nehme ich die Unterschiede wahr, immer weniger sehe ich das Verbindende. Die Jungs mit den ausländisch klingenden Namen, die ich noch immer anziehend finde, sind bald keine möglichen Verbündeten mehr, sie werden zu Gegnern. Dass ihre Attacken hilflose Versuche sind, die Logik unserer Gesellschaft umzukehren, dass sie selbst Gewinner sein wollen, indem sie mich zur Verliererin machen, kann ich nicht sehen.

In der nächsten Turnstunde sollen wir an Seilen bis zur Decke klettern. Immer wieder rutsche ich ab. Meine Hände brennen. In mir brodelt es. *Es kann einfach nicht sein, dass ich das nicht kann.* Nach ein paar Minuten habe ich Blasen an den Fingern, noch wenig später offene Wunden. Höher komme ich nicht. Auch Antonia bleibt am Boden. Neben uns kraxeln die Jungs bis zur Decke, einer nach dem anderen, immer wieder. Von oben schauen sie hämisch kichernd auf uns, ganz unten. Tränen steigen in mir auf. Ich schäme mich meiner Unfähigkeit. Sie macht mir auch Angst. Ich schlucke die Tränen herunter und auch die Scham und die Angst. Versuche es noch einmal und falle wie ein Käfer auf die dicken blauen Matten. Die Jungs lachen mich nun unverhohlen aus. Ich greife nach Antonias Hand und zerre sie nach Hause, zu Oma in ihrer blauen Schürze mit den Schokoladenstückchen. *Wir sind eben keine Affen,* fauche ich noch in ihre Richtung, *nicht wie ihr.*

In der nächsten Schulstunde ahmt der Junge aus dem Turnunterricht einen Affen nach. Er zeigt auf meine Arme und auf die von Antonia, auf denen dunkle Haare sprießen.

OMA.
IM HEU.

Hanna saß in den Ästen des Apfelbaums, in denen sie sich immer versteckte, wenn es drinnen nicht mehr auszuhalten war. Aber diesmal hörte sie auch dort den Vater brüllen. Sie hielt sich die Ohren zu. Da erst merkte sie, dass sie weinte. Eine Woche lang war die Mutter nicht mehr von dem schmalen Lager hinter dem Ofen aufgestanden, hatte nichts angerührt, kein Brot, keine Kartoffel, nicht einmal die Zuckerstückchen, die Hanna in dem Wirtshaus stibitzte, aus dem sie den Vater allabendlich zerrte. Sie war nur immer wieder stumm zusammengezuckt, das Gesicht vom Schmerz verzerrt. Der Doktor, den Hanna gleich am ersten Tag aufgeregt gerufen hatte, weil sie die Mutter tagsüber noch nie im Bett erlebt hatte, diagnostizierte die Kopfgrippe. Alle paar Stunden sollten die Töchter feuchte Wickel auf Stirn und Schläfen legen. Als es der Mutter am vierten Tag noch immer nicht besser ging, erklärte der weißhaarige Arzt mit dem Kneifer auf der Nase, nun helfe nur noch Beten. Am folgenden Abend begleitete er die flehende Hanna nicht mehr ans Krankenlager. Er strich ihr übers Haar und erklärte, sie müsste es jetzt allein schaffen. Sie dachte, er rede von der

Heilung der Mutter, und wechselte die Wickel noch häufiger. Am siebten Tag verstand sie, dass der Alte das Leben meinte.

Als Hanna der Mutter vor der Schule wie jeden Tag einen Abschiedskuss gab, packte sie mit festem Griff die Hand der Tochter und erklärte mit schwacher, aber klarer Stimme, *nun beginnt für dich der Ernst des Lebens*. Dann kippte ihr Kopf nach hinten, der Mund halb geöffnet, als wolle sie noch etwas sagen. Wieder wollte Hanna zum Haus des Doktors rennen. Aber noch bevor sie aus der Stube war, wusste sie, die Mutter war für immer fort. Wie versteinert blieb sie stehen. Jetzt war sie mit dem Vater und den zwei kleinen Schwestern allein. Er würde nur noch gegen sie wüten, wenn er abends betrunken aus dem Wirtshaus kam. Sie würde sich allein vor das Bett stellen müssen, in dem die Dreijährige und die Neunjährige schliefen. Sie würde allein die Drohungen und die Schläge ertragen und die noch furchtbareren Momente, in denen er schwermütig und anhänglich wurde und sie seinen Schnapsatem riechen konnte. Da hörte Hanna das rasselnde Husten, mit dem der Vater sich morgens ankündigte. Statt zum Doktor lief sie hinters Haus zu ihrem Apfelbaum. Diesmal dauerte es keine Stunde, bis er sie dort oben fand.

Zuerst fragte sie den Bauern, dessen Milch die Mutter im Bezirk verkauft hatte und der sie immer so nett anlächelte, ob sie auf seinem Hof leben könnte, wenn sie im Gegenzug seiner Frau in der Küche und ihm mit den Kühen und der Milch zur Hand ging, für ein Jahr, höchstens zwei. Er willigte sofort ein. Ihre beiden kleinen Schwestern aber wollte er nicht. Auch bei den anderen Bauern hatte sie kein Glück. Schließlich bot ein Bauer aus dem Nachbarort an, sich einer der Kleinen anzunehmen. Hanna überlegte nicht lang und übergab ihm die neunjährige Hedwig. Da erklärte sich der Milchbauer einverstanden, mit ihr die sechsjährige Helen aufzunehmen. Als Hanna ihre Sachen packte und mit den Schwestern an der Hand das Haus verließ, saß der Vater wieder im Wirtshaus. Seit dem Tod der Mutter hatte sie aufgehört, ihn dort jeden Abend abzuholen. Seitdem schien er nur noch dort zu leben.

Der Bauer kam in der siebten Nacht. Sie hörte das laute Rasseln seines Atems, bevor er den Stall betrat. Sie wartete auf ihn. Mit jeder Geste gab die Bäuerin Hanna anschließend zu verstehen, dass sie ihre Hilfe nicht brauchte, dass sie nur da war, weil ihr Mann es wollte. Jeder ihrer Blicke zeugte von Kummer und Missbilligung. Hanna kannte dieses Verhalten nur zu gut. Sie hatte es oft erlebt, wenn sie mit der Mutter die Milch ausgeliefert hatte. Es war ihr zur verlässlichen Warnung geworden. Immer hatte der Hausherr anschließend versucht, Hanna in eine dunkle Ecke zu ziehen. Nur weil sie nie die Türschwelle überschritt, so wie die Mutter es ihr eingebläut hatte, war es den wenigsten gelungen, sie tatsächlich zu begrapschen. Ganz still blieb sie nun im Heu liegen. Helen sollte nicht wach werden. Und vielleicht ließ er sie doch noch in Ruhe, wenn sie sich schlafend stellte? Sie roch seine Fahne und dachte an ihren Lehrer, den sie glühend verehrte, der an sie glaubte, dessen Rohrstock sich auf ihren Händen manchmal fast wie eine Belohnung angefühlt hatte.

Im folgenden Sommer stieg Hanna in den Zug und ließ den Hof und das Dorf endlich hinter sich. Über eine Zeitungsannonce hatte sie in Wien eine Stelle als Verkäuferin gefunden. Sie würde ihr eigenes Leben beginnen. Sie würde Geld verdienen. Sie würde sich schicke Kleider schneidern. Sie würde einen Mann finden, der sie in eine glänzende Zukunft führte, der sie in den Himmel hob, der sie verwöhnte. Die Schwestern mussten jetzt allein klarkommen, sie hatte sich lange genug um sie gekümmert. Als Hanna vor dem prallen Schaufenster der Metzgerei stand, zitterte sie. Nicht mehr die glänzende Zukunft sah sie vor sich, nur noch die Löcher in ihrem Rock. Bisher hatte sie nur per Telegramm mit der Fleischerin kommuniziert. Was, wenn die Frau sie zurückschickte, wenn sie ihre zerrissenen Kleider sah? Hanna wiederholte die Abschiedsworte des Lehrers. Sie hatte in Kauf genommen, noch einmal ihrem Vater oder dem Bauern zu begegnen, und hatte mit ihrem Koffer in der Hand vor der Schule auf ihn gewartet, bevor sie zum Bahnhof gegangen war. *Du hast etwas Besseres verdient als diese Bauern,* hatte er ihr mitgegeben, als sie ihn in ihre Pläne einweihte. Kraftvoll stieß sie die Tür der Metzgerei auf.

ICH.
GRABEN.

Ich habe bei der Taxiinnung angerufen, verkündet Mama am Telefon. Es ist ein Versöhnungsangebot, das spüre ich sofort. Seit meiner überstürzten Abfahrt nach unserem Besuch in der Oberpfalz vor zwei Wochen haben wir nicht miteinander gesprochen und auch keine Nachrichten ausgetauscht. Unter normalen Umständen kommt es schon mal vor, dass wir so lange nichts voneinander hören. Aber dies sind keine normalen Umstände. *Wusstest du überhaupt, nach was du fragen solltest?*, antworte ich patzig, und sofort ärgere ich mich, dass es mir wieder nicht gelingt, verständnisvoller mit ihr umzugehen. Mittlerweile habe ich die Tonaufnahmen gehört, die ich bei unserem Familienbesuch in der Oberpfalz gemacht habe, und ich finde nun endgültig, dass ich schrecklich selbstgerecht aufgetreten bin. Und dass ich außerdem voreingenommen war, laut, irgendwie ideologisch, ja fast diktatorisch. Ich habe jedenfalls nicht einmal mitbekommen, dass Mama und Alfons Opa sehr wohl auch kritisch betrachtet haben. Zumindest als es um sein Verhalten in der eigenen Familie ging. *Das Zwischenmenschliche ist bei ihm auf der Strecke geblieben*, hat der Neffe irgendwann zwischen Würstel und Kuchen gesagt, und meine Mutter hat hinzugefügt, *darunter haben wir alle gelitten*. Mittlerweile habe ich außerdem eine Ahnung, wie schwierig es für eine Tochter sein muss, sich von ihrem Nazi-Vater zu distanzieren.

Die Gewalt, die in der NS-Zeit herrschte, haben die meisten Täter nach dem Krieg in ihren Familien ausgelebt, hat mir bei unserem zweiten Gespräch Jürgen Müller-Hohagen erklärt, der Psychotherapeut aus Dachau. *Wer als Kind in der Familie eine gewaltvolle Atmosphäre erlebt, kann sich besonders schwer von den Eltern distanzieren.* Von meiner Mutter und meiner Tante weiß ich, dass Opa den Gürtel aus dem Hosenbund zog, wenn es Zeugnisse gab, und den Sohn in den Keller schleifte, und dass Oma das guthieß. Wenn die beiden untereinander stritten, und das taten sie oft, packte Opa Oma schon mal an den Haaren oder schlug ihr ins Gesicht. Mama sagt aber auch, *der Papa* habe sie und ihre Schwester nie angerührt. *Meistens entwickeln gerade jene, die von den Schlägen verschont bleiben, eine besonders hartnäckige Loyalitätsbeziehung zu den Schlagenden. Meist sogar über deren Tod hinaus*, sagte dazu der Therapeut. Möglicherweise fürchtet meine Mutter, Verrat an ihrem Vater zu begehen, wenn sie seine Lebenserzählung infrage stellt, habe ich geschlussfolgert. Vielleicht muss sie sein Schweigen und Verdrängen einhalten, um ihr emotionales Gleichgewicht zu bewahren. Vielleicht würde sie straucheln, wenn sie an ihrem Bild von ihm rüttelt.

Zum Glück geht Mama über meine patzige Antwort hinweg. *Ich habe den Gewerberegisterauszug von seinem Taxiunternehmen angefordert. Die Dame an der Auskunft war sehr nett und hilfsbereit. Aber viel ist da offensichtlich nicht zu finden.* Wieder glaube ich, Erleichterung in ihrer Stimme zu hören, und wieder kann ich nicht an mich halten. *Viel müssen wir ja auch nicht finden*, motze ich, *nur das Richtige*. Mama ignoriert auch mein Motzen und schickt mir ein Foto des Dokuments, das sie von der Innung bekommen hat. *Hoffentlich findest du da Antworten*, schreibt sie darunter. *Vielen Dank!*, antworte ich und meine nicht nur das Bild und die Nachricht.

Nur mit Mühe entziffere ich das handbeschriebene Papier. Mein Großvater erhielt im Mai 1959 die niedrige dreistellige Nummer, lese ich schließlich, und er führte sie bis zu seinem Tod im Jahr 1995. Wer sie vorher besaß und ob sie überhaupt schon einmal vergeben war, ist nicht festgehalten. Dass ein möglicher Vorbesitzer wirklich nicht mehr in Erfahrung zu bringen sei, erklärt mir die tatsächlich hilfsbereite Sekretärin der Innung am Telefon in breitem Bayerisch. *Leida hom mia east End da fuchzga Joare ogfanga, Bobia aufzubewahrn. Do ist nix zua machn.* Trotzdem habe ich auch nach dem Gespräch noch ein wenig Hoffnung, mit dem Papier eine Nazi-Verbindung aufzuspüren. Ich habe nämlich auch noch einen kryptischen Vermerk gefunden. *November 1958, Antrag von Taxiunternehmer Herr Josef B. zur Lizenzübertragung an Franz Xaver R. Was hat es damit wohl auf sich?* Innerhalb von ein paar Minuten findet die Dame von der Innung für mich heraus, dass die Nummer des Josef B. nie an meinen Großvater übertragen wurde, sondern in den Sechzigerjahren an eine Frau ging, deren Namen sie mir nicht nennen darf. Schon sehe ich ein Komplott. *Hat der Herr B. meinem Opa die Lizenz möglicherweise indirekt zugeschanzt? Durch sein Fürsprechen oder dank dieses Antrags? Hat er ihn dadurch glaubwürdig gemacht?* Die Sekretärin fällt während ihrer Antwort ins Hochdeutsche.

Es klingt für mich, als würde es jetzt um die wichtigen Dinge gehen. *Ich vermute, dass Ihr Großvater im Auftrag von Josef B. Taxi fuhr, bevor er sein eigenes Unternehmen gründete. Wahrscheinlich wollte Herr B. Ihren Opa beerben. Wahrscheinlich hat Ihr Großvater parallel zu Herrn B.'s Antrag eine Taxilizenz beantragt, und die Übertragung der Lizenz dauerte länger als die Bearbeitung seines Antrags.* – Hat ihm der Antrag des Herrn B. geholfen, eine eigene Lizenz zu bekommen?, will ich nun wirklich wissen. *Dass ein erfahrener Taxiunternehmer auf diese Art quasi für ihn gebürgt hat, war sicher von Vorteil.*

Josef B. ist also tatsächlich eine Schlüsselfigur in der Karriere meines Großvaters. Von der Sekretärin der Taxiinnung erfahre ich, dass er im Jahr 1893 in Bad Tölz geboren wurde und die Lizenz, die er meinem Opa vermachen wollte, seit 1910 führte. Während wir uns verabschieden, tippe ich schon in die Suchmaske des *Forums der Wehrmacht*: *Hatte der Taxiunternehmer Josef B. (geboren 1893 in Bad Tölz) Verbindungen zur Waffen-SS?* Die Seite betreibt der *Verein für militärhistorische Forschung*, und laut dem Frankfurter Historiker tummeln sich dort neben Geschichtswissenschaftlern und Familienforschern wie mir auch ein paar Veteranen von SS und Wehrmacht. Nach ein paar Minuten erhalte ich die ersten Antworten. *Endzeit-Uli* mutmaßt, *der Mann war zu alt, um bei der SS zu sein.* User *Vercingetorix* weiß: *Josef B. war Reservist bei der Wehrmacht.* Sowohl die Division meines Großvaters als auch sein Regiment stießen an der Ostfront an der Seite der Wehrmacht vor. Opa und Herr B. könnten sich also trotzdem aus dem Krieg gekannt haben. Allerdings wurden längst nicht alle Reservisten eingezogen, und Josef B. war bei Kriegsbeginn immerhin schon 46 Jahre alt. Ob der Mann nun wirklich kämpfte, kann mir aber niemand sagen. Vielleicht haben sich die beiden auch im Regensburger Internierungslager für Naziverbrecher kennengelernt, wo meinem Opa der Entnazifizierungsprozess gemacht wurde? *Lief gegen Josef B. ein Spruchkammerverfahren?*, schreibe ich ins Forum. Wieder kommt die Antwort prompt, wieder von Vercingetorix. *Dazu scheint nichts bekannt. Also eher unwahrscheinlich.* Ich male mir aus, dass Josef B. so etwas wie ein Pate jüngerer Nazis war, auch meines Opas, und obwohl ich genau weiß, dass ich dafür keinen einzigen Beweis habe, will ich es glauben. Und wenn Josef B. es nicht war, der meinem Opa nach dem Krieg wirtschaftliche Starthilfe gegeben hat, dann war es sicher jemand anderes, sage ich mir, schließlich war damals die ganze Bundesrepublik vom Nazi-Klüngel durchdrungen. Tatsächlich saßen in allen Bundesministerien Nationalsozialist*innen und auch in allen Verwaltungen, Schulen, Universitäten, Redaktionen, und viele hatten sehr hohe Posten inne. 1966 wurde sogar ein ehemaliger Mitarbeiter des NS-Außenministeriums deutscher Bundeskanzler: Kurt Georg Kiesinger.

Sie müssen Ihrem Großvater jede einzelne Tat nachweisen, so als stünde er bei Ihnen vor Gericht. Alles andere wäre nicht statthaft. Die Mahnung des Frankfurter Historikers taucht wieder in meinen Gedanken auf. Ich will sie beiseiteschieben, ignorieren. Stattdessen verfalle ich in ein telepathisches Zwiegespräch mit dem Historiker. *Ich will ihm ja auch keine konkrete Tat unterjubeln. Ich will seine Verantwortung bemessen. Und Sie haben es doch selbst gesagt! Er wusste alles! Außerdem war er nicht nur Mitglied der Waffen-SS, auch der HIAG. Das reicht doch, um sagen zu können, dass er ein Täter war!* Es gelingt mir aber nicht, ganz den Zweifel aufzulösen, den seine Mahnung gesät hat. Ich weiß genau: Noch immer habe ich nichts Konkretes gegen meinen Großvater in der Hand. Weiterhin sind alle Schlussfolgerungen Spekulation. Meine Nachforschungen stecken fest, zum zweiten Mal. Weder weiß ich, was mein Großvater im Krieg angestellt hat, noch kann ich behaupten, er hätte danach von Nazi-Seilschaften profitiert.

Allerdings will ich auch keinen Gerichtsprozess gegen ihn gewinnen. Nicht verurteilen will ich meine Großeltern, sondern verstehen. Vor allem möchte ich herausfinden, was es bedeutet, die Enkelin eines Waffen-SS-Führers zu sein. Ich will wissen, wie ich heute zu einer menschlicheren Gesellschaft beitragen kann, in der niemand mehr diskriminiert wird. Aber muss ich nicht gerade dafür sehr wohl sehr genau rekonstruieren können, wie meine Vorfahr*innen in dieser unmenschlichen Gesellschaft verstrickt waren? Muss ich zum Beispiel nicht wissen, was mein Vorfahre in der Nacht des 9. November 1938 getan hat? Als SS- und SA-Männer in München wie in allen anderen deutschen Städten Geschäfte plünderten, Synagogen anzündeten, jüdische Menschen beleidigten, schlugen, töteten, als sie den Pogrom auslösten, mit dem die Nationalsozialist*innen alle *weißen* Deutschen zwangen, in einem rassistischen System Stellung zu beziehen. Und ist es nicht eben meine Aufgabe herauszufinden, ob er dabei war, als Mitglieder seiner Division im Sommer 1941 bei Minsk tausend jüdische Menschen erschossen? Oder als sie im April desselben Jahres bei Belgrad Partisan*innen ermordeten? Muss ich vielleicht wirklich wie der Frankfurter Historiker Jahrzehnte meines Lebens darauf verwenden, Schnipseln hinterherzujagen, mit denen ich das Bild doch nie vervollständigen kann? Oder geht es nicht doch um etwas anderes? Reicht es nicht, dass mein Großvater sich der nationalsozialistischen Volksgemeinschaft zugehörig fühlte, für sie kämpfte und bereit war, sich zu opfern? Eine Gemeinschaft, die sich zuallererst durch Ausschluss der *Gemeinschaftsfremden* definierte, allen voran von als jüdisch markierten Menschen. Oder mache ich es mir mit dieser Schlussfolgerung zu leicht? Und was ist überhaupt mit den jüdischen Menschen in seinem Heimatdorf passiert? Hat mein Großvater Grenzen durch die Dorfgemeinschaft gezogen und dafür gesorgt, dass andere ausgeschlossen, weggeschickt, ermordet wurden? Hat er Solidarität und Mitleid mit den Verfolgten stigmatisiert? Gespenster vertreibt man, wenn man das Licht anmacht, sage ich mir, und beginne eine weitere Recherche.

Aber keine*r der Historiker*innen, die ich in den oberpfälzischen Regional- und Lokalarchiven kontaktiere, findet in den Beständen den Namen meines Großvaters. Auch sein Familienname und der Bauernhof liefern keine Treffer. *Das heißt aber nichts,* sagt ein Lokalhistoriker, als ich am Telefon aufatme. *Es wurden nicht bei weitem alle Arbeitseinsätze der KZ-Insassen festgehalten. Natürlich können sowjetische Kriegsgefangene oder jüdische Häftlinge als Zwangsarbeiter auf dem Hof Ihrer Familie versklavt worden oder auf eine andere Art mit Ihren Großeltern in Berührung gekommen sein. Das Konzentrationslager Flossenbürg lag nur fünfzig Kilometer entfernt.* Und er fragt: *Haben Sie schon in den Arolsen Archives gesucht? Dort sind auch Dokumente der Alliierten zu finden, in denen die Opfer der Todesmärsche festgehalten sind. Als die Rote Armee vorrückte, trieben* die SS-Wachmannschaften der Vernichtungslager im Osten alle *marschfähigen* Gefangenen Richtung Westen. Zum einen wollten sie verhindern, dass die Gefangenen den Alliierten in die Hände fielen und gegen sie aussagten. Zum anderen sollte die letzte Kraft der Entkräfteten dem Reich noch an anderer Stelle dienen. Wer nicht weiterlaufen konnte, wurde erschossen. Zehntausende Menschen starben.

Ich gebe den Namen von Opas oberpfälzischer Heimatgemeinde in die Suchmaske des Archivs ein. Fünf Dokumente tauchen auf. Sie listen die Opfer eines *Todesmarsches* auf. Der führte Ende April 1945 durch Schönthal, die Gemeinde, zu der Opas Heimatdorf gehört, und die keine zweieinhalb Kilometer vom Bauernhof seiner Familie entfernt liegt, wo meine Oma damals mit ihrem Sohn und einer Schwester lebte. Zwei Tage lang liefen demnach 350 Gefangene durch die Straßen, die meine Großmutter damals für ihre Besorgungen benutzt haben musste, halb verhungert und verdurstet. Denn sie passierten nicht nur Schönthal, auch die Ortschaften Rötz und Bernried, die keine sieben und zehn Kilometer von meiner Oma entfernt lagen. Die Menschen kamen tatsächlich aus dem KZ Flossenbürg. Dorthin waren die meisten erst kurz zuvor aus Lagern weiter im Osten gebracht worden, vor allem aus Auschwitz. In den Archivunterlagen ist auch festgehalten, dass in Schönthal sieben der marschierenden Gefangenen von SS-Wachen umgebracht wurden. Eine Begründung ist nirgends zu finden. Wahrscheinlich waren sie zu schwach, um weiterzugehen. Vielleicht hatten sie versucht zu fliehen? Womöglich gab es gar keinen Grund? Von dem oberpfälzischen Lokalhistoriker erfahre ich, dass die Toten in anonymen Massengräbern verscharrt wurden und später auf den Friedhöfen der Ortschaften. Ihre Namen sind bis heute nicht bekannt. *Was wusste Oma davon?* Wieder kann ich nur spekulieren. Aber wieder habe ich auch irgendwie den Eindruck, dass das, was ich weiß, schon genug ist. Denn ist die wichtigere Frage nicht, wieso ich bei unserem Besuch in der Oberpfalz nicht mal auf die Idee kommen konnte, diese Gräber zu besuchen?

Allen Einheiten der Waffen-SS sind Massaker an Zivilist*innen nachgewiesen worden, das weiß ich mittlerweile. Ob SS-Soldaten zu Massenmördern wurden, sei von situativen Faktoren abhängig gewesen, heißt es in dem Buch *Die Waffen-SS. Neue Forschungen*. Dort steht auch, dass die Wachmannschaften der Vernichtungslager regelmäßig in die Waffen-SS überführt wurden und dass Soldaten der Waffen-SS zeitweise in die Konzentrationslager geschickt wurden. Sie alle wurden gemeinsam in regelmäßig stattfindenden weltanschaulichen Schulungen im nationalsozialistischen Sinne fanatisiert. Zum Massenmord fähig seien sicher alle Angehörig*innen der Waffen-SS gewesen, heißt es in dem Buch. Frontsoldaten habe es nur an Gelegenheiten gefehlt.

Ein Nazi ist jemand, der dieser allgemeinen und permanenten sadistischen Orgie vorbehaltlos zustimmt und sich daran beteiligt, schrieb der Publizist Sebastian Haffner in seinem 1940 im englischen Exil veröffentlichten Buch *Germany. Jekyll and Hyde*. Er meinte die antisemitischen Gewaltausbrüche. Das aktive Einverständnis mit der NS-Judenpolitik liefere den entscheidenden *Nachweis von Skrupellosigkeit*. Eine Mitgliedschaft in der SS müsse als eine solche Zustimmung gewertet werden.

Wenig später erhalte ich Post aus dem Bundesarchiv in Berlin. Auch dorthin habe ich Kopien der Heiratsurkunde meiner Großeltern, von Opas Lehrvertrag und Omas Reichskennkarte geschickt. *In den Beständen Rasse- und Siedlungshauptamt und SS-Führerpersonalakten sind zwei Personalakten von Ihrem Großvater überliefert, worin ebenfalls Unterlagen zu Ihrer Großmutter enthalten sind. Die Akten beinhalten ein Verlobungs- und Heiratsgesuch, diverse Personalbögen zur Erlangung der Heiratsgenehmigung, ärztliche Untersuchungsunterlagen sowie Fotos.* Am Telefon erklärt mir eine Bundesarchivmitarbeiterin, bei den Unterlagen handle es sich um die *Ariernachweise* meiner Großeltern. *Viele SS-Männer mussten mehrere Heiratskandidatinnen vorstellen, weil viele den großen Nachweis nicht erbringen konnten. Ihre Oma war offenbar die Einzige, die Ihr Großvater vorzeigen musste. Sie wurde gleich akzeptiert.*

Der Ariernachweis war das wichtigste und wirksamste Instrument der nationalsozialistischen Rassenpolitik. Alle, die aktiv an der NS-Gesellschaft teilhaben wollten, mussten ihn erbringen, alle SS-, SA- und NSDAP-Mitglieder, alle Beamt*innen, Ärzt*innen, Jurist*innen und Wissenschaftler*innen. Sie mussten irgendwie bescheinigen, dass es in ihrer Familie in den vergangenen zwei Generationen keine Jüdinnen*Juden oder andere *Artfremde* gegeben hätte und auch keine Selbstmörder*innen und Alkoholiker*innen, dass niemand je an einer Erbkrankheit gelitten hätte, körperlich behindert oder *geisteskrank* gewesen wäre. Wer das nicht konnte, konnte stigmatisiert und vom öffentlichen Leben ausgeschlossen werden. Der konnte seine Arbeit verlieren und natürlich keine Arier heiraten. Der bekam einen *Fremdenpass*, der ihn als staatenlos auswies und mit dem sie*er Deutschland nur unter großen Schwierigkeiten verlassen konnte. Und wie ja weltbekannt ist, waren *jüdisch* klassifizierte Menschen außerdem verpflichtet, einen handtellergroßen, sechszackigen Stern nach Art eines Davidsterns auf ihrer Kleidung zu tragen.

SS-Führer wie mein Großvater mussten ihre *reine Abstammung* bis zum Jahr 1750 rekonstruieren. Das galt auch für seine künftige Frau. Beide mussten belegen, dass die vier vorangegangenen Generationen *rassisch und erbgesundheitlich gutes Blut* hatten, wenn möglich mit Sterbeurkunden, mindestens mit eidesstattlichen Erklärungen. *Ich will, dass die SS-Angehörigen eine rassisch wertvolle gesunde deutsche Familie gründen*, wurde SS-Chef Heinrich Himmler auf dem Untersuchungsbogen zitiert, den meine Oma mithilfe eines *SS-Eignungsprüfers* ausfüllte. *Deshalb sind an die zukünftigen Frauen erscheinungsbildlich, gesundheitlich und erbgesundheitlich die höchsten Anforderungen zu stellen.* Oma posierte für das obligatorische Foto im Bikini, kokett lächelte sie in die Kamera. Unter *Anmerkungen* vermerkte sie auf dem Untersuchungsbogen in ihrer aufrechten Schreibschrift, dass sie das NS-Sportabzeichen besaß und den NS-Mutterschaftskurs besucht hatte. Und sie bestätigte mehrmals mit ihrer Unterschrift, dass unter ihren Vorfahr*innen kein*e *Voll-, Halb- oder Vierteljüdin*jude* war und auch kein*e Sinti*zze, Rom*nja, Slaw*in und auch kein Schwarzer Mensch. Dass ihr Vater Alkoholiker war, verschwieg sie.

Ganz sicher hat die Mama mit alldem nichts am Hut gehabt, sagt meine Mutter wieder, als ich sie erneut fragte, was sie über Oma und die Nazizeit weiß. *Sie war ja immer unpolitisch und hat sich aus allem rausgehalten. Sie hat sich sogar geweigert, die Steuererklärung zu unterzeichnen. Das war jedes Jahr ein Kampf, wenn der Papa ihre Unterschrift brauchte.* Und als ich erwiderte, sie hat sich doch sicher nicht umsonst einen SS-Offizier als Mann gesucht, sie muss sich mit der Ideologie doch identifiziert haben, antwortete sie nur, *der Opa war halt ein besonders schönes Mannsbild.*

OMA.
DIE CHANCE.

Zum allerersten Mal hob Hanna den rechten Arm am Heldenplatz. Schräg zum Himmel, ausgestreckt auf Augenhöhe, die flache Hand nach unten. Der Metzger hatte es ihr am Nachmittag zuvor beim Zerhacken der Schweinehälften gezeigt und gesagt, morgen bleibe das Geschäft zu, sie hätte aber nicht frei, sondern würde mit ihm und seiner Frau Hitlers Rede beiwohnen, das wäre Bürgerpflicht. Der Hinweis war aber gar nicht nötig. Hätten die alten Fleischer sie nicht mitgenommen, Hanna wäre allein hingegangen. Sie war noch keine 17 Jahre alt, Österreich war soeben ins Deutsche Reich eingegliedert worden, die Nationalsozialist*innen stolzierten durch Wien, und alle waren berauscht in jenen Tagen, auch sie selbst. Sie hätte nicht sagen können, was genau sie eigentlich euphorisierte, doch sie fragte es sich auch gar nicht, erfreute sich einfach an dem Gefühl, das so viel aufregender und schöner war als fast alles, was sie bisher empfunden hatte. Von Politik verstand sie nichts. Es interessierte sie nicht, wer an der Macht war, welche Partei regierte. All das schien ihr nur etwas für Intellektuelle, für jene Menschen, die sich für etwas Besseres hielten, die meinten, über dem Volk zu schweben, über Menschen wie ihr. Adolf Hitler aber kannte sie. In den vergangenen Monaten hatte der Chef mit der ganzen Kundschaft über diesen Österreicher geredet, der das Deutsche Reich anführte, zu dem auch Österreich gehören sollte, das fanden alle. Wie von einem Heiland sprachen sie über ihn, und Hanna hatte angefangen, ihn so zu sehen. Seit Wochen warteten alle, auch ihr Chef, auch sie selbst nur darauf, dass Hitler endlich nach Wien kam. Allein der alte Jude sah die Dinge anders, der über der Metzgerei wohnte und der sie mit seinem Kneifer auf der Nase an den Doktor in ihrem Dorf erinnerte. Er verfluchte die Nationalsozialist*innen. Seine Hasstiraden allerdings erhöhten nur Hannas Gewissheit, dass Hitler sie in eine bessere Zukunft führen würde. Ihr geliebter Volksschullehrer hatte immer gesagt, *die Juden sind schuld am österreichischen Elend*, daran, dass es im Land kaum Arbeit gäbe, und auch daran, dass der, der doch eine Stelle fand, trotzdem nicht genug zum Überleben hatte. Er sagte, sie wucherten, verschuldeten, knechteten das Volk. Hanna gewöhnte sich schnell daran, es den Uniformierten gleichzutun und jeden Menschen zurechtzuweisen, den sie als jüdisch identifizierte und der in der Straßenbahn seinen Platz nicht für sie räumte. Wie der jüdische Lehrer vor ein paar Tagen von seinen Schüler*innen durch die Stadt gejagt und bespuckt worden war, hatte Hanna dennoch ein wenig verstört, und auch, wie hemmungslos die Nachbarn das jüdische Bekleidungsgeschäft geplündert hatten, das am Tag davor noch das edelste in der ganzen Gasse gewesen war. Aber schließlich hatte sie all ihren Mut zusammengenommen und war auch durch eine der zerbrochenen Scheiben gestiegen. Auf dem Weg zum Heldenplatz sah sie dann überall die Warnungen, die sie bald auch vor ihrer Ladentür aufhängten, die ihr bestätigten, dass sie richtig gehandelt hatte. *Achtung Juden! – Juden sind hier nicht erwünscht. – Deutsche! Wehrt Euch! Kauft nicht bei Juden!*

Das Metzger-Ehepaar und sie ergatterten einen Platz ganz vorn, nicht weit von dem Balkon der neuen Burg, von dem Hitler sprechen würde. Sie trug ihr schönstes Kleid, das gelbe mit dem tief ausgeschnittenen Dekolleté, das für diesen eisigen Märztag eigentlich viel zu kalt war. Doch sie fror nicht. Um sie wogte die Menge, sie jubelten aus einer Kehle: *Heil Hitler.* Die eigene Stimme hörte Hanna gar nicht. Sie nahm auch keinen der Menschen um sich herum wahr. Als er endlich zu reden begann, hatte sie das Gefühl, er spreche direkt zu ihr. Viel von dem, was er sagte, verstand sie nicht, aber sie spürte ganz genau, er meinte auch sie, als er verkündete, *dies Land ist deutsch, es hat seine Mission begriffen, es wird diese erfüllen, und es soll an Treue zur großen deutschen Volksgemeinschaft von niemandem jemals überboten werden. Unsere Aufgabe wird es nun sein, durch Arbeit, Fleiß und gemeinsames Einstehen und Zusammenstehen Österreich immer mehr zu einer Trutzburg nationalsozialistischer Gesinnung und nationalsozialistischer Willenskraft zu entwickeln und auszubauen.* Eine ungekannte, heftige Sehnsucht nach der Zukunft nahm in jenem Moment von ihr Besitz. Nach der Begegnung mit Hitler blickte sie noch sehnsüchtiger auf die aufrechten Männer in den eleganten dunklen Uniformen, die sie mit strengen Gesichtern ignorierten und deren Blicke sie dennoch auf sich spürte, wenn sie mit zackigen Bewegungen an ihr vorbeihasteten. Einen von ihnen wollte sie zum Ehemann. Einem, der Hitler diente, wollte sie dienen, einem, der sein Leben für das deutsche Volk gab, für die Zukunft, nach der sie sich sehnte. Auf so einen wollte sie warten.

Im Sommer des folgenden Jahres sah Hanna auf den Straßen zum ersten Mal auch Gegner der großdeutschen Einigkeit. Die deutschen Männer wurden noch aggressiver, der Ton aller wurde rauer. Ausgerechnet da begann sich der Sohn einer wohlhabenden Kundin, für sie zu interessieren. Ein Intellektueller. Sie merkte es, weil er immer häufiger für seine Mutter den Einkauf erledigte. Er war ganz anders als die Buben aus dem Dorf, die ihr bei jeder Gelegenheit ungefragt unter den Rock gefasst hatten. Anfangs sah er ihr bloß einen Moment begierig in die Augen, ausgerechnet, wenn sie ihm die Wurstsemmel reichte. Dann schmeichelte er ihr. Bewunderte ihre blauen Augen, ihre Locken, ihr Lächeln, lobte ihren Fleiß, ihre Flinkheit. Seine Schultern fand sie zu schmal, aber er war groß, blond und hatte blaue Augen. Sie sagte verlegen zu, als er sie einlud, ihn am Sonntag ins Kaffeehaus zu begleiten, und beruhigte sich, dass sie immer noch absagen konnte.

Je näher das Wochenende rückte, desto überzeugter war Hanna, dass sie die Verabredung nicht einhalten würde. Es ziemte sich schließlich nicht, mit einem jungen Mann auszugehen, der ihr keine ernsthaften Absichten unterbreitet hatte, erst recht nicht in ein Kaffeehaus. Sie war noch nie in einem gewesen. Als Frau allein hinzugehen schickte sich nicht. Außerdem hatte sie gehört, dass dort vor allem Jüdinnen*Juden und Intellektuelle verkehrten. Was sollte sie dort? Fieberhaft suchte sie nach einer Ausrede, doch ihr fiel partout nichts ein. Und als sie schließlich in ihr gelbes Kleid schlüpfte, das einzige passable, das sie besaß, konnte sie nicht verhehlen, dass sie auch ein wenig aufregend gespannt war.

Erst als er sich für einen Moment entschuldigte, wagte Hanna, sich in dem Kaffeehaus umzusehen. Schon eine lange Weile saßen sie da in den flaschengrünen Samtsesseln, die ihr so weich vorkamen wie die Haut eines Babys, und sie hatte die erste Melange ihres Lebens getrunken. An filigranen Holztischchen, umgeben von blass graublauen Rauchschwaden saßen Männer. Dicke, dünne, alte, junge, elegante neben anderen, die aussahen wie Vagabunden. Sie lasen mit Pfeifen im Mund Zeitung, nippten an zierlichen Tassen, debattierten angeregt. In einer einzigen Runde entdeckte Hanna eine Frau. Sie gestikulierte wild und sprach wie ein Mann, rauchte sogar. Angewidert wandte Hanna sich ab. Da sah sie ihren Begleiter auf sich zukommen. Sofort riss sie sich zusammen. An seiner Seite lief ein kleiner dunkler Mann mit dickem Schnauzer, er trug einen Dreiteiler, eine goldene Uhrenkette und unterm Arm eine dicke Zeitung. Bei der Vorstellung verbeugte er sich so tief, dass Hanna seinen Namen nicht verstand. Doch sie traute sich nicht nachzufragen. Die beiden setzten sich neben sie und verfielen in ein langes Gespräch, von dem sie kein Wort verstand und an dem sie ganz offensichtlich auch nicht teilhaben sollte. Sie lächelte und nickte trotzdem manchmal, aus Gewohnheit. Das hatte sie in der Schule schon immer getan, wenn sie nicht mitkam. Aber die Männer nahmen sowieso keine Notiz von ihr.

Sie fragte sich gerade, ob die beiden sich überhaupt noch einmal mit ihr befassen würden, als der kleine Mann plötzlich seine Zeitung vor ihr auf den Tisch legte. Er tippte auf die erste Zeile, *kannst du das lesen?* Ihr Lehrer hatte sie stets gelobt für ihre hochdeutsche Aussprache und sie so oft vorlesen lassen wie keine andere in der Klasse. *Natürlich,* rief sie und beugte sich schon über die Seite. *Newyorktimes,* entzifferte sie und hoffte, wie immer würde sich ihr der Sinn des Wortes beim Sprechen erschließen. Bevor sie verstand, dass die Zeitung in einer anderen Sprache gedruckt war, höhnte der dunkle kleine Mann schon. *Konnst etwa ka English, Blondie?* Dann brach er in Gelächter aus und mit ihm ihr Begleiter. Es kam ihr so vor, als würde das ganze Kaffeehaus lachen. Sie spürte, wie ihr die Schamesröte ins Gesicht stieg. Hanna sprang auf und lief hinaus. Während sie lief, wandelte sich die Scham in wütende Furcht. Waren die beiden vielleicht Juden? Hatte sie sich etwa der Rassenschande schuldig gemacht, weil sie sich mit ihnen abgegeben hatte?

Nie wieder kaufte der Sohn der reichen Kundin danach bei ihnen ein und auch die Mutter kam immer seltener. Mit der Metzgerin lästerte Hanna nun, wenn sie nach Ladenschluss die Theke saubermachten. Intellektuelle seien schlechte Menschen und jüdische Intellektuelle die schlimmsten. Denn dass der dunkle kleine Mann ein Jude war, daran hatte sie keinen Zweifel. Immer häufiger fragte sie sich bald, ob sie ihn bei der Gestapo melden sollte.

ICH.
OMAS SPUREN.

Nach zehn Minuten im Wohnzimmer meiner Wiener Familie habe ich es verbockt. Großcousine Renate taxiert mich über den weiß gedeckten Tisch hinweg, auffordernd, fordernd und immer zweifelnder. Mein Blick weicht ihrem aus und wandert zu dem aufgespießten Stück Aprikosen-Käsekuchen, das droht, von ihrer Gabel zu fallen. Ihre Hand wippt immer schneller, das Kuchenstück wackelt immer heftiger. Meine Hoffnung, hier mehr über meine Großmutter, mich und meine Familie herauszufinden, schrumpft gerade auf ein kaum noch wahrnehmbares Maß. Und wie immer, wenn ich nicht weiterweiß, trommelt mein rechter Fuß im ansteigenden Stakkato, hier auf Laminat. Ich befinde mich in der Wohnung von Helena, der jüngsten Schwester meiner Oma, die alle nur Helli nennen. Ihre Tochter Renate ist auch dabei, sie moderiert das Gespräch. Helli selbst sitzt immer kleiner, immer gebeugter zwischen uns an der schmalen Seite des Esstisches und knetet nervös die altersgefleckten Hände.

Glaubst du, die Hanna hat die Ideen der Nationalsozialist*innen gut gefunden?, habe ich sie gefragt. Helli schwieg, sichtlich irritiert, und ich legte nach. *Hat sie Hitler gemocht?* Wie ein verwundetes Reh sah Helli aus, als sie zu ihrer Tochter schaute, zu mir, wieder zu Renate, und meine Frage stand immer unklarer, immer unpassender im Raum. Ich habe es trotzdem noch einmal versucht. *Hat die Oma den Krieg unterstützt?* Dann hat Renate eingegriffen. *Du willst wissen, ob die Hanna ein Nazi war?*

Ja, aber auf diese Frage bekomme ich doch keine Antwort, will ich sagen. Aber ich starre auf den aufgespießten, zitternden Kuchen und nicke. Meine Versuche, von Helli etwas Neues zu erfahren, sind bisher alle erfolglos gewesen, und obwohl ich mir unendlich viele Notizen gemacht habe für dieses Gespräch, ist mein Kopf nun leer. Vielleicht hat Renate mehr Glück. Vielleicht weiß sie, wie man ihre Mutter zum Reden bringt. *Dann sag's doch so,* fährt mich Renate heftig an – oder ist das nur der Wiener Dialekt? – und wendet sich schon an Helli. *Die Vroni will wissen, ob die Hanna ein Nazi war,* schreit sie, denn Helli hat wieder ihr Hörgerät aus dem Ohr genommen. *Natürlich war die Hanna kein Nazi!,* brüllt Helli zurück und mustert mich, als sei ich eine Außerirdische. *Die Hanna hat sich für Politik doch überhaupt nicht interessiert.* Irritiert schüttelt sie den Kopf, kneift die Augen zusammen, kraust die Stirn, knetet noch intensiver ihre Hände, fixiert noch hilfesuchender die Tochter.

Von Anfang an stockte das Gespräch. Ich finde einfach keinen Draht zur Schwester meiner Oma. Zuerst dachte ich, Helli fühle sich angesichts meiner Fragerei wie in einer Prüfung und in ihrer Tochter sehe sie die gut vorbereitete Freundin mit dem Spickzettel. Gleich bei der Begrüßung hatten die beiden mir schließlich erklärt, Helli würde meinen hochdeutschen Akzent nicht verstehen, deshalb müsse Renate bei dem Gespräch dabei sein. Jetzt aber bin ich sicher, dass die Schwester von Oma einfach überhaupt keine Lust hat, sich mit all den lange vergangenen Geschehnissen zu befassen. Zumindest nicht auf die Art und Weise, in der ich sie gerade damit konfrontiere. Sie will die Erinnerungen in den Kisten verstauben lassen, in die sie sie einsortiert hat, und nur die Bilder hervorholen, die ihr gefallen, genau wie fast alle anderen. Und jetzt will sie außerdem, dass ihre Tochter sie von mir erlöst.

Helli wurde 1933 geboren, im ersten Jahr der nationalsozialistischen Diktatur, zwölf Jahre später als Oma. Mittlerweile ist sie 88. Das letzte Mal gesehen haben wir uns bei der Hochzeit ihres Enkels. Das ist schon wieder sieben Jahre her. Dort haben wir sehr oft mit Sekt Orange angestoßen und irgendwann zu *I am blue* getanzt. Ich habe mir dabei vorgestellt, dass wir beide an Oma denken, wegen ihrer hellblauen Augen, denn ich schloss aus, dass Helli den Trübsinn ihrer Schwester bemerkt haben könnte. Gesprochen haben wir aber an jenem Abend nicht über sie und auch vorher nie. Meine Großmutter und ihre jüngste Schwester hatten eine schwierige Beziehung. Solange ich mich erinnern kann, sind die beiden sich ausgewichen. Ich glaubte lange, das läge vor allem daran, dass Helli mit einem fast 50 Jahre jüngeren Keniander verheiratet ist, den sie am Strand von Mombasa kennengelernt hat. Oma schimpfte jedenfalls sehr oft und sehr wütend, dass die Schwester ein Amulett um den Hals trug mit einer krausen Locke ihres Mannes darin. Und ich lästerte mit ihr. Ihre jüngste Schwester sei auf einen Heiratsschwindler hereingefallen, lasse sich ausnutzen, müsse aufgeklärt und aufgerüttelt werden. Diese rassistische Logik erschloss sich meinem jugendlichen Ich damals sofort. Erst viel später sah ich den Film *Liebe*, in dem der Wiener Regisseur Ulrich Seidl hyperrealistisch von Beziehungen wie die von Helli erzählt, und erschrak sehr, wie schnell und brutal Menschen, die selbst unterdrückt wurden, bei der nächsten sich bietenden Gelegenheit andere unterdrückten.

Enger war die Beziehung zwischen meiner Oma und der mittleren Schwester Hedwig, die exakt zwischen den anderen beiden geboren wurde, im Jahr 1927. Auch als meine Oma nach mehreren Schlaganfällen in ein Pflegeheim zog, telefonierten sie noch ab und zu. Helli aber ist die Einzige der drei Schwestern, die noch am Leben ist. Und auch sie ist vom Alter gezeichnet. In der Nacht vor meinem Besuch ist ihr Blutdruck wieder so hoch gestiegen, dass Renate zum dritten Mal innerhalb von zwei Wochen den Notarzt rufen musste.

Das aber erzählen mir die beiden erst, als unser Gespräch praktisch vorüber ist. Und erst da kapiere ich, dass die Tochter vor allem mit am Tisch sitzt, um die Mutter vor zu viel Aufregung zu bewahren. Natürlich. Was soll ich da noch fragen?

Weiterhin weiß ich also fast nichts über die jungen Jahre meiner Großmutter, über die Nazijahre. Ich kenne nur ein paar Anekdoten, die sie in verschiedenen Variationen wiederholte. Von dem Kleid, das sie sich für einen *Kirtag*, ein Volksfest, schneiderte und das sie durch den Krieg rettete, sprach sie zum Beispiel gern. Als sie es das letzte Mal erwähnte, steckte ich mitten in der Pubertät. In ein paar kurzen Hosen, die mir zu klein geworden waren, saß ich heulend im Garten. Gerade hatte ich zum ersten Mal wahrgenommen, dass meine Oberschenkel ungekannte Ausmaße angenommen hatten. Meine Zwillingsschwester Antonia, die noch viel schmaler war als ich, kniete neben mir und bemitleidete mich, was mein Unwohlsein ins Unermessliche steigerte. Oma gesellte sich zu uns, drückte beherzt meine Knie aneinander, befahl jovial, *bleib so,* presste ihre gefalteten Hände zwischen meine Beine und lächelte triumphierend. Solange das möglich sei, erklärte sie, bräuchte ich mir keine Gedanken über meine Figur machen. Der *Hände-zwischen-Schenkel*-Test sei der ultimative Maßstab. So habe sie sich selbst versichert, dass sie das gelbe Kleid noch tragen könne, das ihr manchmal über die Knie rutschte und die Oberschenkel freilegte. Wie immer hörte ich ihr aufmerksam zu. Und obwohl ich mittlerweile längst analysiert habe, dass dieser vermeintliche *Test* nur ein weiteres Mittel ist, um uns Frauen ein Körperideal einzubrennen, das uns von uns selbst entfremdet, auf äußere Werte fixiert, manipulierbar macht, drücke ich in schwachen Momenten noch immer meine Hände zwischen die Schenkel. Wie ferngesteuert. Manchmal erinnere ich mich jetzt auch daran, dass ich dabei erkennen kann, wie ich zur Frau gemacht wurde.

Auch von der Demütigung durch den intellektuellen Verehrer und dessen angeblich jüdischen Begleiter im Kaffeehaus hat Oma oft erzählt. Höhepunkt war dabei immer, wenn sie sich selbst nachahmte, mit spöttisch gespitztem Mund. *N-e-w-Y-o-r-k-T-i-m-e-s.* Ich prustete immer genau dann los, wenn sie ihre Lippen schürzte. Ich fand die Geschichte nicht wirklich lustig, aber ich spürte, dass es für sie wichtig war, dass ich in jenem Moment lachte. Sehr genau nahm ich die Kränkung unter ihrem Spott wahr. Die

Arroganz und Verabscheuung für die Intellektuellen, die Jüdinnen*Juden, die in ihrer Erzählung eingewoben waren, die ich mit meinem Lachen unbewusst quittierte, erkannte ich erst vor Kurzem.

Seltener sprach Oma von ihren Lehrjahren in der Metzgerei in der Wiener Innenstadt. Wenn sie es tat, erzählte sie immer, wie sehr sie sich angestrengt hatte, die Stelle in der Stadt zu finden. Noch bevor sie die Zusage hatte und ohne das Geld für nur eine Übernachtung zu besitzen, hatte sie sich ein Zimmer in einer Mädchenpension genommen. Sie wollte sich persönlich bei dem Fleischerehepaar vorstellen. Natürlich hinterließ sie den allerbesten Eindruck, so zumindest erzählte sie es. Der Chef verliebte sich beinahe in sie, und die Chefin hätte sie am liebsten adoptiert. Dass sie in die Stadt zog, um ihr altes Leben hinter sich zu lassen, ja davor zu fliehen, die Verantwortung für die Schwestern, die sie nach dem Tod der Mutter geschultert hatte, die grabschenden Bauern, las ich zwischen den Zeilen.

Am allerliebsten erinnerte Oma sich an ihren Volksschullehrer. Sie sagte, er hätte sie verehrt, und erzählte stolz, wie stolz er auf sie gewesen sei, weil sie so gut lesen und schreiben konnte und auch in allen anderen Fächern die Beste und Fleißigste und überhaupt die Tollste war. Als ich selbst aufs Gymnasium kam, reagierte ich zunehmend ungehaltener, wenn sie von diesem Lehrer anfing. Ich konnte da nicht mehr nachvollziehen, dass für ein früheres Bauernmädchen, dessen Mutter nicht richtig schreiben konnte, der einzige Mentor, den es je hatte, zum Held werden musste. *Hatte der überhaupt studiert?*, fauchte ich, als sie wieder einmal von ihm anfing. Zum letzten Mal.

Bevor ich mich in den Zug nach Wien setzte, um Helli zu Oma und den Nazis zu befragen, hatte ich versucht, mir ein allgemeines Bild vom Wien jener Jahre zu machen. Im Internet und in Büchern sah ich mir viele alte Fotos der Stadt an und las noch mehr über die Zeit. Ich wollte ein Gefühl für die Stimmung bekommen, als Oma in Wien ankam und als mein Opa mit der SS einzog. Ich fand heraus, dass viele Unternehmer ihre Angestellten zwangen, Hitlers erster Rede auf dem Heldenplatz am 15. März 1938 beizuwohnen. Ein Großteil der Wiener war wohl tatsächlich fanatisiert, andere wollten sich wohl anbiedern, aus Furcht vor wirtschaftlichen Nachteilen, aus Opportunismus. Auf Fotos, die aus den Monaten vor dem Einmarsch der Nazis stammten, sah ich Männer, Frauen und Kinder, die Synagogen, Geschäfte und Wohnungen zerstörten und plünderten, jüdische Menschen bespuckten und verprügelten. Die Szenen wiederholen sich auf Bildern der Pogrome vom November 1938. Ich stieß auf Fotos unregelmäßig regelmäßig stattfindender Hetzjagden, bei denen Menschen mit Schildern um den Hals, auf denen *Rassenschänder* prangte, durch die Stadt getrieben wurden, weil sie Beziehungen mit *Gemeinschaftsfremden* führten, mit Sinti*zze und Rom*nja also, mit Jüdinnen*Juden, jüdisch gekennzeichneten Menschen oder mit Schwarzen. Ich habe die geifernden Gesichter derjenigen gesehen, die glaubten, auf der vermeintlich richtigen Seite zu stehen, die die Ausgegrenzten auslachten und verhöhnten.

Ich recherchierte, dass die Wiener jüdische Gemeinde im März 1938 noch mehr als 185 000 Mitglieder zählte. Sie stellten ein Zehntel der Gesamtbevölkerung. Fast alle wurden während der Shoah ermordet. Wien hatte Anfang des 20. Jahrhunderts nämlich gerade wegen der jüdischen Intellektuellen Weltruhm erlangt, wegen Sigmund Freud und seines Kollegen Josef Breuer, wegen des Physik-Nobelpreisträgers Wolfgang Pauli, des Komponisten Gustav Mahler, der Schriftsteller Stefan Zweig, Arthur Schnitzler, Franz Werfel. Die Stadt, in der seit dem zwölften Jahrhundert Synagogen standen, in der vor den Nazis eine der ältesten jüdischen Gemeinden überhaupt existierte, verlor unter Hitler ihre Identität.

Für die Zugfahrt hatte ich auch die Autobiografie der Schriftstellerin und Holocaust-Überlebenden Ruth Klüger eingesteckt. *weiter leben. Eine Jugend.* Es ist ein Bericht über ihre Erfahrungen mit dem Naziterror in Wien und in drei Konzentrationslagern. Klüger wurde 1931 in Wien geboren, zehn Jahre später als meine Oma. Ein paar Jahre aber wohnten die beiden gleichzeitig in der Stadt, bis die Jüdin 1942 mit elf Jahren nach Theresienstadt im damaligen Böhmen deportiert wurde. Klügers Vater wurde von den Nazis erschossen, *irgendwo im Osten (niemand weiß genau wo)*, ihr Halbbruder Schorschi in Riga. Von Theresienstadt aus wurde sie später nach Auschwitz-Birkenau geschickt und von dort nach Christianstadt, ein Außenlager des Konzentrationslagers Groß-Rosen, damals Niederschlesien, heute Polen. Klüger schreibt:

> *Ich kenne die Stadt meiner ersten elf Jahre schlecht. Mit dem Judenstern hat man keine Ausflüge gemacht, und schon vor dem Judenstern war alles Erdenkliche für Juden geschlossen, verboten, nicht zugänglich. Juden und Hunde waren alleror-*

> ten unerwünscht, und wenn man doch einen Laib Brot kaufen mußte, dann betrat man den Laden an dem Schild vorbei, auf dem zu lesen war: »Trittst als Deutscher du hier ein, / Soll dein Gruß Heil Hitler sein.« (…) Man kam in die Klasse und sah sich um. Die, welche fehlten, waren möglicherweise krank, wahrscheinlicher war, dass man sie nicht wieder zu Gesicht bekommen würde. (…) Die Kinder, die in Wien geblieben waren, trugen immer ärmlichere Kleidung, ihre Sprache wurde immer dialektdurchsetzter, man hörte ihnen die Herkunft aus dem ärmlichen Viertel an. Denn ohne Geld konnte man nicht auswandern. (…) Je weniger Schulen es für uns gab, desto länger wurde der Schulweg, man mußte die Straßenbahn und die Stadtbahn nehmen, wo man keinen Sitzplatz einnehmen durfte. Je länger der Weg, desto geringer war die Chance, gehässigen Blicken und Begegnungen zu entgehen. Man trat auf die Straße und war in Feindesland. Dass nicht alle Passanten feindselig waren, konnte einen nicht über diese Unannehmlichkeiten hinwegtrösten. (…) Wien ist die Stadt, aus der mir die Flucht nicht gelang.

Auf der Mariahilfer Straße, nicht weit von der Metzgerei, in der meine Großmutter arbeitete, zeigte Ruth Klügers Vater seiner Tochter nach den Pogromen die zerbrochenen Fenster der Geschäfte. Da kann man jetzt nicht mehr einkaufen. Das ist geschlossen, du siehst ja. Warum? Die Leut, denen das gehört, sind Juden wie wir. Darum.

Ob auch meine Oma andere Menschen beleidigt, beschimpft, geschlagen hat, ob sie Schaufensterscheiben eingeschlagen und Läden geplündert hat, weiß ich natürlich auch nicht. Ich kann nicht hieb- und stichfest behaupten, dass sie bei den Pogromen oder den Hetzjagden mitgemacht hat. Aber ich vermute es. Ganz sicher hat sie mitbekommen, dass jüdische und andere Menschen ausgegrenzt, erniedrigt, gedemütigt, entmenschlicht wurden. Sie hat sich der nationalsozialistischen Massenbewegung nicht entgegengesetzt, sie hat sich nicht mit den Opfern identifiziert, sondern mit den Täter*innen.

Gewaltaktionen wie die Pogrome, wie das Aufstellen judenfeindlicher Schilder, wie überhaupt jede Ausgrenzung, waren ein weiteres effektives Instrument, mit dem die Nazis ihre Vorstellung einer totalitären Gesellschaft durchsetzten. Diese Angriffe konnten nicht nur die *Anderen* terrorisieren, auch jene, die als *Arier* galten. In der binären Ordnung nazistischer Ungleichheit konnte sich eine *Volksdeutsche* wie meine Oma sehr leicht dazu aufgerufen fühlen, Menschen aggressiv auszugrenzen. Gleichzeitig musste sie fürchten, bei vermeintlich falschem Benehmen aus der *Volksgemeinschaft* der Arier ausgestoßen zu werden. Als falsches Benehmen konnte für sie und andere gelten, bei der Ausgrenzung nicht mitzumachen. Diese gesellschaftliche Dynamik schwappte auch in Wien nicht erst im Jahr 1938 in alle Sphären des Lebens. Schon lange davor konnte sich dem Antisemitismus und Rassismus kaum noch jemand entziehen. Nach der deutschen Besatzung verinnerlichten schließlich so gut alle diese Prinzipien, aus Opportunismus, Überzeugung, Angst. *Die Volksgemeinschaft war eine soziale Praxis, ein nationalsozialistisches Terrorsystem, dem auch deren Angehörige bei mangelnder Konformität zum Opfer fallen konnten, weshalb die meisten mittaten und sich gleichzeitig abwandten, sich sowohl anpassten als auch verweigerten*, schreibt der Historiker Michael Wildt in *Die Ambivalenz des Volkes*. Meine Oma muss die brutale Realität der nationalsozialistischen Gesellschaft wahrgenommen und schließlich verinnerlicht haben, bewusst oder unbewusst. Sie muss die Gefahr gespürt haben, dass auch sie von der richtigen auf die falsche Seite rutschen konnte, wenn sie sich nicht *angemessen* benahm, wenn sie die neue Ordnung nicht verkörperte. Vielleicht identifizierte sie sich sogar von Anfang an mit den nazistischen Ideen? Vielleicht erhoffte sie sich von den Nazis die gleiche wohltuende Anerkennung, die sie von ihrem Lehrer bekommen hatte, der ihr schon ähnliche Vorstellungen eingebläut hatte? Vielleicht war sie mit ihren blauen Augen und den blonden Locken im Wien der Nazis besonders begehrt? Vielleicht spornte die Aufmerksamkeit sie an, sich in eine besonders glühende Anhängerin zu verwandeln?

In den Archiven jedenfalls habe ich nichts über Oma gefunden. Dass es besonders schwierig ist, Details über Mütter und Großmütter in der NS-Zeit herauszufinden, hat mir eine Historikerin bestätigt. Frauen seien in der nationalsozialistischen Gesellschaft zwar präsent gewesen und auch verehrt worden, aber auf eine patriarchale, konditionierende, das Weibliche einschränkende Weise. Deshalb seien sie gleichzeitig unsichtbar gewesen. Daher ist auch heute in den Archiven kaum etwas zu finden. Die Historikerin versicherte mir aber, Frauen seien genauso gleichgeschaltet worden wie Männer. In Kochkursen, Fortbildungen zur Säuglingspflege und Kindererziehung wurde ihnen das starre NS-Frauen- und Familienideal eingeimpft, der Körperkult, die Ikonen vom Heimchen am Herd und der Gebärmaschine. Und sie sagte voraus, dass Frauen in ihren Familien bis heute aus der Verantwortung genommen würden, fast immer mit dem Argument, sie seien doch apolitisch gewesen. Es sei üblich, jeden Versuch zu vereiteln, über die Teilhabe der Oma, Tante oder Mutter am Nazi-System zu sprechen.

Trotzdem war ich natürlich wild entschlossen, die letzte lebende Zeitzeugin in meiner Verwandtschaft zum Reden zu bringen. Nicht die immer gleichen Geschichten wollte ich hören, nicht die glatt geschliffenen, die sich losgelöst haben von den realen Erfahrungen. Mit Hellis Hilfe hoffte ich zu rekonstruieren, wie die Naziideologie sich in meiner Großmutter breitgemacht hat. Ich wollte herausfinden, ob sie sie bereitwillig aufnahm oder ob sie Zweifel äußerte. Ob sie Nazi-Zeitschriften las, ob sie gern dorthin ging, wo sich SS-Männer tummelten, ob sie die Uniformen reizten. Ich nahm mir wirklich ganz fest vor, mit Helli über Omas Frauen- und Männerbild zu reden, über die *Maßstäbe*, die sie an sich gelegt hatte, über die Schönheitstests, die in ihrer Jugend üblich waren, die Vorstellungen, die sie sich von ihrem Ehemann machte. Ich traf extra noch eine Künstlerin, die für ein Projekt ihre eigene Familie zur Nazi-Vergangenheit interviewt hatte. Die Aussagen, die sie zitierte, wirkten auf mich weder wiedergekäut noch poliert. Bei einem Kaffee erklärte sie mir aber, die Auseinandersetzung mit ihren Verwandten hätte sie frustriert und deprimiert. Auch sie sprach vom Puzzeln. Immer hätte sie nur ganz nebenbei ein winziges neues Detail erfahren. Sie riet mir noch, im Gespräch keine Antworten im Kopf zu haben und wirklich offen zu fragen. *Jajaja,* sagte ich darauf defensiv-aggressiv, *das ist doch eh klar, ich bin ja Journalistin.*

Glaubst du, die Hanna hat den Franz auch deshalb geheiratet, weil er ein SS-Offizier war?, frage ich Helli dann aber, als das Käsekuchenstück endlich von Renates Gabel fällt. Sie schüttelt den Kopf, so heftig, dass ihr ganzer Oberkörper wackelt, und ruft inbrünstig: *Naaaaaa! Das war Liebe auf den ersten Blick!* Sie trinkt einen Schluck von dem Sekt, den sie zur Feier des Wiedersehens geköpft und unter Protest ihrer Tochter auch sich selbst eingeschenkt hat. Ich proste nicht zurück, sondern hake gleich nach. *Meinst du nicht, dass sein Rang Eindruck auf sie gemacht hat?* Oma, die in einer unterwürfigen Gesellschaft aufgewachsen ist, hat Opa in seiner Offiziersuniform kennengelernt, 1940 oder 1941, als er in Wien auf einem SS-Lehrgang war, als sie schon mindestens zwei Jahre in der nazifizierten Gesellschaft gelebt hat, mitten im Hitler- und kriegsbegeisterten Wien. *Vielleicht wusste Oma nichts von Politik, aber dem Einfluss der Nazis konnte sie sich doch gar nicht entziehen*, sage ich und kann meinen Trotz nicht verbergen. Helli schaut zu Renate. *Dein Marillen-Käsekuchen ist wieder mal ausgezeichnet.*

Ich halte mich an der Kaffeetasse fest und schweige ein paar Atemzüge. *Ist er wirklich*, pflichte ich schließlich bei. Ein bisschen Small Talk hilft sicher, die Stimmung zu lockern, mahne ich mich noch. Doch ich kann es nicht lassen. *Als Oma Opa zum ersten Mal sah, trug er eine SS-Uniform. Glaubst du nicht, dass sie das beeindruckt hat?* Helli schüttelt wieder Kopf und Oberkörper, doch diesmal lächelt sie dabei selig. Offensichtlich hat sie eine der Erinnerungen hervorgeholt, die sie mag. *Der Franz, der war einfach ein ganz ein Fescher!*

Ich denke daran, dass Mama genauso über ihn gesprochen hat, und mir fällt erst mal nichts mehr ein. Mein Kopf dröhnt, als sei ich gegen eine Wand gelaufen. Meine Zuversicht und auch die Selbstsicherheit sind verschwunden. Jede weitere Frage zur NS-Zeit scheint mir nun wirklich wie eine Zumutung. Gleichzeitig packt mich Panik. *Mir bleibt nicht mehr viel Zeit! Die engste noch lebende Verwandte meiner Oma ist alt und leidet unter Bluthochdruck!* Je heftiger ich mich zwingen will weiterzufragen, desto leerer ist mein Kopf. Gierig verschlinge ich ein zweites Stück Aprikosen-Käsekuchen. Und als ich den letzten Krümel auf meine Gabel schiebe, erinnere ich mich an eine weitere geschliffene Nazi-Anekdote, die in meiner Familie kursiert. Mein Wiener Großcousin Helmut, der Sohn von Omas mittlerer Schwester Hedwig, hat sie mir einmal spontan bei einem meiner jüngsten Besuche erzählt. Anfang 1945 suchten russische Soldaten im Dorf nach meiner Oma. Helli lebte noch dort auf dem Bauernhof, wo Oma sie zurückgelassen hatte. *Warum haben sie nach Oma gesucht?*, fragte ich. – *Na, weil der Franz ein SS-Offizier war*, antwortete Helmut. – *Ja, aber muss es nicht einen konkreten Anlass gegeben haben, wenn sie sogar nach seiner Frau fahndeten?* – *Dem Russ reichte, dass einer bei der SS war, um alle in Sippenhaft zu nehmen.* Ich hakte nicht nach. Ich spürte natürlich, dass mehr dahintersteckte, aber auch, dass bei Helmut nichts mehr zu holen war und dass er nicht mehr empfänglich war. Deshalb sagte ich nicht, dass seine Argumentation hochproblematisch war, dass Nazi-Nachfahr*innen diese Verdrehung der Tatsachen deshalb so gern wiederholten, weil sie sich damit auch selbst von der historischen Verantwortung entbinden. Und ich widerstand der Versuchung zu besserwissern, dass *der Russ* außerdem eine falsche Bezeichnung sei, weil in der Roten Armee verhältnismäßig am meisten Ukrainer kämpften und auch von Deutschen ermordet wurden. Gleich nach der Geschichte mit den Rote-Armee-Soldaten und in mein kritisches Schweigen hinein erinnerte Helmut sich dann aber an noch etwas. An etwas, das ich noch nicht gehört hatte, an eine neue, rohe, unzensierte Geschichte. Er erzählte von einer Stadtrundfahrt, die mein Großvater für ihn organisiert hatte, als er ihn zum ersten Mal mit seiner Frau in München besuchte. Opa führte sie ausschließlich zu Orten, an denen einst Denkmäler von Hitler und anderen Nazi-Größen standen. Helmut erzählte nicht viel mehr als das, aber er sinnierte noch ein wenig. *Der Franz hat das Gedankengut der Nationalsozialisten in seiner Jugend voll aufgesaugt, und das war dann seine Welt. Er besaß auch eine gewisse Sturheit. Vielleicht hat er sich auch deshalb nie von alldem losgesagt.* Von diesen Sätzen war ich so angefixt gewesen, dass ich ihn noch mindestens zwei weitere Stunden wider besseren Wissens löcherte. Da erinnerte er sich aber wieder bloß an das Bekannte und ermahnte mich ständig, nicht zu hart mit meinen Vorfahr*innen zu sein, die Umstände zu berücksichtigen. Ich bin danach trotzdem noch hoffnungsvoll mit ihm in den Geburtsort meiner Oma gefahren, wo ich schon mindestens zehnmal gewesen war und wo ich an den gleichen Orten die gleichen Geschichten hörte. Am Wirtshaus die vom Alkoholiker-Vater, den die Töchter nach Hause zerren mussten, damit er nicht auch noch das letzte Geld versoff. Am Geburtshaus, in dem schon lange eine andere Familie lebt, die vom Milchstand, in dem die Mutter bis zu ihrem Tod rackerte. Wenn Helli nur eine weitere Erinnerung preisgibt wie Helmut damals, macht meine Reise Sinn, sage ich mir nun. Ich hätte meine Mission zumindest ein wenig besser erfüllt.

Wie erinnerst du das Kriegsende?, frage ich. Weil sie nicht gleich antwortet, will ich schon wieder eine weitere, spezifischere, einfachere Frage nachschieben. Doch vorerst kann ich mich zurückhalten. Wieder habe ich fest vor, es richtig zu machen, nichts zu verwässern, nichts zu schleifen, Raum für die Antwort zu lassen. Gleichzeitig geißele ich mich auch schon für meine Gesprächsführung. Denn nun fällt mir ein, dass Mama mal davon erzählt hat, dass meine schwangere Oma im März 1945 zusammen mit Hedwig, der mittleren Schwester, in die Oberpfalz floh. Helli blieb ganz allein zurück, sagte Mama auch, der Vater war da zwar noch nicht tot, aber schon nicht mehr ansprechbar. *Der Russ hat bei uns nach der Hanna gesucht*, antwortet Helli nun mit kräftiger Stimme das Erwartete. *Deshalb musste sie sofort nach Deutschland fliehen.* Dann erzählt sie noch, dass *ein junger Russ mit offenem Hosentürl* zu ihnen in den Luftschutzbunker kam und eine Frau nach der anderen holte, sie aber nicht weiter beachtete, weil sie noch keine Brüste hatte. *Dabei war ich im Vergleich zu den Mädchen aus der Stadt gut genährt gewesen, weil ich doch auf dem Bauernhof lebte.*

Renate legt die Manschette des Blutdruckmessgeräts um Hellis Arm und pumpt. *Über 180*, verkündet sie mit besorgter Miene, *hoch wie immer, aber noch nicht so hoch, dass wir wieder den Krankenwagen rufen müssen.* Sie schaut zu mir. *Lass uns mal lieber vorsichtig sein mit der Fragerei.* Genau da kommt mir doch noch etwas in den Sinn. Etwas, das ich mir sogar auf die Handinnenfläche geschrieben habe, das ich unbedingt loswerden muss, das doch ganz simpel zu beantworten ist. *Wie erinnerst du Hanna?* Helli schweigt wieder lange, starrt auf den leeren Kuchenteller. Schließlich fängt sie an zu schluchzen.

Die Hanna war wie eine Mutter für mich. Und dann habe ich auch sie verloren. Als Oma das Dorf zurückließ und nach Wien zog, um die Lehre in dem Lebensmittelgeschäft anzufangen, war Helli vier Jahre alt, die Mutter gerade ein Jahr tot.

Schau mich an, sagt die Schwester meiner Oma dann und hebt den Blick. Ihre Wangen sind nass, der Mund ist verzerrt. *Dass auch Hanna mich damals alleingelassen hat, ist nach dem Tod der Mutter eine der beiden großen Katastrophen meines Lebens gewesen. Damit hab ich bis heute zu tun.*

OPA.
IM OSTEN.

Als er am Bahnsteig auf den Zug nach Lemberg wartete, spürte er den Blick der anderen Soldaten auf sich. Sie musterten die nagelneuen Insignien an seinem Kragen und den Schultern, manche scheu, ein paar unterwürfig, andere mit unverhohlenem Neid. Franz stand noch kerzengerader. Er stellte sich vor, wie er bald an der Seite seiner Kameraden in Moskau einmarschieren würde, dass er eine Kompanie heldenhafter Soldaten befehligen würde im Kampf gegen die Bolschewiken und für das deutsche Volk. Sein Hochgefühl verstärkte sich. Er fühlte sich so mannhaft wie noch nie. Er senkte die Lider und kostete den Triumph. Es war Ende Dezember 1941. Nach der Einnahme von Kiew im September hatte er an der kraftfahrttechnischen Anstalt der SS in Wien-Schönbrunn einen weiteren Offizierslehrgang absolviert. Als SS-Hauptscharführer war er nun wieder auf dem Rückweg zu seiner Truppe. Er stolzierte zu seinem Abteil.

Von den jüngsten Frontberichten wusste er, dass der russische Winter den Kameraden zu schaffen machte, dass er nichts mit dem zu tun hatte, was sie bisher erlebt hatten. Das Regiment hatte sich hinter Istra zurückgezogen, keine sechzig Kilometer von der sowjetischen Hauptstadt entfernt, um die schlimmsten Schneestürme abzuwarten. Eigentlich hatten seine Generäle Moskau vor dem Herbst einnehmen wollen, bevor sich die russischen Weiten in eine Schlammwüste verwandelten und die Temperaturen immer weiter unter null fielen. Doch Ende August, sie waren schon auf dem Weg, hatte Hitler sie persönlich nach Kiew beordert, nachdem die Truppen dort ins Stocken geraten waren. Die Eroberung Moskaus war eine Kriegstrophäe, ein Symbol, vor allem für die Gegner. Viel wichtiger war die der Ukraine. Das hatten alle gleich verstanden. Fabriken und Rohstoffe waren für die Versorgung der deutschen Volksgemeinschaft entscheidend. Bei Charkow und im Donbas lag das Herz des Lebensraums, den das deutsche Volk so dringend benötigte, das ihm zustand, für dessen Kolonisierung er und seine Kameraden zu sterben bereit waren. Das Land war das Herzstück des *Generalplans Ost*, und seine Bewohner waren wie die Afrikaner und die Juden, sie konnten, ja mussten versklavt und ausgerottet werden. Das hatten sie in den SS-Junkerschulen gelernt, und nicht nur dort. Erst nachdem er und seine Männer den Weg nach Kiew freigekämpft hatten, waren sie wieder Richtung Moskau marschiert. Dort würde Franz sich nun wieder mit ihnen vereinen, um die sowjetische Hauptstadt einzunehmen. Denn dass seine Truppe trotz aller Widrigkeiten bald weiter voranschreiten würde, dass nichts und niemand sie aufhalten konnte, auch der sibirische Winter nicht, daran hatte Franz keinen Zweifel.

So gestimmt wunderte er sich nicht, als, kurz bevor der Schaffner zur Abfahrt läutete, zwei SS-Sturmführer in sein Abteil traten, drei und vier Ränge über ihm, und ihn mit einem besonders strammen *Heil Hitler* begrüßten. Für einen Augenblick hielt er die beiden für Mitglieder seiner Division, denn sie trugen die gleiche feldgraue Uniform. Dann erkannte er an ihrem linken Unterarm die schwarze Ärmelraute mit den Buchstaben SD. Die Männer waren vom Sicherheitsdienst. Er schauderte vor Ehrfurcht.

Ihr Regiment?, fragte der Ältere, während er sich setzte. *Deutschland*, bellte Franz. Der SD-Mann pfiff anerkennend und erklärte in Richtung seines um einiges jüngeren Begleiters und ohne den Blick von Franz zu wenden, *die Männer waren in Polen nicht so zimperlich wie die von der Wehrmacht, die haben angepackt, fast wie wir.* Er lachte kehlig. Der junge Untersturmführer, er sah aus, als sei er noch keine 20, betrachtete ihn mit hochgezogenen Brauen und stieß ein langgezogenes *Ah* aus, an dessen Ende er mit der Stimme leicht nach oben ging. Franz verstand gleich, dass der Junge wissen wollte, ob er sich in Polen die Hände schmutzig gemacht hatte. Aber ihm war nicht danach, über diese Episode zu sprechen, die ihm wie aus einem anderen Leben erschien. Lieber berichtete er, dass er gerade die Ausbildung zum Kraftfahroffizier abgeschlossen hatte. *Dann haben Sie sicher schon von den neuesten Ideen für die Lösung der Judenfrage gehört*, sagte der redselige Ältere, als Franz geendet hatte, und halb an ihn, halb an seinen Begleiter gewandt erklärte er, in Charkow, wohin die beiden unterwegs waren, würden die neuen Methoden schon äußerst erfolgreich eingesetzt, er könne kaum erwarten, *es* endlich mit eigenen Augen zu sehen. *Das ist eine Erleichterung für alle Beteiligten*, fuhr er fort, endlich könne *das Ganze* zivilisiert über die Bühne gehen; *so etwas* wie in Kiew würde der deutschen Seele nicht gerecht, *das* würde die Soldaten kaputtmachen, *so etwas* könne man den Männern nicht zumuten. Er erregte sich, senkte aber die Stimme. *Ein paar Männer haben danach Schluss gemacht, denen konnte auch der Schnaps nicht helfen.* Den letzten Satz raunte er hinter vorgehaltener Hand. Franz musste sich nach vorne beugen, um ihn zu verstehen. Wieder lauter erklärte er, *jetzt können wir das endlich gründlich und effizient erledigen, auf die deutsche Art.* Er lachte laut. Der Jüngere fiel ein, und dabei zwinkerte er verbrüdernd, also begann Franz ebenfalls zu lachen. Er wusste, dass von den mobilen Gaswagen die Rede war. Er hatte tatsächlich in Schönbrunn davon gehört. Die Gespräche darüber hatte er allerdings immer nur nebenbei aufgeschnappt, im Gang, am Mittagstisch, beim Bier, nie war er offiziell informiert worden, deshalb würde er sich wie ein Hochstapler fühlen, wenn er nun so tun würde, als gehörte er zu den Eingeweihten. Aber er wollte sich, da die beiden ihn als ihresgleichen identifiziert hatten, auch nicht zu einem Unwissenden degradieren. Also beließ er es beim Lachen.

Wenn er ganz ehrlich war, wollte er auch gar nichts Genaueres erfahren. Er wollte nichts mehr hören über diesen unangenehmen Teil ihrer Mission. *Was für ein Glück, dass ich bei der Verfügungstruppe gelandet bin,* dachte er und schämte sich sogleich seiner Zimperlichkeit, schimpfte sich feige.

Judentum und Judengeist sind von jeher Todfeinde des nordischen Blutes gewesen. Wie der Jude vor Jahrtausenden war, so ist er heute und wird er in Zukunft sein, aus dem Gesetze seines Blutes heraus. Wenn wir die Juden aus unserem Volkskörper ausschneiden, so ist das ein Akt der Notwehr. Sorge jeder, dass alle deutschen Volksgenossen den Juden als Todfeind jeden Staates und jeder Weltanschau-

ung erkennen, die aus unserem Blut geboren ist.[1] Das waren gerade erst die Worte seines Ausbilders gewesen. *Natürlich hätte ich auch im SD meine Pflicht vorschriftsmäßig erfüllt*, sagte er sich. Er spürte, dass ihm die Schamesröte ins Gesicht stieg. Plötzlich war ihm in dem Abteil unerträglich heiß. Möglichst beiläufig legte er den Uniformrock ab. Die Sturmführer schienen sowieso das Interesse an ihm verloren zu haben. Sie hatten die Stimmen gesenkt, und ihre Köpfe steckten so nahe beieinander, dass sie sich an der Stirn zu berühren schienen. *Wie ein Liebespaar*, dachte Franz unwillkürlich. *War hier etwa ein 175er zu melden?* Er war nun wieder ganz Herr seiner selbst, richtete sich dienstbeflissen auf, spitzte die Sinne, horchte auf. Sein Unwohlsein war verschwunden. Doch die Männer waren noch immer beim selben Thema. *Das Gas*, sagte der Ältere gerade, *soll bald auch in den KZs eingesetzt werden, und zwar in Kammern, die wie Duschen aussehen. Die Juden sollen keinen Verdacht schöpfen.* Wieder zog der Jüngere interessiert die Augenbrauen nach oben, um sein Gegenüber zum Weiterreden zu ermuntern. *Was für ein Schmeichler*, dachte Franz. Er wandte sich von den beiden ab, um sich nichts anmerken zu lassen. Auf keinen Fall wollte er einen schlechten Eindruck hinterlassen.

Draußen zog die schneeüberzogene böhmische Hügellandschaft vorbei, die ihn an seine oberpfälzische Heimat erinnerte, die ihn beruhigte, und seine Gedanken sprangen zu dem gut gewachsenen dunkelblonden Mädchen mit den

---

1 Dies sind Auszüge aus einer Textbeilage des Rasse- und Siedlungs-Hauptamts zur weltanschaulichen Grundordnung der SS, in: *Ausbildungsziel Judenmord? »Weltanschauliche Erziehung« von SS, Polizei und Waffen-SS im Rahmen der »Endlösung«*, Frankfurt am Main 2003.

strahlend blauen Augen, das er kurz vor seiner Abfahrt kennengelernt hatte. Hanna. Sie war bodenständig und praktisch, kannte kein Getue und kein Gehabe. Sie gefiel ihm als Ehefrau. Er merkte, dass er bei dem Gedanken an sie unwillkürlich zu lächeln begann. Aber gleich hatte er sich wieder unter Kontrolle. *Wie sentimental ich bin,* schimpfte er sich. Doch schnell wandte sich seine Wut gegen das Mädchen. Schließlich war sie es, die ihn verweichlichte, die ihn ablenkte von seinen soldatischen Pflichten, vom Dienst für Deutschland. Er verbat sich jeden weiteren Gedanken an die Blonde und versuchte, das Hochgefühl heraufzubeschwören, das er bei der Abfahrt in Wien empfunden hatte. Seine rechte Hand suchte die Insignien seiner Uniformjacke auf seinen Schenkeln. Er erinnerte sich an die Kameraden, die vor Moskau auf ihn warteten, an seinen neuen Offiziersrang, an all das, was er seit 1933 erreicht hatte. Doch die erhabene Stimmung stellte sich nicht wieder ein.

Franz nahm die letzte Meldung seines Kommandanten aus der Rocktasche. Der Fernmeldeoffizier in Schönbrunn hatte sie ihm ausgehändigt, als er gerade aus der Kaserne Richtung Bahnhof geeilt war. Er hatte sie eingesteckt, ohne die wenigen Zeilen auch nur zu überfliegen. Während er nun das dünne Blatt auseinanderfaltete, erinnerte er sich, wie er in den ersten Tagen in Schönbrunn noch über jede Neuigkeit von der Front hergefallen war wie im Fieber. Es war ihm kaum gelungen, sich auf die komplizierten technischen Lehrinhalte zu konzentrieren. Er langweilte sich. Nachdem er die Frontberichte gelesen hatte, war er jedes Mal zutiefst verstimmt. Er fühlte sich abgeschnitten und ohnmächtig, in der Heimat und im Frieden fehl am Platz, sehnte sich nach Moskau. Erst nach einem Monat verbesserte sich seine Moral allmählich. Er begann zu verinnerlichen, was sie in Schönbrunn ständig wiederholten. Dass er als Offizier der Waffen-SS ein Auserwählter unter Auserwählten war, ein Führer. Nun wunderte er sich wieder, wie sehr seine Perspektive sich verschoben hatte, wie schnell er sich an den Frieden und die Heimat gewöhnt hatte. Er wusste, es war höchste Zeit, wieder in den Krieg zu ziehen. Dort war keine Zeit für Grübelei und Sentimentalitäten, dort gab es nur Kameradschaft und vollen Einsatz.

Bevor Franz von der Ostfront nach Wien aufgebrochen war, hatte seine Division fünf lange, zersetzende Wochen um Jelnja gekämpft. Der graue Ort lag in der sowjetischen Ödnis, 400 Kilometer vor Moskau, deshalb war er ein wichtiger Verkehrsknotenpunkt und strategisch von größter Bedeutung für die Russen. Sie hatten ihre Stellungen aufs Hartnäckigste und Grausamste verteidigt. Wie viele entstellte Kameraden Franz aus den Schützenlöchern gezerrt hatte, hatte er nicht gezählt, und auch nicht, wie oft er in den Gefechtspausen in der umliegenden Sumpflandschaft Birkenholz suchte, um Kreuze zu zimmern. *Steh gerade oder zerbrich.* Immer wieder hatte er sich in jenen Wochen den Spruch vorgesagt, der im Mannschaftszimmer seiner Kaserne in München-Freimann an der Wand hing. Doch er musste sich eingestehen, dass es am Ende seine Kameraden waren, die ihm die nötige Kraft gegeben hatten weiterzumachen. Ohne eine Träne zu vergießen, ohne die Miene zu verziehen, waren sie jeden Morgen tapfer Seite an Seite gestanden, hatten sich in die Schlacht geworfen, bis sie die

Stadt endlich eingenommen hatten, hatten Galgen aufgestellt für die Partisanen, die sie aus Erdlöchern im Sumpf zerrten, hatten die übrigen Gefangenen in eben jene Löcher gepfercht oder aber in Züge gen Heimat. Und dann, keine zwei Wochen später, hatte sich der Russe diesen Ort, für dessen Eroberung so viele seiner Kameraden gefallen waren, einfach wieder genommen. Nur mit halber Kraft waren sie danach nach Kiew weitergezogen. Die Stadt immerhin eroberten sie schnell. Dass die Verluste in seinem Regiment erneut hoch waren, stimmte ihn zwar immer noch traurig, aber es war eine erhebende Traurigkeit, keine niederschmetternde wie nach Jelnja, schließlich hatte ihr Tod einen Sinn. Die deutschen Truppen eroberten das sowjetische Ruhrgebiet im Donezbecken noch schneller als Kiew. Nun würden Milch und Honig fließen.

Auf dem Rückzug, las er nun in der Depesche seines Vorgesetzten. *Drittes Bataillon aufgelöst, um die Gefechtsstärken der anderen beiden Bataillone zu heben. Jeden Tag neue Verluste wegen Erfrierungen. Minus 30 Grad. Rüsten Sie sich.* In seinem Hals bildete sich ein Kloß. Das dritte Bataillon hatte fünf Kompanien umfasst. Weitere 1500 Kameraden waren gefallen. Und jeden Tag starben mehr. Dass der Tod auch ihn begleitete, spürte er in jeder Faser seines Körpers. Seit dem 21. Juni 1941 war der Gedanke immer präsenter geworden, seit sein Regiment den Befehl erhalten hatte, auf alle sowjetischen Flugzeuge zu feuern, seit sie in das Land des schlimmsten Feindes vorgerückt waren. Seit der Vernichtungskrieg begonnen hatte. Keiner sprach es aus, aber alle fühlten es. Die Rote Armee war ein anderer Gegner als die Franzosen und die Holländer, als die Belgier und die Serben und auch als die

Polen. Sein Kampfgeist war natürlich dennoch tadellos, anstandslos erfüllte er seine Pflicht. Natürlich war er bereit, für Deutschland zu sterben, für seine Kameraden. Um seine Stimmung zu heben, beschwor er seine liebsten Erinnerungen hervor. Zuerst die an den 12. März 1938, als er von den Österreichern mit offenen Grenzbalken empfangen worden war. Dann die an die jubelnden Menschen beim Einmarsch in Sudentendeutschland am 29. September 1938. An die Siege über Frankreich, Jugoslawien, Polen. Doch schließlich grübelte er trotzdem wieder. *Was würde bloß geschehen, wenn es nicht gelang, alle Juden auszurotten? Wie würden sie sich rächen?* Sofort verdrängte er den Gedanken und begann, die nächsten Schritte zu planen. Bevor er sich in Smolensk um sein weiteres Fortkommen Richtung Moskau kümmerte, musste er sich mit warmer Kleidung eindecken. Die SD-Kameraden dort würden ihm sagen können, in welchen Judenhäusern noch etwas zu holen war. Vielleicht würde er sogar ein paar Mäntel und Decken finden, die er seinen Kameraden mitbringen könnte.

Der Zug hielt in Lemberg. Hastig sprangen die Offiziere vom Sicherheitsdienst auf und verabschiedeten sich, freilich nicht ohne Franz viel Glück für Moskau gewünscht zu haben. *Bleiben Sie so aufrecht,* sagte der Ältere im Hinausgehen, und der Jüngere zwinkerte ihm zu. *Vielleicht werden Sie ja sogar bald zu uns abkommandiert.* Franz sprang auf und salutierte. Er war zu allem bereit.

ICH.
ENTWURZELN.

Ob mein Großvater Ende 1941, Anfang 1942 auf dem Rückweg von Wien zur Front wirklich das Abteil mit Männern vom *Sicherheitsdienst* teilte, die seit dem Überfall auf Polen im Osten in vier *Einsatzgruppen* mit der deutschen Front vorrückten und die *Kolonisierung von Lebensraum* organisierten und exekutierten, weiß ich genauso wenig, wie ich über Omas Wiener Nazizeit hieb- und stichfeste Aussagen treffen kann. Ich kann nicht mal sicher sagen, ob er von den Gaswagen erfuhr, mit denen die Nazis im Herbst 1941 im Osten experimentierten. Oder von den Gaskammern, die sie damals zu bauen begannen. Ich weiß aber, dass er im NS-Staat mit wilden Behauptungen weltanschaulich indoktriniert wurde, mit Nazi Fake News. Kriege vereinfachen das Denken, habe ich außerdem aus neuen Studien erfahren. Wer drinstecke, dem erscheine alles steuer-, plan- und kontrollierbar. Ich weiß auch, dass mein Großvater von September bis Dezember 1941 in Wien-Schönbrunn an der *Kraftfahrtechnischen Lehranstalt der SS* eine Offiziersausbildung absolvierte, *Hilfskraftfahrsachverständiger der Panzer des SS-Regiments Deutschland* wurde, ein Panzermechaniker. Er stieg vom Ober- zum

Hauptscharführer auf. Genau als die Nationalsozialist*innen begannen, die Morde jüdischer Menschen mit dem Ziel der *Vernichtung* zu organisieren, machte mein Großvater also Karriere. Er verkehrte in Kreisen, in denen er an irgendeiner Stelle von alldem gehört haben musste. Dass er ganz offiziell in die Pläne eingeweiht wurde, ist möglich. Den Lehrplan der SS-Führerschulen kenne ich. Dort steht, dass den künftigen Offizieren *der Rassesinn und das Rassegefühl instinkt- und verstandesmäßig in Herz und Hirn* hineingebrannt werden sollten.[2] In Schönbrunn und anderswo bekam mein Opa auf alle Fälle immer wieder Sätze zu hören wie diese: *Juden sind nicht genau solche Menschen wie wir. Die jüdische Rasse bedroht uns. Der Abgrund zwischen den Rassen lässt sich nicht überbrücken.*

Schon länger bekannt ist mir, dass Männer seiner SS-Division im Sommer 1941 nach der Eroberung der belarussischen (damals noch weißrussisch genannt) Hauptstadt Minsk an der Seite der *Einsatzgruppe B* fast tausend jüdische Menschen erschossen. Gesichert ist außerdem, dass sein SS-Regiment Mitte September 1941 in Kiew die Rote Armee schlug und damit den Weg freimachte für die *Einsatzgruppe C* und das größte einzelne Massaker des Holocausts, das von Babyn Jar. Sowohl die Morde bei Minsk als auch das Gemetzel bei Kiew gelten heute als entscheidende Schritte auf dem Weg von der selektiven Mordpolitik zur *Politik der vollständigen Auslöschung des Judentums* und zu den Gaskammern.

---

2 Mit diesen Worten wurde Adolf Hitler in dem SS-Leitheft *Unterricht über den Gegner* zitiert. Dort heißt es auch: … *ein noch so langes Wohnen in Deutschland kann die innerliche Fremdheit des Blutes nicht überwinden. Im entscheidenden Augenblick fällt die Maske des Angeglichenseins ab – und dann klafft wieder der Abgrund zwischen den Rassen, der sich nicht überbrücken lässt.*

Aber nicht nur dort war mein Vorfahre auf jeden Fall nicht weit entfernt vom Geschehen des Holocausts. Im Oktober 1939, im gerade besetzten Polen experimentierten die Nazis zum ersten Mal mit Gas. In mobilen Kammern ermordeten sie mit Kohlenstoffmonoxid innerhalb von zwei Monaten 20 000 Menschen, die als psychisch krank oder als *geistig behindert* galten, die aus Deutschland kamen – anfangs sollte im Kerngebiet des Reichs nicht massengemordet werden. (Keine eineinhalb Jahre später spielte das keine Rolle mehr. Im Januar 1941 vergasten SS-Leute in Brandenburg an der Havel 9000 Psychiatrie-Patient*innen und jüdische Deutsche.) Nach Mitte August 1941, nach den Massenerschießungen bei Minsk, bei denen mein Opa dabei gewesen sein könnte, wurde Gas zur favorisierten *Methode* der Nazis, um jüdische und andere als *artfremde* kategorisierte Menschen umzubringen. Bei einem dieser Massaker war nämlich Heinrich Himmler anwesend. Der SS-Chef hätte *trocken gewürgt* und veranlasst, noch drängender nach Alternativen zu den Kopfschüssen zu suchen, hielt ein damals Anwesender in einem Protokoll fest. Daraufhin töteten die Nazis zunächst mit Autoabgasen, die sie in Lastwagen einleiteten. Um effizient zu sein, glaubten die Nazi-Beamt*innen anfangs auch mobil sein zu müssen. Doch auch das ging ihnen bald zu langsam und mühsam voran. Zu Versuchszwecken sperrten sie am 18. September 1941 in der belarussischen Stadt Mogilew mehr als 200 Menschen mit Behinderung in ein Badehaus und brachten sie mit Motorabgasen um. Parallel sprengten sie 25 Menschen, darunter sowjetische Kriegsgefangene, in zwei Bunkern in die Luft. Die *Vergasung*, protokollierten die ausführenden SS-Leute, sei *die* *humanere Methode.* Mogilew war Ende Juli 1941, eineinhalb Monate zuvor vom Regiment meines Großvaters belagert, niedergebombt und besetzt worden.

Im Herbst 1941, nach der Eroberung Kiews ließen die Nazis dann in Auschwitz die erste Gaskammer bauen. Anfang des folgenden Jahres trieben sie die ersten Hundert in die als Gemeinschaftsduschraum getarnte Falle, verriegelten die Tür und pumpten das Nervengas Zyklon B hinein. Durch ein kleines Fenster beobachteten sie, wie die nackten Menschen zum Ausgang drängten, das hielten sie in Protokollen fest. Danach zwangen sie andere Häftlinge, die Leichen herauszuholen, in den Krematorien und Verbrennungsgruben zu verbrennen und die Asche ihrer Leidensgenoss*innen in künstlichen Teichen zu versenken.

Mit seinem Regiment und seiner Division ebnete mein Großvater also nicht nur den Weg für die grausamsten Einzelmassaker des Holocausts. Er war auch ganz nah dran, als der Massenmord an jüdischen Menschen industrielle Ausmaße annahm, zur Shoah wurde. Je weiter und schneller die Einsatzgruppen dank ihm und seiner Kameradschaft im Osten vorrücken konnten, je mehr Menschen sie ermordeten, desto mehr spornten sie die obersten nationalsozialistischen Planer*innen an, noch mehr Jüdinnen*Juden in noch kürzerer Zeit zu töten, desto eifriger probierten diese andere, wirksamere Massenmordmethoden, desto akribischer und wahnsinniger setzten sie ihre *Endlösung der Judenfrage* um. Mein Großvater war die Vorhut der deutschen Vernichtungsmaschine. Keinen Tagesmarsch hinter ihm und seinem Regiment drängten Männer des Sicherheitsdiensts und der Sicherheitspolizei, dass er seine Arbeit erledigte, damit sie mit ihrer Arbeit beginnen konnten. Er und seine Kameraden kämpften den Weg frei für die Todesschützen, für die Entwickler*innen und Verwalter*innen des Holocausts. Und wenn er sich von den Strapazen des Kampfes hinter der Front erholte, tat er das im Territorium der Einsatzgruppen, dort, wo andere Menschen entmenschlicht, vergewaltigt, erschossen, vergast wurden, wo deren Hab und Gut geplündert wurde. Während all diese Dinge passierten, während mein Vorfahre wie sehr viele andere Deutsche weiter verunmenschlichte und als kleines Rädchen einer großen Maschine die Morde an mehr als sechs Millionen Menschen vorbereitete und vollzog, kletterte er unermüdlich die militärische Karriereleiter dieses Unrechtsstaats nach oben. Er profitierte nicht nur von der Diskriminierung der *Artfremden*, weil durch die Abwesenheit der jüdischen Menschen die berufliche und soziale Konkurrenz geringer war und er schneller aufsteigen konnte. Er war tief in das Terrorregime verstrickt. Er hat es mitaufgebaut und mitverteidigt und war bereit, sein Leben dafür zu geben. Und es ist möglich, dass auch er zu irgendeinem Zeitpunkt Menschen, die dort als minderwertig abgestempelt wurden, getötet hat. Auf jeden Fall muss er überzeugt gewesen sein, dass Jüdinnen*Juden, Sinti*zze und Rom*nja, andere *Volksfremde* und Intellektuelle *ausgerottet* gehören wie Tiere.

Er hätte anders handeln können, als er es getan hat, unter den Nazis, angesichts dessen, was er mitbekommen haben musste. Zumindest hätte er in der Waffen-SS nicht immer weiter aufsteigen müssen. Aber auch nach der Befreiung Deutschlands blieb er dem Gedankengut der Nazis treu. Mit seinen Taten, mit seinen Fehlern setzte er sich nicht auseinander. Stattdessen häufte er atemlos Besitz an für sich und seine Familie, auch für mich.

Die US-Amerikaner*innen, der Kalte Krieg und vor allem die bundesrepublikanische Gesellschaft, die ja gerade noch die Nazi-Gesellschaft war, machten es NS-Täter*innen nach 1945 einfach, ein nach außen hin erfolgreiches Leben zu führen. Wie mein Großvater haben die allermeisten SS-Leute, sogar jene, die nachweislich die *Ausrottung* anderer Menschen planten und ausführten, niemals Verantwortung übernommen für das, was sie im Nationalsozialismus verantworteten. Einige gelangten sogar in besonders exponierte Positionen und wurden zu den Gründungsvätern der Bundesrepublik.

Theodor Oberländer zum Beispiel mitverschuldete in Lemberg in der Westukraine den Tod von mindestens 40 Menschen, die als *Intellektuelle* kategorisiert worden waren. Er misshandelte dort und anderswo jüdische Menschen, unter anderem Simon Wiesenthal, der später die Aufenthaltsorte sich versteckender Nazis recherchierte, unter anderem den von Adolf Eichmann. Er verbreitete als Ostforscher Gedanken wie *das Anschwellen der gesamtslawischen Bevölkerung* könne *zu einer ernsten Gefahr werden, genau wie das Judentum,* und *die kompromisslose ethnische Säuberung* des annektierten Westpolens sei *eine absolute Notwendigkeit, wenn die Reinhaltung der Rasse gewährleistet werden soll.* Dieser Mann wurde 1946 Mitglied der *Organisation Gehlen,* aus der 1956 der Bundesnachrichtendienst hervorging, der deutsche zivile und militärische Auslandsgeheimdienst, und er war dort ausgerechnet *Experte für psychologische Kriegsführung.*

1953 wurde er in der Regierung von Konrad Adenauer auch noch *Bundesminister für Angelegenheiten der Vertriebenen*. Oberländer trat nur von seinem Ministerposten zurück, weil er im April 1960 vom Politbüro der DDR bei einem Schauprozess in der Ukraine, der *die Wesensgleichheit des Bonner Systems mit dem Hitlerfaschismus* beweisen sollte, in Abwesenheit für den Tod Tausender jüdischer und polnischer Menschen verurteilt wurde und damit auch in den Fokus der westdeutschen Öffentlichkeit geriet. Er ging ohne Schuldeingeständnis, ohne auf seine Pensionsansprüche zu verzichten und gegen den Willen des Bundeskanzlers.

Ein anderer Gründungsvater der Bundesrepublik war Otto Bräutigam, der im Nazi-Überwachungsapparat *Amt Rosenberg* auch für die *Ausrottung* des Judentums zuständig gewesen war, der die erste Folgekonferenz der Wannseekonferenz geleitet hatte. Dort wurde beschlossen, dass auch *Mischlinge Volljuden* seien und deshalb zu *vernichten*, genauso wie *nichtjüdische Ehefrauen von Juden*. Bräutigam faselte noch 1968, die Entscheidung, Jüdinnen*Juden anzugreifen sei *politisch unklug* gewesen, weil sie *Gegenreaktionen des einflussreichen Weltjudentums* provoziert hätten. Dieser Mann leitete in der Bundesrepublik zuerst den Bundesnachrichtendienstvorläufer *Organisation Gehlen* und dann die *Ostabteilung* des Auswärtigen Amts. Ein Ermittlungsverfahren gegen ihn wegen mehrfachen Mordes hatte die Staatsanwaltschaft 1950 eingestellt. Begründung: Er hätte die Judenvernichtungen nicht gebilligt und dagegen getan, was in seiner Macht stand. Tatsächlich wollte Bräutigam die Bergjüdinnen*juden von der Verfolgung ausschließen, die einheimische jüdische Bevölkerung im Norden Aserbaidschans und auch die Karäer, eine orientalisch-jüdische Gemeinschaft im Osten Europas. Aber nur weil er der Ansicht war, dass diese beiden ethnischen Gruppen zwar zum jüdischen Glauben übergetreten, aber anderen Ursprungs seien und deshalb, im Gegensatz zu allen anderen Jüdinnen*Juden, nicht auszurotten. Mit der praktisch gleichen fadenscheinigen Begründung wurde Bräutigam im Jahr 1956 erneut entlastet, nachdem in der DDR sein Kriegstagebuch veröffentlicht worden war und die SPD-Bundestagsfraktion daraufhin drängte, die Vergangenheit dieses Mitarbeiters des Auswärtigen Amt doch noch einmal genauer anzuschauen.

Der Duktus in beiden Urteilen sowie die gesamte Scheinargumentation erinnern mich an die Entlastungsschreiben meines Großvaters im Entnazifizierungsverfahren. Fast wirkt es auf mich, als seien sie nach der gleichen Vorlage entstanden. *Die Tatsache, dass Dr. Bräutigam an der Judenverfolgung im Dritten Reich in keiner Weise beteiligt war und ihm kein Schuldvorwurf gemacht werden kann, ergibt sich aus den übereinstimmenden Aussagen sämtlicher vernommener Zeugen. Die Zeugen haben eindeutig und klar in übereinstimmender Weise bekundet, dass Dr. Bräutigam seiner ganzen Persönlichkeit und Einstellung nach unmöglich die ihm zur Last gelegten Anschuldigungen begangen und sich an der Verfolgung der Juden beteiligt haben kann. Die Zeugen versicherten in glaubwürdiger Weise, dass Dr. Bräutigam im Gegenteil alles in seiner Macht Stehende getan hat, um den Judenverfolgungen des Dritten Reiches Einhalt zu gebieten und, wo nur irgend möglich, den verfolgten Juden und anderen Personen zu helfen und sie zu unterstützen.* 1958 wurde Bräutigam zum Generalkonsul der Bundesrepublik in Hongkong ernannt. 1959 wurde ihm das Große Bundesverdienstkreuz verliehen.

Nicht nur beim Bundesnachrichtendienst waren Nazis von Anfang an federführend, auch in der Justiz und vor allem im Verfassungsschutz, in jenem Amt also, das den Auftrag hat, jeden Angriff auf das Grundgesetz mit seinem Artikel 1 *Die Würde des Menschen ist unantastbar* abzuwehren, und in dem trotzdem bis heute ein Mitarbeiter den Spitznamen *Kleiner Adolf* tragen kann und ein anderer Dokumente schreddert, die zur strukturellen Aufklärung der rassistisch motivierten Verbrechen des NSU hätten beitragen können.

Ich recherchiere diese Zusammenhänge und Verquickungen und Verstrickungen allein in meiner Berliner Wohnung. Es ist der erste Corona-Winter, meine Mitbewohnerin steckt in Kroatien fest, und auch sonst scheint niemand da, mit dem ich mich verabreden könnte, um mich abzulenken. Sobald ich abends den Laptop zuklappe, rauche ich ein paar Joints hintereinander und frage mich dann, wie ich es ohne das Berghain bis zum Frühjahr schaffen soll. Inmitten wogender Körper im Halbdunkel zu Technobeats zu tanzen, war für mich schon in den vergangenen Jahren die wichtigste Krücke, um den dunkelgrauen Berliner Winter zu überstehen. Dieses Jahr scheint mir das Raven überlebenswichtig. An einem dieser Abende, an denen ich mich irgendwann wieder einmal viel zu lange durch die Instagram-Storys meiner Club-Bekannten like, voller hoffnungsloser Sehnsucht auf der Gästeliste irgendeiner privaten Party berücksichtigt zu werden, in einem weiteren Versuch, meinem wachsenden Unwohlsein zu entkommen, frage ich mich dann zum ersten Mal, was eigentlich mein anderer Großvater damals getan hat. Der Vater meines Vaters. Mein Opa Ulrich.

Schon mit 20 absolvierte er das erste juristische Staatsexamen und wurde jüngster Justizreferendar Deutschlands. Wegen seiner Brillanz, so die familiäre Legende. Dass das mitten im Nationalsozialismus war, vor oder bei Kriegsbeginn, dass er darauf also nicht wirklich stolz sein konnte, das hat nie jemand erwähnt. Auch ich selbst sehe diesen zeitlichen Zusammenhang nun zum ersten Mal. Mir wird heiß und dann sehr kalt. Ich öffne meinen Laptop und bitte im *Forum der Wehrmacht* um Hinweise zu Ulrich Frenzel (geboren 1919 in Berlin). Wieder erhalte ich innerhalb von Minuten Antwort. *Er taucht einmal im Zusammenhang mit einer von ihm geflogenen Do 217 auf, die am 5. 9. 44 bei Arnheim/Niederlande von einem britischen Nachtjäger abgeschossen wurde, wobei es aber keine Verletzten oder Toten gab.* Schon mit dieser Information kann ich noch an diesem Abend einen weiteren Teil der frenzelschen Legende entlarven. In der Familie meines Vaters wird nämlich auch erzählt, dass er den Abschuss seines Fliegers nur überlebt hätte, weil er so geschickt war, den Schleudersitz rechtzeitig zu betätigen. Im Gegensatz zu den armen Kameraden, die dabei umkamen. Nicht einmal der Absturz soll ihn, den Helden, schwer getroffen haben. Er hätte allerdings vorgetäuscht, die Verletzungen seien schlimmer, als sie es tatsächlich waren, hieß es immer, damit er nicht wieder an die Front musste. Der Vater meines Vaters machte nach dem Krieg noch schneller Karriere als Opa Franz. Er wurde Richter, erst in Starnberg, dann in München. Und er stieg auf bis ins bayerische Oberlandesgericht. Während ich mir all das vergegenwärtige und aus zwei Joints fünf geworden sind, erinnere ich mich.

Kurz nach unserem 16. Geburtstag luden Opa Ulrich und seine Frau meine Schwester Antonia und mich auf den engen Balkon ihrer Garmischer Wohnung ein. Wir blickten auf einen schattigen Abhang voll dunkler Nadelbäume. Er erzählte *vom Krieg*. Ich erinnere mich, dass wir uns schwitzend in der quietschenden Hollywoodschaukel wiegten, uns kaum trauten, die Sahnetorten anzurühren, und zwar nicht bloß, weil wir schon das mögliche Ausmaß unserer Schenkel erblickt hatten. Opa Ulrich saß uns gegenüber, sprach, aß und trank ungerührt gleichzeitig, während Oma hektisch um ihn herumschwirrte, immer wieder Kaffee und noch mehr Kuchen anbietend. Nach dem Tod unseres Vaters, seit unserem vierten Lebensjahr, sahen wir uns höchstens einmal im Jahr, immer bei Familienfeiern. Nie haben wir mit den beiden allein etwas unternommen oder gar bei ihnen übernachtet, und soweit ich mich erinnern kann, haben sie mich nie in den Arm genommen. Für uns waren der grauhaarige, leicht bucklige Mann mit dem freundlichen, aber trotzdem irgendwie furchteinflößenden Blick, und die abwesend lächelnde Frau mit den lila Haaren und in den Animal-Print-Kleidern Fremde. Auch mit Opa Ulrichs Erzählung *vom Krieg* konnte ich damals wenig anfangen. Ich lächelte interessiert, war es aber nicht. Das alles schien so wenig mit mir zu tun zu haben wie die weißliche Sahnetorte. Ich weiß noch, als er endlich fertig war, spürte ich, dass er erwartete, dass wir nachfragten. Ich ärgerte mich. Ich wollte seine Erwartung unbedingt erfüllen, mir fiel aber partout keine Frage ein.

Jetzt verstehe ich, dass er uns damals überzeugen wollte, dass er in Nazideutschland im Widerstand gewesen sei, dass er mit den Konzentrationslagern nichts zu tun hatte. Er sagte nämlich, das weiß ich noch sehr gut, dass er zu Kriegsbeginn abgeschossen worden sei und dann alles dafür getan hätte, um sich nicht von den Nazis verheizen zu lassen. Er wollte den Krieg als Invalide im Lazarett verbracht haben.

Wieder ärgere ich mich. Wieder über mich selbst. Ganz offensichtlich habe ich mich auch von ihm manipulieren lassen. Schließlich stelle ich mir nun auch zum allerersten Mal Fragen zu seiner Rolle. War Opa Uli wirklich nur der Opportunist, der das Beste für seine Familie wollte, wie er sich dargestellt hatte und wie es alle wiederholten? Musste er nicht an sehr gute Verbindungen aus der NS-Zeit angeknüpft haben, um in der jungen Bundesrepublik, in der das Justizministerium nazifiziert war, so früh einen Richterposten ergattern zu können? Er hatte sein Handwerk gelernt, als die autoritären und antiliberalen Tendenzen des deutschen Strafrechts der Kaiserzeit und der Weimarer Republik fortgeschrieben wurden, und zwar rassistisch, antisemitisch, völkisch, germanisch, totalitär. Unter den Nazis galt das wichtigste Prinzip des Strafrechts nicht, *nulla poena sine lege*, keine Strafe ohne Gesetz. Rechtsgrundlage war damals die *rassistische Volksgemeinschaft* und vor allem der *Führerbefehl*. Sicher, er hat in der Bundesrepublik das zweite Staatsexamen absolviert und sich auf den demokratischen Stand der Dinge gebracht. Aber hat möglicherweise auch mein Großvater Ulrich, dessen Weltsicht sich in diesem Unrechtsstaat entwickelte, irgendwie dazu beigetragen, dass die Naziverbrechen so lange verharmlost wurden und auch juristisch so lange keine ernsthafte Aufarbeitung stattfand? War er vielleicht einer der Alt-Nazi-Jurist*innen, die Häftlingen in den Internierungslagern für mutmaßliche Naziverbrecher*innen Rechtsbeistand geboten haben und dank derer jemand wie mein Großvater Franz, der doch nur die Volksschule besucht hatte, eine Verteidigungsschrift einreichen konnte, die an die ausgefeilte Argumentation einer Bundesrichterin heranreichte? Weit nach Mitternacht gebe ich im Bundesarchiv eine weitere Recherche in Auftrag.

Zwei Wochen später weiß ich, dass auch dieser Großvater NSDAP-Mitglied war. Hektisch schicke ich Anfragen an alle Berliner Regionalarchive. Ich male mir aus, dass er als Jungreferendar an Prozessen beteiligt war, bei denen schutzlose Angeklagte bereitwillig den Nationalsozialist*innen ausgeliefert wurden. Aber nirgends taucht sein Name auf. Blieb ihm bloß keine Zeit? Eine Woche nach Kriegsbeginn, am 7. September 1939 wurde er eingezogen, kurz nach seinem ersten Staatsexamen. Das steht in seinem Nazi-Lebenslauf, der im Militärarchiv in Freiburg lagert und den ich mit der NSDAP-Mitgliedschaftskarte aus dem Bundesarchiv bekomme. Dort lese ich auch, dass er 1944 zum Leutnant aufsteigen sollte und dass er verwundet wurde, bevor er vereidigt werden konnte. In der Bewertung, die sein Vorgesetzter für die Beförderung verfasste, heißt es, *Feldwebel Frenzel steht auf dem Boden des nationalsozialistischen Staates und vermag nationalsozialistisches Gedankengut weiterzuvermitteln. Der Nachweis der arischen Abstammung ist erbracht.* Laut Parteibuch war er Mitglied im *Deutschen Jungvolk*, einer Unterorganisation der Hitlerjugend, und dort *führend tätig*. Da kann er nicht unschuldig sein, selbst wenn er einfach nur deshalb so kurz nach dem Ende der NS-Zeit einen Richterposten ergatterte, weil er einer der wenigen war, die unversehrt überlebt und die diesen Beruf erlernt hatten.

Auch verzweifle ich nun immer mehr an der Frage:

Wieso forderte nach all dem Morden, im Angesicht all der Toten bloß niemand ein, dass die Deutschen sich mit dem Geschehen massiv auseinandersetzten? Wie konnten alle gemeinsam alles unter den Teppich kehren?

Natürlich, die Alliierten hängten in den Innenstädten Fotos aus den gerade befreiten Konzentrationslagern auf. Sie ließen Zivilist*innen die Leichen von in Wäldern verscharrten KZ-Häftlingen exhumieren. Und natürlich führten sie den Nürnberger Hauptkriegsverbrecherprozess, stellten 24 hochrangige Nazis vor Gericht, darunter den Hitler-Stellvertreter Rudolf Hess, den *Reichsminister Ostgebiete* Alfred Rosenberg, und sie sprachen zwölf Todesurteile aus und sieben langjährige Haftstrafen. Die meisten kamen allerdings schon im Lauf der Fünfzigerjahre frei, weil sie schwer krank wurden. Es gab 1948 auch zwölf Nachfolgeprozesse, in denen 161 Ärzt*innen, Jurist*innen, Unternehmer*innen, Militärs, Beamt*innen, Diplomat*innen angeklagt waren und 24 Kommandeure der Einsatzgruppe, und es wurden 14 Todesurteile ausgesprochen wegen der Massenmorde an mehr als einer Million Menschen in der Sowjetunion. Zehn davon wurden aber nur drei Jahre später mit der Westintegration der Bundesrepublik im Kalten Krieg in langjährige Haftstrafen umgewandelt, die noch ein wenig später auf ein paar Jahre reduziert wurden. Vor allem galten diese Prozesse, die die Naziverbrechen zum ersten Mal als solche dokumentierten und ausbreiteten, in der deutschen Öffentlichkeit als gezielte Erniedrigung. In der medialen Berichterstattung erschienen oft die Ermittler*innen, die Aufdecker*innen, die Berichterstatter*innen als Schuldige. Und vor ein bundesdeutsches Gericht kamen weitere

Drahtzieher*innen des Holocausts zum ersten Mal im Jahr 1958 und nur deshalb, weil sie sich im Nachkriegsdeutschland so sicher und schuldlos fühlten.

Der frühere SD-Mann Bernhard Fischer-Schweder war 1955 Leiter eines Lagers für Geflüchtete bei Ulm geworden. Zwischen Juni und September 1941 hatte er als Leiter des Einsatzkommandos *Tilsit* an der russisch-litauischen Grenze die Erschießung von 5502 Menschen verantwortet, die meisten jüdischer Herkunft, aber auch mutmaßliche Kommunist*innen und Partisan*innen sowie sowjetische Kriegsgefangene. Darüber informierte ein Mitarbeiter im Regierungspräsidium Südbaden die Vorgesetzten von Fischer-Schweder kurz nach dessen Ernennung. Die entließen ihn sofort und ohne weiteres Aufheben um die Sache zu machen. Daraufhin klagte der einstige SS-Oberführer, der also fünf Rangstufen höher als mein Opa gestanden hatte, vor einem baden-württembergischem Arbeitsgericht auf Wiedereinstellung. Eine Lokalzeitung berichtete in einer kurzen Meldung über den Fall. Die wiederum las zufällig ein Mann, der Fischer-Schweder aus seiner Zeit als Kommandeur in Tilsit kannte. In einem Leserbrief berichtete er der Zeitung von den Massenerschießungen, bei denen er den klagenden Leiter der Asylbewerberunterkunft 15 Jahre zuvor erlebt hatte. Die Redakteur*innen schickten das Schreiben direkt an die Staatsanwaltschaft. Erst da wurde Fischer-Schweder vor Gericht gestellt und im folgenden *Ulmer Einsatzgruppen-Prozess* mit neun Mittätern wegen Beihilfe zum gemeinschaftlichen Mord in Tilsit verurteilt, die drei Hauptangeklagten zu zehn und fünfzehn Jahren Haft, die übrigen zu drei bis sieben Jahren.

Erst dieser späte und unbeabsichtigt angestoßene Prozess gegen eine SS-Einsatzgruppe und gegen NS-Verbrecher*innen überhaupt brachte in der Bundesrepublik ein wenig Bewegung in die juristische und politische Aufarbeitung des Nationalsozialismus. Das Offensichtliche war nicht länger zu ignorieren. Die allermeisten Massenmorde der Nazis waren nicht untersucht und erst recht nicht geahndet worden. 1963 begannen dann die bundesdeutschen Auschwitzprozesse, bei denen zum ersten Mal auch nachrangige Funktionär*innen des NS-Staates angeklagt waren. Seitdem wurde der Täterkreis erweitert, seit 2011 ins Ausland verlagert. Damals wurde der erste nichtdeutsche untergeordnete NS-Befehlsempfänger vor ein deutsches Gericht gestellt. John Demjanjuk war 1942 als ukrainischer Soldat der Roten Armee von der Wehrmacht gefangen genommen worden, bevor er als SS-Hilfsarbeiter in den Vernichtungslagern Majdanek, Sobibor und Flossenbürg diente. Aber wieso muss Deutschland einem ukrainischen Nazi-Kollaborateur den Prozess machen? Wie viele Menschen, die in der NS-Zeit groß geworden sind, haben wie meine Großeltern Franz und Hanna nie aufgearbeitet, welche Rolle sie in diesem mörderischen System gespielt haben? Wie viele haben die menschenverachtende Weltsicht nie wirklich abgelegt? Wie viele haben sie noch an ihre Kinder und Enkel weitergegeben?

Babette, die Schwester meines Vaters, die jüngste Tochter von Großvater Ulrich, lebt im Münchner Osten, nicht weit von dem Vorort, in dem ich selber groß geworden bin. Bei ihr zu Hause war ich noch nie. Auch jetzt telefonieren wir nur, denn ich sitze noch immer in meiner Küche und habe weder Kraft noch Lust, nach München zu fahren, trotz geschlossener Clubs in Berlin. Nicht mal die Berge locken mich. Als ich Babette frage, was sie zur Nazi-Vergangenheit unserer Vorfahr*innen weiß, erzählt sie sofort. Zum ersten Mal höre ich nun, dass sie seit ihrer Jugend herausfinden will, was ihr Vater im Nationalsozialismus getan hat. Von ihm hat sie dazu nie etwas Konkretes erfahren. Auch weil sie nie die Gelegenheit fand, Fragen zu stellen. An die Archive hat sie sich nicht herangetraut. Schließlich erzählt sie mir, was sie selbst, geboren 1942, mit Opa Ulrich erlebt hat.

Eines Abends hat er beim Essen erzählt, dass Emmy Göring in sein Büro gekommen ist und ihn um Hilfe gebeten hat. Die Frau von Hermann Göring, der zweite Mann im NS-Staat, Begründer der ersten Konzentrationslager, Chef der Luftwaffe, Auftraggeber der *Endlösung der Judenfrage*, in Nürnberg verurteilter Hauptkriegsverbrecher, der sich in der Nacht vor seiner Hinrichtung mit Zyankali umbrachte. *Der Vater war sehr stolz und stand ganz aufrecht, als er von der Begegnung sprach. Er sagte, selbstverständlich würde er der Frau seines Chefs helfen. Es sei ihm eine Ehre.* Babette glaubt, dass sie damals sieben, acht Jahre alt war, es muss also 1949, 1950 gewesen sein, Jahre nach Görings Selbstmord. Was Emmy Göring wollte und was mein Großvater für sie tat, weiß sie nicht. Sie hat ihn nie danach gefragt. Die Frau des KZ-Erfinders war nach Kriegsende von amerikanischen Soldaten festgenommen und 1948 zunächst als Belastete eingestuft worden, von einem Spruchkammergericht in Garmisch-Partenkirchen, in dem Ort, wo meine Großeltern, solange ich denken kann und bis zu ihrem Tod, eine Wohnung besaßen. Hat Opa Ulrich für Emma Göring eine Verteidigungsschrift verfasst?

Ein bisschen später, Ende der Fünfzigerjahre, sah ich in einem Jugendtheater in München ein Stück über das Leben von Anne Frank, fährt Babette fort. Zurück zu Hause erzählte sie aufgeregt, was sie gesehen hatte, noch ganz unter dem Eindruck des Stücks. Ein Freund des Vaters, der damals ständig zu Besuch war, ein Münchner Textilunternehmer, unterbrach sie grob. *Das sei doch alles erstunken und erlogen,* sagte er, und sie sagte nichts mehr. Als der Mann gegangen war, beschwerte Babette sich beim Vater, wie der Mann so etwas behaupten könnte. *Er brüllte mich an, was mir einfiele, so abfällig über seinen Freund zu reden. Ich hätte von bestimmten Dingen einfach keine Ahnung.*

Babette erzählt mir noch von ihrem jüdischen Onkel, der Mann einer Schwester ihrer Mutter, meiner Oma. Gerade noch rechtzeitig schaffte er es, mit seiner Frau nach England auszuwandern. In den Sechzigerjahren besuchte Babette die beiden dort einmal, sie war neugierig und wollte ihre Cousinen kennenlernen. Sie erfuhr, dass seine gesamte Familie ermordet worden war und dass er und auch seine Kinder Deutschland niemals wieder betreten wollten.

Nach dem Telefonat mit Babette drehe ich mir einen Joint, obwohl es erst zwölf Uhr mittags ist. Die nächste Selbstmitleid-Selbstkritik-Lawine droht mich, unter sich zu begraben. *Wieso habe ich in meiner Jugend nicht Menschen wie Babette um mich gehabt, die mir schon viel früher eine ganz andere Perspektive auf meine Familie gezeigt hätten? Warum habe ich mich von den Geschichten meiner Großväter so einlullen lassen? Wieso, verdammt noch mal, bin ich, die Enkeltochter, die ich doch eigentlich genügend emotionalen Abstand zu diesen Männern hatte, so spät draufgekommen, dass da etwas nicht in Ordnung ist?*

Ihr habt keine Schuld an dieser Zeit. Aber ihr macht euch schuldig, wenn ihr nicht alles über diese Zeit wissen wollt, sagte die Auschwitz-Überlebende Esther Bejarano[3] bei ihren Vorträgen vor Schüler*innen, sage ich jetzt zu mir selbst.

Wieder muss ich an das Abendessen mit meinen spanischen Freund*innen denken, bei dem sie mir einen Schuldkomplex diagnostizierten und ich ihnen beipflichtete, weil ich mich schuldig fühlte, ohne zu wissen, an was ich mich schuldig gemacht hatte. Wieder meine ich, endlich zu verstehen.

---

3 Esther Bejarano ist im Juli 2021 im Alter von 97 Jahren in Hamburg verstorben. Sie hatte im Mädchenorchester des Konzentrationslagers Auschwitz-Birkenau gespielt. Die Sängerin und Autorin engagierte sich in der *Vereinigung der Verfolgten des Naziregimes – Bund der Antifaschistinnen und Antifaschisten.*

OMA UND ICH.
ZEUGEN.

Glaub bloß nicht alles, was die Leute über den Krieg erzählen. Oma zischt. *Wie es wirklich war, wissen nur wir, die dabei gewesen sind.* Sie türmt sich mit dem Schöpflöffel in der Hand vor mir auf, ich ducke mich tief über meinen Teller und weiche gleich wieder zurück, denn mit Wucht serviert sie mir nun eine zweite Portion *Dillkartoffeln.* Meine Leibspeise.

Ein Überlebender des Konzentrationslagers Dachau ist an jenem Tag in unserer Klasse gewesen, ein großer hagerer Mann, der unerwartet freundlich und lebendig war, wie ich damals schon finde. Er war Kommunist, bis 1933 in der Partei und hat Hitler und die NSDAP in der Öffentlichkeit kritisiert, deshalb ist er schon sehr früh ins Konzentrationslager gekommen. Er zog die schweren orangenen Vorhänge in unserem Klassenzimmer zu und warf mit dem Overheadprojektor Bilder an die Wand. Die ersten zeigten Menschen in gestreiften Anzügen. Ich wusste gleich, dass es KZ-Häftlinge waren. Aber einer meiner ersten Gedanken war, *so schlecht scheint es denen doch gar nicht gegangen zu sein.* Danach schaffte ich es eine Weile nicht mehr, den Ausführungen des Mannes zu folgen. Mir war klar, dass ich solche

Zweifel nicht äußern, auch nicht denken sollte, und ich war nun vor allem damit beschäftigt, ein betroffenes Gesicht zu machen. Erst Minuten später, als der hagere Mann eine VHS-Kassette in den Videoplayer steckte, war meine Aufmerksamkeit zurück. Die Kamera folgte einer grauen Frau, die mit einem grauen Jungen an der Hand durch eine graue Straße lief. Weiße Flocken rieselten herab. Sie zog an ihm, er weinte. Zuerst dachte ich, sie hätte es eilig, nach Hause zu kommen, weil es schneite. Erst als der Mann erklärte, dass die weißen Flocken aus Asche waren und dass die Asche aus den Öfen des Konzentrationslagers Dachau stammte, in denen Leichen verbrannt wurden, sah ich, dass die Frau keine Strümpfe trug. *Auch in Dachau, keine 20 Kilometer von München, wurden Menschen vergast und verbrannt. Fragt eure Großeltern nach der Nazizeit,* trug der Mann uns zum Abschied auf, *fragt, was sie von den Konzentrationslagern wussten, was sie von den Gaskammern mitbekommen haben.* Und er fügte hinzu, *niemand kann sagen, er hätte nichts gewusst.*

Seine Aufforderung habe ich schon am Vormittag als Last empfunden. Ich habe vorausgesehen, dass Oma es nicht mögen würde, wenn ich sie nach dem Krieg frage. Ich habe geahnt, dass die heimelige Stimmung, die sie normalerweise verbreitet, kippen würde. Tatsächlich faucht Oma jetzt. Es habe in Bayern nur Arbeitslager gegeben, ganz sicher keine Gaskammern, wäre es anders gewesen, hätte sie es natürlich gewusst. Voller Reue beuge ich mich da über ihre Dillkartoffeln und hoffe inbrünstig, dass alles möglichst schnell wieder wie vor meinen Fragen wird. Gemütlich. Aber Oma ist noch nicht fertig. *Wie sah der überhaupt aus?,* echauffiert sie sich, die normalerweise darauf besteht, dass wir beim Essen nicht sprechen. Sie sieht mich forschend an. Als ich mich nun an den hageren Mann erinnere, kommt mir alles an ihm noch verdächtiger vor. *Aber wirklich! Wie kann jemand, der so schreckliche Dinge erlebt hat, so viel lächeln? Wie konnte er überleben, wenn die Situation damals wirklich so ausweglos war? Und war er eigentlich alt genug, um den Krieg überhaupt miterlebt zu haben?*

Der Zweifel ist noch ein wenig tiefer in mich gedrungen.

ICH.
INTELLEKTUALISIEREN.

Natürlich werden nicht nur in meiner Familie bis heute Unschuldserzählungen verbreitet. Das lese ich in verschiedenen soziologischen Studien und Umfragen. Es ist ein übliches Phänomen, dass Aufarbeitung auf persönlicher Ebene nicht stattfand und stattfindet. Und ohne Aufarbeitung wird die verzerrende Narration weitergegeben, das sagen auch die Soziolog*innen. Die Botschaften der Familienmythen sind immer die gleichen. Nur wenige, die *Bösen*, seien für den Holocaust verantwortlich gewesen. Hitler hätte die eigentlich anständigen *guten* Deutschen verführt. Die eigenen Vorfahr*innen, natürlich die *Guten*, hätten von nichts gewusst und sowieso auch gar nichts dagegen unternehmen können, sonst hätten sie ihr Leben oder zumindest das Wohlergehen der Familie gefährdet. Und wenn sie gekonnt hätten, hätten sie den Verfolgten auf jeden Fall geholfen. Angesichts dieser Einsichten schwanken meine Gefühle zwischen Erleichterung und Unbehagen. Erleichterung, weil ich nicht allein mit dem Wahnsinn bin. Unbehagen, weil ich in einer Gesellschaft sozialisiert bin, die Wegschauen weiterhin normalisiert und die die Auseinandersetzung mit eigenen Fehlern scheut, weil wir kollektiv geschädigt sind.

Wie tief diese falschen Narrative in den Köpfen vieler Deutscher (jener, deren Familiengeschichte in der Nazizeit wurzelt) verankert sind und wie sehr sie in den meisten Familien eine ernsthafte Aufarbeitung des Geschehenen bis heute verhindern, war sehr deutlich während der Debatte um die erste Wehrmachtsausstellung *Vernichtungskrieg* zu beobachten, lese ich auch. Die begann im Jahr 1995, als mein Opa Franz starb. Die dort zur Schau gestellten Bilder zeigten normale Männer, einfache Wehrmachtssoldaten, keine SS-Schergen, die ausgegrenzte Menschen anspuckten, auslachten, quälten, umbrachten, die deren Leichen nach Wertgegenständen durchsuchten, verscharrten, verbrannten, während des Partisanenkriegs in Serbien, auf dem Weg nach Stalingrad, während der Besatzung von Belarus, an den Orten also, an denen auch Großvater Franz gewesen war. Die der Ausstellung zugrunde liegenden historischen Erkenntnisse waren nicht neu, sie stammten schon aus den Sechzigerjahren. Neu war 1995, dass sie nun auch ein breites Publikum erreichten. Das konnte nun nicht mehr leugnen, dass dem Völkermord ein menschenverachtendes Programm zugrunde lag, das die gesamte Gesellschaft durchtränkte, die allermeisten begeistert aufgenommen und mit dem sie sich identifiziert hatten. Wer die Ausstellung besuchte, der musste *die Legende der sauberen Wehrmacht* aufgeben. Der musste sich fragen, was der Vater, Großvater, Onkel damals während des Holocausts getan und gedacht hatten. Die HIAG-Mitglieder haben die Ausstellung vom ersten Tag an in ganz Deutschland diffamiert. Am heftigsten waren die Proteste und Anschuldigungen in München. Am 1. März 1997, knapp eine Woche nach Ausstellungseröffnung in der Stadt, fand zwischen Münchner Freiheit und Geschwister-Scholl-Platz mit 5000 Teilnehmer*innen eine der größten rechtsextremen Demonstrationen Deutschlands nach 1945 statt. In den lokalen Tageszeitungen erschienen ganzseitige Anzeigen: *Wider dem Mißbrauch der Geschichte deutscher Soldaten zu politischen Zwecken.* Dahinter steckte mit größter Wahrscheinlichkeit die HIAG. Die CSU-Abgeordneten im Stadtrat folgten der Argumentation. Der bayerische Kultusminister empfahl, die Schau nicht zu besuchen. Wegen der falschen Beschriftung von ein paar Fotos mussten die Macher*innen die Ausstellung dann schließlich wirklich absagen. In der überarbeiteten Version *Dimensionen des Vernichtungskriegs* waren die allermeisten Fotos von einfachen Deutschen, die jüdische und andere *artfremde* Menschen verfolgten, demütigten und töteten, nicht mehr zu sehen. Immerhin zeigte die neue Schau noch, dass es Handlungsspielraum gab und wie einzelne Soldaten sich menschenverachtenden Befehlen widersetzten.

    Ich selbst habe damals weder etwas von der Debatte mitbekommen noch von den Nazi-Protesten. Tatsächlich war ich während der Demo nicht in der Stadt, sondern in Frankreich, wo ich ein Auslandsschuljahr absolvierte. Als aber die neue Version der Wehrmachtsausstellung gezeigt wurde, hatte ich gerade in München begonnen, Neuere und Neueste Geschichte zu studieren. Leider war ich immun gegen die Demo-Aufrufe meiner Kommiliton*innen, die weiteren Naziaufmärschen zuvorkommen wollten. Ich fand ihr Engagement bewunderns- und ehrenwert. Ich selbst wollte aber nicht mitmachen. Es war so düster, und ich war da gerade erst einer längeren Depression entkommen. Und was hatte das alles überhaupt mit mir und meiner Familie zu tun?

Laut den Leitlinien der deutschen Pädagogik soll es bei der offiziellen Auseinandersetzung mit dem Nationalsozialismus darum gehen, jungen Menschen Handlungsalternativen aufzuzeigen. Sie sollen sehen, dass sie nicht zu willigen Helfer*innen werden müssen. Redakteur*innen der öffentlich-rechtlichen Radiosender *Bayerischer Rundfunk* und *Südwestdeutscher Rundfunk* ließen vor Kurzem wohl deshalb ausgerechnet die Widerstandskämpferin Sophie Scholl in einem aufwendigen Instagram-Kanal auferstehen, um der nächsten Generation die NS-Zeit näherzubringen. Mir scheint diese Herangehensweise irgendwie falsch. Opportunistisch, faul, feige kommt mir das vor. Ich verstehe nicht, wie wir uns vergegenwärtigen sollen, dass jeder Einzelne Verantwortung für das Unrecht trägt, das in seinem Namen passiert, wenn wir uns mit Widerständischen identifizieren. Wir müssen doch eher erkennen, wie leicht es ist, eigene Verfehlungen und Komplizenschaft zu übersehen und zu verdrängen? Ich jedenfalls beginne erst besser zu sehen, wie sehr ich mit meinem ganzen Wesen in heutige Missstände verwickelt bin, seit ich die unangenehmen Seiten meiner Vorfahr*innen anerkannt habe.

Natürlich. Auch bevor ich mir eingestanden habe, wie tief die Nazi-Vergangenheit meiner Großeltern reicht, hatte ich bereits eine gewisse Sensibilität für globales Unrecht entwickelt. Ich fragte mich auch, was ich dazu beitrage, was ich ändern musste und konnte. Bei meinen Überlegungen kam ich über die unausweichlich wirkenden ökonomischen Verstrickungen jedes Einzelnen in der Konsumgesellschaft aber nie hinaus. Ich fragte mich nicht, was meine Sozialisierung, mein Denken, mein Wesen mit dem Fortbestehen der Umstände zu tun haben könnten. Erst jetzt liege ich mir ständig auf der Lauer, spähe nach diskriminierenden Gedanken über andere, nehme sie auseinander. Trotz meiner geschärften Aufmerksamkeit fällt es mir aber noch immer nicht leicht, rassistische und sonstige andere abwertende Impulse in mir aufzuspüren. Vor allem habe ich bisher nämlich gemerkt: Ich habe mir sehr lange, sehr intensiv antrainiert, sie vor mir zu verstecken. Innerhalb von Millisekunden schiebe ich sie beiseite, sodass ich sie kaum noch erfassen kann. Ich will diese Gedanken oder Gefühle ja nicht haben, ich weiß schließlich ganz genau, wie abscheulich sie sind. So will ich nicht sein. Und es ist noch nicht lange her, dass ich diese angelernten niederen Instinkte anschaue. Gerade habe ich vor allem damit zu tun zu akzeptieren, dass es sehr lange dauert, bis ich sie unwirksam mache, ja, dass mir das vielleicht nie gelingt. Um mich in verzweifelten Momenten zu beruhigen, nenne ich diese Impulse und Gedanken *vorbewusst*. Als wären sie meinem Bewusstsein vorangestellt. Als hätten sie mit mir nicht wirklich etwas zu tun. Als könnte ich sie einfach abhacken. Aber natürlich weiß ich, es gibt keine Abkürzung. Meine Bewusstwerdung ist ein langwieriger und mühsamer Prozess. Ihn durchzumachen macht keinen Spaß. Es ist nicht angenehm, die eigene Schattenseite zu erforschen. Aber ich habe keine Wahl. Ich muss genau wissen, wie ich in das Unrechtssystem verstrickt bin, um mich daraus zu befreien. Solange ich mich nicht mit dem Schatten auseinandersetze, handle ich unmenschlich. Ich weiß auch, das Verdrängen, das Sich-alles-schön-Reden sind menschliche Reaktionen. Es hat nicht bloß mit den politischen Kontinuitäten im Klima der Nachkriegszeit zu tun, mit dem Kalten Krieg, der Westeinbindung der Bundesrepublik, dem von den USA befeuerten Wirtschaftswunder, mit der Quasi-Absolution des israelischen Staatschefs David Ben-Gurion Anfang der Fünfzigerjahre (*es gibt ein anderes Deutschland*). Die Unschuldsnarration ist vielleicht sogar in erster Linie das Ergebnis einer kollektiven psychologischen Abwehrreaktion. Die passierte wohl fast unweigerlich bei all jenen Deutschen, für die am 8. Mai 1945 eine Weltordnung zusammenbrach, die sie für unerschütterlich hielten – und erst recht bei jenen, die Verbrechen, in die sie verwickelt waren, unsichtbar, ja ungeschehen machen wollten. Womöglich unbewusst, ja reflexhaft errichteten sie jenes Tabu um die Nazizeit. Sie brannten es sich nicht nur selbst ein, auch ihren Kindern und allen anderen Familienmitgliedern. Mit Autorität, Gewalt, Gnadenlosigkeit. Wie sie es unter den Nazis gelernt hatten. Nicht nur sie selbst, auch alle anderen kamen vor Schreck erstarrt gar nicht mehr auf die Idee, an der zahmen Familienlegende zu rütteln. Dieses Phänomen erklärte schon im Jahr 1967 das Psychoanalytiker-Ehepaar Alexander und Margarete Mitscherlich in dem Buch *Die Unfähigkeit zu trauern*. Das Scheitern des *geliebten Führers* habe nach dem Krieg zum *Erwachen aus einem Rausch* geführt, heißt es dort, zu einer *traumatischen Entwertung des eigenen Ich-Ideals*. Um diese negativen Gefühle loszuwerden, sei es zur *Derealisierung* des Geschehenen gekommen. An die Stelle der Trauerarbeit sei die Verleugnung der Vergangenheit getreten. Anstatt sich an die eigenen Fehler und Grausamkeiten zu erinnern und diese durchzuarbeiten, hätten die Deutschen alle Energie darauf verwendet, ihre Taten, ihre Mitwisserschaft, ihre Komplizenschaft abzustreiten, zu begraben, zu relativieren. Aus ihren Beobachtungen über das Verhalten der Deutschen in der Nachkriegszeit zogen die Mitscherlichs wiederum Rückschlüsse auf die Nazizeit, über die ja geschwiegen wurde. Sie gehen davon aus, dass die kollektive Unfähigkeit, die Vergangenheit aufzuarbeiten, ein Beleg dafür ist, dass der Großteil der *Weißen* in die nationalsozialistische Volksgemeinschaft integriert war. Sie lasen darin eine Bestätigung, dass die meisten sich mit der Macht und dem rassistischen System identifiziert hatten, dass sie fest daran geglaubt hatten, richtig zu handeln. Demnach wären jene, die in der Nachkriegszeit die Unschuldserzählung verbreiteten, Nazis. Ganz sicher waren sie mit nationalsozialistischen Glaubenssätzen groß geworden oder in das Nazi-Weltbild hineingewachsen.

Die antisemitischen, diskriminierenden, ausgrenzenden Botschaften der Nazis waren auf fruchtbaren Boden gefallen, der sehr lange vor 1933 bereitet worden war. Spätestens seit dem frühen Mittelalter, seit den ersten Kreuzzügen nährte ein großer Teil der Kirchenvorsteher die Idee, Christ*innen seien spirituell überlegen, und Jüdinnen*Juden außerdem grundsätzlich verachtenswert, weil sie Christus ermordet hätten. Die *Judensau* ist besonders in Deutschland ein kunsthistorischer Topos. Bis heute prangt etwa an der Südwestfassade von Martin Luthers Predigtkirche in Wittenberg das Relief eines fetten Schweins, an dessen Zitzen bärtige Rabbiner saugen. Die jüdische Gemeinde der Stadt hat in einer Klage gefordert, die entmenschlichende Darstellung zu entfernen. Aber die Kirche will das *Kunstwerk* behalten, und der Staat verteidigt den Willen der Institution. Spätestens seit Anfang des 20. Jahrhunderts war Antisemitismus, also die Verschwörungsideologie, die angeblich Mächtige auslöschen will, in Deutschland und Europa in allen Schichten weit verbreitet und virulent. Jüdische Menschen zu diskriminieren, auszuschließen, in der Öffentlichkeit zu verunglimpfen war üblich und wurde nicht geahndet.

Auch das rassistische Weltbild, das bis heute die ganze Welt prägt, sickerte nicht erst seit dem 16. Jahrhundert mit der Kolonialisierung ins deutsche Kollektivbewusstsein. Bereits in der Ständegesellschaft galt weiße Haut als edel, da sie als Zeichen für ein vornehmes, komfortables Leben gelesen wurde, und dunkle als Hinweis auf eine ärmliche Existenz, die der Feldarbeit gewidmet war. Das Christentum verknüpfte sogar noch früher Farben mit einem binären Wertesystem, schwarz mit böse, weiß mit gut.

Unsere *weißen* europäischen Vorfahr*innen fanden sich bald auch noch deshalb überlegen, weil sie Schusswaffen besaßen (wobei sie damit längst nicht die ersten waren, in China wurde Schießpulver schon weit früher verwendet). In den ersten Jahren der Kolonialisierung überzeugten sie sich dann schnell davon, weiße Haut sei auch ein Symbol natürlicher Dominanz. Die christliche Vorstellung, Ungläubige müssten bekehrt werden, potenzierte dieses Selbstverständnis. Fast von Anfang an traten Spanier*innen, Portugies*innen, Brit*innen, Französinnen*Franzosen und Menschen, die auf dem Gebiet lebten, das heute Deutschland heißt, der Bevölkerung auf dem amerikanischen, afrikanischen und asiatischen Kontinent und in Ozeanien brutal und ausbeuterisch auf. Europäer*innen versklavten, raubten, mordeten. Sie zerstörten Kulturen, Wissen, Geschichten, Traditionen und natürliche Ressourcen. Jahrhundertelang gruben sie die Ungleichheiten tiefer, mit denen wir noch immer leben, schufen die patriarchalen, kapitalistischen und rassistischen Strukturen, die weiter dazu führen, dass ein *weißes* Leben fast überall auf der Welt angenehmer verläuft und länger dauert als ein Schwarzes.

Rassismus hat also diese Welt geschaffen, in der ethische, humanistische und spirituelle Werte außen vor bleiben, in der kaum etwas anderes zählt als Zahlen, Gewinn und Verlust, Angebot und Nachfrage.

Auf Deutsch sprach als Erster der Schwarze Philosoph Anton Wilhelm Amo Afer Guinea aus, dass es absurd sei, eine Wirtschaftswissenschaft zu entwerfen, die die Lebensrealität der Menschen außer Acht lässt. Amo war im Jahr 1707 als Vierjähriger von Menschenhändler*innen von Westafrika, dem heutigen Ghana, erst nach Amsterdam und dann in das Fürstentum Braunschweig-Wolfenbüttel verschleppt worden. Er konnte an der Universität von Wittenberg studieren, weil der Herzog es ihm gestattete, der ihm seinen Namen nahm und einen deutschen aufdrückte. Der Westafrikaner schrieb eine Studienarbeit in Jura *Über die Rechtsstellung der Mohren in Europa* und eine in Philosophie, in der er sich gegen Descartes' Prämisse *ich denke, also bin ich* aussprach und für ein *ich fühle, also bin ich*. Weil der Geist im Gegensatz zum Körper keinen Schmerz empfindet und in der Lage ist, Grausamkeiten auszudenken. Amo fand die Kraft, sich als vermeintlich freier Mann zuerst an der Universität von Wittenberg und dann in denen von Jena und Halle eine Stelle als Dozent zu erkämpfen. Nach sieben Jahren im Universitätsbetrieb hatte er allerdings genug, wahrscheinlich wegen der Diskriminierungen und wohl auch, weil er dort laut jüngster Forschung eben doch unfreiwillig gewesen sein soll. Er kehrte zurück nach Westafrika. Keines seiner Werke ist vollständig erhalten, fast alle Schriften wurden verbrannt.

Die *weißen* Begründer*innen der modernen europäischen Philosophie wiederum legitimierten die unmenschliche Wirtschaftswissenschaft, den Rassismus und auch die koloniale Ausbeutung und Enteignung Schwarzer Menschen. Jene Intellektuelle, auf die *weiße* Deutsche so stolz sind, mit deren geistigen Errungenschaften die *weiße deutsche Hegemonialgesellschaft* ihre Kultur zur Fortschrittlichen und damit Überlegenen erklärt und ihre Vormachtstellung zu rechtfertigen versucht, untermauerten eben genau diese Idee der europäisch-christlichen Dominanz intellektuell und emotional. Sie schufen die Rüstung und das Werkzeug für die Kolonisator*innen. Immanuel Kant, der mit Schriften wie der *Kritik der reinen Vernunft* und der *Kritik der praktischen Vernunft* die europäische Philosophie nachhaltig prägte, unterteilte auch Menschen in *Weiße, gelbe Indianer, N und kupferfarben-rothe Amerikaner* und ordnete sie nach hierarchischen und moralisch wertenden Entwicklungsstufen. Damit griff er lange kursierende rassistische Mythen auf. Schon Kolumbus redete von Hautfarben. Kant materialisierte in seiner auf dem Rassedenken aufbauenden Rasselehre das schon existente moralisierende, hierarchische Machtgefälle, das er (von seinem Königsberger Elfenbeinturm aus) bereits in den Sklavengesetzen seiner Zeit beobachten konnte, an dessen Spitze natürlich der *Weiße* stand und mit dem asiatische und afrikanische Philosophien diskreditiert und ins intellektuelle Abseits gestellt werden sollten und wurden. Nachhaltig inspiriert hatten Kant zu diesen Überlegungen englische Kolleg*innen. Thomas Hobbes etwa nannte Native Americans *bestialisch* und befand, dass sie wie Tiere versklavt und getötet werden könnten. John Locke legitimierte die Versklavung von *Verlierern* durch *die gerechten Gewinner* während der Kolonialisierung. Nachhaltigen Einfluss auf die deutschen Aufklärer*innen hatte auch der französische Philosoph Descartes, den der afrodeutsche Philosoph Amo später versuchte zu widerlegen. Descartes begründete mit seinem *ich denke, also bin ich* nämlich den Mythos des objektiven Wissens. Dabei stellte er ein weiß und männlich konzipiertes Ich ins Zentrum der Wissensproduktion, trennte den Geist vom Körper, sprach Gefühlen jeglichen Wert ab. Kants Nachfolger Wilhelm Friedrich Hegel schrieb dann schon, bei Afrikaner*innen (er verwendete das N-Wort) könne er *nichts an das Menschliche Anklingende* finden, sie seien *keiner Entwickelung und Bildung fähig,* sie seien *keine geschichtlichen Wesen,* könnten versklavt werden, *ohne alle Reflexion darüber, ob das recht ist oder nicht.*

Während die Europäer*innen dunkle Hautfarbe immer negativer besetzten, fingen sie auch an, Schwarze Menschen jüdisch zu machen, und Jüdinnen*Juden zu schwärzen. In der deutschen Romantik wurden Jüdinnen*Juden als *weiße N* bezeichnet und Afrikaner*innen als *schwarze Juden. Das Konzept der Rasse vermengte sich also mit dem Antisemitismus.* Etwa zur gleichen Zeit, als die Spanier*innen die Europäisierung und Kapitalisierung der Welt lostraten, wurden auf dem Kontinent übrigens immer mehr Frauen (und auch Männer und Kinder) als Hexer*innen erhängt, verbrannt, ertränkt. Ähnlich der Kolonialisierung diente die Hexenjagd dem Aufbau einer hierarchischen, patriarchalen Gesellschaftsordnung. Auch Frauen (und spirituelle und alternativ lebende Menschen) sollten gezwungen werden, ihre Arbeit, ihren Körper und ihre Schaffenskraft unter staatliche Kontrolle zu stellen und in ökonomische Ressourcen zu verwandeln. Nicht aus Zufall fielen Hexenprozesse oft mit sozialen Revolten zusammen. Die Angeklagten waren oft die Anführer*innen der Aufstände, Ankläger*innen die Menschen, für die sie arbeiteten. Als in den Kolonien unterdessen immer mehr Kinder von *weißen* Kolonisator*innen und Schwarzen Versklavten auf die Welt kamen, wurde die dortige Bevölkerung immer mehr sexualisiert und deren geschlechtliche Identität abgewertet. Bei nicht-*weißen* Männern wurde eine vermeintliche sexuelle Potenz herausgestellt als Merkmal ihrer Gefährlichkeit. Bei Frauen galt die angebliche Lüsternheit und übersteigerte Fruchtbarkeit bald als Zeichen ihres Marktwertes. Tatsächlich ging es darum, den *weißen* europäischen Machtanspruch aufrechtzuerhalten, die Integrität und das Fortbestehen der *weißen* Rasse. Vergewaltigungen wurden damit legitimiert, Kindern von Europäer*innen und Kolonisierten zu Arbeitskräften degradiert. Ein Anspruch auf Teilhabe wurde ihnen komplett versagt.

Alle diese absurden, entmenschlichenden Vorurteile, die die anderen abzuwerten und zu unterwerfen versuchten, um wiederum die Sprecher*innen aufzuwerten, breiteten sich allmählich aus, nisteten sich nach den Universitäten auch in Romanen ein, auf den Bühnen und in Schulbüchern, verwoben sich mit dem *weißen deutschen* Selbstverständnis. Sie paarten sich mit dem Mythos des *Zivilisationsprozesses*, ein weiteres Produkt der deutschen Aufklärung. Laut dem muss dem vermeintlichen Fortschritt die Gleichheit aller Menschen geopfert werden. Nur so könne verhindert werden, dass die gesamte Menschheit in die *Barbarei* zurückfällt. Diese Glaubenssätze verwandelten sich in einen fundamentalen Baustein der inneren Landschaft der Europäer*innen, prägten den Blick auf die Welt und immer mehr auch das Verhalten, die Art, in der Welt zu sein. Sie haben sich so sehr mit der *weißen* Identität verschmolzen, dass es leicht ist, rassistische Reflexe mit einem angeborenen Instinkt zu verwechseln. Ein*e *Weiße*r* schreckt aber nicht vor Schwarzen Menschen zurück, weil sie*er instinktiv Angst vor ihnen hat, sondern weil sie*er das koloniale Narrativ verinnerlicht hat, Schwarze Menschen seien gefährlich.

Und diese Gedanken- und Gefühlswelt, die sich über Jahrhunderte hinweg aufgebaut und im deutschen Bewusstsein eingenistet hat, in die schon meine Großeltern hineingeboren wurden, die noch viel komplexer und oft noch tiefgreifender ist, als ich sie hier aufführen mag, kaperten 1933 die Nazis. Sie übernahmen die Begriffe *Kolonisierung*, *Kolonisation* und *Kolonialpolitik* und auch die Ideen und Traditionen dahinter. Hermann Göring, der spätere Chef meines Großvaters Ulrich, schlug anfangs vor, alle Jüdinnen*Juden nach Deutsch-Ostafrika, heute Tansania, zu schicken, um sie loszuwerden. Hitler lehnte ab. Er fand, den *Feinden der Deutschen* sollte kein Land überlassen werden, in dem so viel *deutsches Heldenblut* vergossen worden war. In einem Heft zur weltanschaulichen Erziehung der SS hieß es, *die Judenfreunde behaupten, der Jude spricht die deutsche Sprache, ist also ein Deutscher. Wir antworten, dann würde ja auch ein N durch die Sprache zum Deut-*

schen! Die Nazis vermengten den tief verwurzelten Antisemitismus und den etablierten Rassismus und schufen aus dieser Mischung ihren mörderischen Ordnungswahn. Sie folgten dem binären kolonialen Denken, kehrten bloß den dort konstruierten Gegensatz um. Bei ihnen standen der *modernen Gesellschaft* nicht die *tierisch-bestialisch Anderen* im Weg, sondern die *jüdischen Kosmopoliten* und *Intellektuellen*. In den 1930er Jahren schwadronierte der deutsche Philosoph Martin Heidegger, damals noch ein Anhänger Hitlers, diese vermeintlichen Repräsentant*innen einer *dekadenten Moderne* bedrohten die Vollendung *der bestialischen Metaphysik durch den Nationalsozialismus*. Und: Das *barbarische Eigene* müsste freigelegt werden, um die *verkommene Zivilisation* zu überwinden, um die *volksgemeinschaftliche, rassische Wahrheit* zu finden. Aus der kolonialen Praxis der vollkommenen Ausrottung der *Anderen* (die auch deutsche Kolonisator*innen geprägt haben, etwa mit dem Genozid an den Herero und Nama im heutigen Namibia, dem ersten des 20. Jahrhunderts), schufen die Nazis eine Verschwörungsideologie der Ausrottung der *Anderen*. Ihrem rassistischen Antisemitismus stellten sie dabei ein ganz eigenes Konzept von *Weiß*-Sein gegenüber, das einer *Herrenrasse*, das der *Arier*. Im Namen dieses *Ariertums* kolonisierten und versklavten und töteten sie vor allem im Osten Europas, besonders in der Ukraine. Dort, wo mein Großvater die meiste Zeit des Kriegs verbrachte.

Auch der Größenwahn, die Hörigkeit und die Unterwürfigkeit bis zur Selbstaufgabe, die auch meine Vorfahr*innen an den Tag legten, waren schon lange vor 1933 in der Gesellschaft und in jeder*jedem Einzelnen angelegt. Heinrich Mann skizzierte in seinem Roman *Der Untertan* aus dem Jahr 1914 einen Deutschen, der sich jedem, der über ihm stand, beugte. Seine Figur, die für den deutschen Geist im Kaiserreich steht, identifizierte sich mit allem Mächtigeren, demütigte alle Untergebenen und verweigerte sich jeglicher Verantwortung. Der US-amerikanische Pädagoge, George F. Zook, der mit der Entnazifizierung betraut war, diagnostizierte den Deutschen 1948 ganz ähnliche Eigenschaften. Sie würden vom ersten Tag ihres Lebens zu Pflichterfüllung erzogen, zu Loyalität und Passivität gegenüber Mächtigeren, schrieb er. Man müsse ihnen den kindlichen Gehorsam abgewöhnen, nur dann würde sich *im Land Hitlers* dauerhaft etwas verändern. Die US-amerikanischen Alliierten waren überzeugt, dass das dreigliedrige Schulsystem die Untertan-Mentalität befeuerte und dazu beigetragen hatte, dass der Nationalsozialismus triumphieren konnte. Wegen der frühen Aufteilung der Kinder habe sich *bei einer kleinen Gruppe eine überlegene Haltung und bei der Mehrzahl der Deutschen ein Minderwertigkeitsgefühl entwickelt, das jene Unterwürfigkeit und jenen Mangel an Selbstbestimmung möglich machte, auf denen das autoritäre Führerprinzip gedieh*, schrieb der US-amerikanische Bildungsexperte, den Präsident Harry Truman schließlich mit einem Gutachten des deutschen Bildungssystems beauftragte. Wenn man schon als Zehnjährige*r lerne, dass es unterschiedliche Arten von Menschen gebe, Volksschüler*innen, Realschüler*innen, Gymnasiast*innen, müsste man fast zwangsläufig daran glauben, dass die Menschen nicht gleich seien, dass es Wertvolle und weniger wertvolle gebe. Als die Besatzungsmächte das ungleichmachende, ausgrenzende Schulsystem nach 1945 abschaffen und eine einzige Schule für alle einführen wollten, beauftragten die deutschen Politiker*innen ausgerechnet einen ehemaligen NS-Ideologen mit einem Gegengutachten. Der schrieb, dass es drei verschiedene Begabungstypen gebe und dass es daher drei unterschiedliche Schulen brauche. Auch in Österreich vertrauten sie lieber dem Gutachten des Alt-Nazis als dem eines ehemaligen Kriegsgegners.

Weil Volksschüler*innen in dieser Logik minderwertiger als Gymnasiast*innen sind, musste meine Oma sich ihrem intellektuellen Bekannten im Kaffeehaus unterlegen fühlen. Da Arier*innen aber als wertvoller als Nicht-Arier*innen galten, konnte sie sich über dessen Begleiter stellen, indem sie ihn zum Juden erklärte.

Wohl weil sich diese moralisierenden, hierarchischen, mörderischen Strukturen über Jahrhunderte hinweg und so massiv mit dem *weißen* Deutsch-Sein verwoben haben, diskutieren die meisten in diesem Land lieber endlos über die deutsche Leitkultur und über Kopftücher als über strukturellen und individuellen Rassismus. Wahrscheinlich dauert es deshalb so unerträglich lange, bis die M̶o̶h̶r̶e̶n̶-Straße[4] in Berlin-Mitte in Anton-Wilhelm-Amo-Straße umbenannt wird. Wohl deshalb konnten die *weißen* NSU-Terrorist*innen so lange ungestört deutsche People of Color töten und verletzen. Sicher deshalb kamen weder *weiße* Polizist*innen noch *weiße* Journalist*innen auf die Idee, dass der Ausdruck *Döner-*

---

4 Die Schreibweise habe ich gewählt, da das M-Wort ähnlich dem N-Wort als Beleidigung empfunden war. Gleichzeitig sollen jene Leser*innen, denen die Umbenennungs-Debatte nicht geläufig ist, die Problematik verstehen können.

Morde rassistisch diskriminierend und tief verletzend ist. Deshalb waren wir *Weißen* nicht in der Lage, die deutschen People of Color zu hören, die uns auf diesen Skandal hinwiesen. Deshalb fand bis heute keine strukturelle Aufklärung dieser Verbrechen statt, deshalb wurde nicht herausgearbeitet, wie staatliche Akteur*innen mit den Terrorist*innen kollaborierten. Deshalb klatschten die Neonazi-Freund*innen der Täter*innen bei der Urteilsverkündung im Gerichtssaal und deshalb weinten die Angehörigen der Toten. Deshalb konnten Hunderte Polizist*innen in ganz Deutschland auch danach weiterhin in Chatgruppen Hitler-Memes verschicken und Fotomontagen mit Geflüchteten in Gaskammern. Deshalb stemmte sich der *weiße* Innenminister trotz solcher Vorfälle gegen eine Studie zu den rassistischen Strukturen bei der deutschen Polizei. Auch deshalb konnten Rechtsextreme am 9. Oktober 2019 in Halle eine Synagoge angreifen und am 19. Februar 2020 in Hanau neun Deutsche erschießen, die davor zu Migranten gemacht worden waren. Auch deshalb konnte ein Bundeswehroffizier in einem rechtsterroristischen Netzwerk *eine Schattenarmee* aus Kamerad*innen aufbauen, sich mehr als ein Jahr lang als syrischer Geflüchteter ausgeben und mit dieser Identität einen Anschlag planen. Deshalb tun noch immer viele Politiker*innen rassistische und antisemitische Übergriffe als Einzelfälle ab und ermahnen dann die Mahner*innen, doch nicht so schlecht über Deutschland zu sprechen. Deshalb gehen überhaupt so viele *weiße* Deutsche bis heute so unsensibel mit Verbrechen gegen deutsche Schwarze, Jüdinnen*Juden und *PoC* um. Deshalb nutzen weiterhin so viele unbekümmert das Z- und das N-Wort. Deshalb können so viele nicht anerkennen, dass die gesellschaftlichen Strukturen noch immer rassistisch und antisemitisch geprägt sind und dass sich diese strukturelle Diskriminierung in Klassenunterschiede und soziale Macht übersetzt.

Möglicherweise kann Europa auch deshalb so einfach in eine Festung verwandelt werden, an deren Mauern zigtausende Menschen sterben, ohne dass jemand ernsthaft versucht, daran etwas zu ändern, und ohne dass die meisten sich nennenswert darüber aufregen. Vielleicht ist es deshalb so leicht auszublenden, dass jede*r Europäer*in, vor allem die *Weißen*, mit diesen Toten viel zu tun hat. Sehr wahrscheinlich sogar übersehen im politischen Diskurs die allermeisten daher so unbekümmert, dass die Energiewende auf Kosten anderer Menschen wie beispielsweise im Kongo und anderswo passiert. Daher lassen sich die meisten vermutlich so oft von ein bisschen antirassistischem Anstrich blenden, von *Diversität* in der Personalstruktur, von Statements zu *nachhaltiger Entwicklung*, von Programmen zur Kooperation mit der Zivilgesellschaft. Wahrscheinlich fällt es vielen deshalb so leicht, die monströsen kolonialen Kontinuitäten zu übersehen, wahrscheinlich reden daher so viele die deutsche Kolonialverantwortung klein. Deshalb kann in Deutschland über eine*n ukrainische*n Kollaborateur*in der Nazis geurteilt werden, ohne der dort von unseren *weißen* deutschen Vorfahr*innen Versklavten und der sechs Millionen ukrainischen Toten zu gedenken. Der deutsch-jüdische Philosoph Theodor Adorno sagte 1959 hierzu, *aufgearbeitet wäre die Vergangenheit erst, wenn die Ursachen des Vergangenen beseitigt wären. Nur weil die Ursachen fortbestehen, ward sein Bann bis heute nicht gebrochen.*

Verlassen wir dieses Europa, das nicht aufhört, vom Menschen zu reden und ihn dabei niedermetzelt, schrieb der französische Psychiater Frantz Fanon 1961 in *Die Verdammten dieser Erde,* seiner sozialpsychologischen Analyse der postkolonialen Welt.

Je länger ich über all das nachdenke, desto überzeugter bin ich, was nun zu tun ist. Erst wenn jede*r einzelne Europäer*in anerkennt, wie sehr sie*er selbst in die Grausamkeiten und in das Unrecht verstrickt ist, wie sehr der Blick noch immer von Nazis und anderen Verirrten bestimmt ist, wird sich am Zustand der Welt etwas ändern. Und je überzeugter ich davon bin, die Lösung für das Unheil zu kennen, desto schwieriger gestalten sich die seltenen und kostbaren Begegnungen mit anderen Menschen. Denn immer verständnisloser und härter streite ich nun mit jedem, der aus der Vergangenheit keine besondere Verantwortung ableiten will. Jeden, der sich selbst ent- und andere beschuldigt, weise ich zurecht. Gegenwind facht meinen Eifer nur weiter an. Überall wittere ich *White Fragility,* diese von Antirassismus-Trainer*innen beschriebene emotionsgeladene Abwehrreaktion *weißer* Menschen, wenn sie mit ihren rassistischen Verhaltens- und Denkweisen konfrontiert werden. Und seit ich weiß, dass nicht aufgearbeitete Traumata vererbt werden, seit ich über epigenetische Vererbung gelesen habe, darüber also, wie die Erfahrungen der Eltern an die Kinder weitergegeben haben, habe ich mich selbst auch noch zur Hobbyanalytikerin befördert. Kaum jemand entkommt meiner Ferndiagnose. Zunehmend fühle ich mich unverstanden. Ausgeschlossen. Einsam. Meine Nachbar*innen, Universitätsdozent*innen für Kulturwissenschaften und Literatur ghosten mich, seit ich beim Abendessen bellte, dass ich ihre Empörung über vermeintliche Rede- und Schreibverbote vonseiten Schwarzer und *weißer* antirassistischer Student*innen unangemessen finde, und anschließend monologisiert habe, wieso eben nicht alle alles sagen können. Halb im Spaß, halb im Ernst hat ein Kumpel angefangen, mich *Nazi* zu nennen. Ein anderer hat angedroht, mich nicht mehr in seine WG einzuladen, falls ich vorhabe, in Zukunft jedem, der von der *Dritten Welt* spricht, einen Vortrag zu halten. Und Mama hat mich bei meinem jüngsten Besuch zwar nicht noch einmal hinausgeworfen, aber sie war ohne Zweifel erleichtert, als ich ging. Zum Glück merke ich irgendwann, dass ich Hilfe brauche.

Setzen Sie sich nicht auf intellektueller Ebene mit diesen Dingen auseinander. Zeigen Sie Ihre Gefühle. Zeigen Sie Ihre Trauer. Immer tiefer rutsche ich zwischen die flauschigen Kissen, die sich auf dem Samtsofa von Ruth Priese in Berlin-Köpenick türmen. Ich erwidere nur deshalb nichts, weil ich nicht wieder zu schluchzen anfangen will. Die weißhaarige Dame sieht es trotzdem, reicht mir trotzdem ein weiteres Taschentuch. Ruth Prieses Telefonnummer ist im Internet zu finden, sie ist die Vorsitzende der deutschen Sektion der internationalen Organisation *One by One*. Auf deren Webseite steht, dass die Mitglieder jeden dabei unterstützen, der das Schicksal seiner Familie im Nationalsozialismus aufarbeiten will, weil *offene Gespräche über die eigene Familiengeschichte der Jahre 1933 bis 1945 befreiend und heilsam wirken*. Den Verein haben Nachfahr*innen von Holocaust-Überlebenden gemeinsam mit Nazi-Täter*innen gegründet, im Jahr 1996. Seitdem organisieren sie jeden Herbst mehrtägige Treffen in Berlin. Jetzt ist der erste Corona-Winter, und ich sitze allein auf Prieses Samtsofa, mit tropfendem Kinn.

Ich bin hier, weil ich nach anderen Nachfahr*innen von Nazis suche. Ich will wissen, wie ich besser mit alldem klarkomme, wie ich besser über all das kommunizieren kann. Wie kann ich Mama erreichen, die zwar immer wieder sagt, sie fände wichtig, was ich tue, die in Wirklichkeit aber nicht mal will, dass ich ihren Vater und unsere Familie Nazis nenne, die noch immer keine Verantwortung für seine verleugnete Verantwortlichkeit übernehmen kann und natürlich erst recht nicht für ihre eigene unweigerliche Verstrickung? Wie kann ich wieder normal mit Menschen sprechen, die anders auf die Vergangenheit und die Gegenwart schauen als ich? Wie soll ich damit klarkommen, dass ich in einer so menschenverachtenden Tradition stehe?

 Das Taschentuch, das ich auf meine Augen gepresst habe, ist tränennass. Ich schlucke hart, was nur dazu führt, dass ich schnappatme wie ein Baby. *Zeigen Sie Ihre Gefühle, zeigen Sie Ihre Trauer,* wiederholt Ruth Priese. Ich quengele. *Aber ich bin wütend! Die Leute wollen doch auch gar nicht mit alldem konfrontiert werden! Sie weisen mich doch zurück, wenn ich davon anfange! Meine Mutter hat mich rausgeworfen, als ich versucht habe, ihren Vater ins richtige Licht zu rücken!* Ruth Priese unterbricht mich, bevor ich den letzten Satz zu Ende spreche. *Für die Generation Ihrer Mutter, ist es noch viel schwieriger als für Sie, an dieses Erbe ranzugehen. Es bringt überhaupt nichts, wenn Sie Ihre Mutter oder irgendjemand anderen zum Erinnern oder zum Aufarbeiten drängen wollen. Sie müssen Geduld haben. Jeder hat seine eigene Zeit.* Von meinem Kinn tropft es. Ich weiß, dass sie recht hat, und fühle mich dennoch noch unverstandener, ausgeschlossener, einsamer.

 Geben Sie sich jetzt unbedingt Zeit und Raum für Ihre Emotionen, sagt Ruth Priese und legt die Hand auf meinen Unterarm. *Die Trauerarbeit, die Sie nun leisten, ist ein hartes Stück Arbeit. Sie erledigen sie für die ganze Familie, auch für Ihre Mutter.* Ich sehe sie fragend an. *Unserer Erfahrung nach ist es ganz normal, dass eine Person das Aufarbeiten und das Trauern für die anderen übernimmt. Es ist auch ganz normal, dass Sie gegen Widerstände ankämpfen, in der Familie und in sich selbst. Viele unserer Mitglieder haben mit Angehörigen gebrochen, meist aber nur vorübergehend.* Wieder schnappatme ich. *Habe ich denn das Recht, alles durcheinanderzubringen? – Jede, die es wagt, die NS-Vergangenheit anzusprechen und anzuerkennen, trägt ein Stück zur Versöhnung bei. Nur so schaffen wir eine menschlichere Gesellschaft.*

Schon halte ich das nächste Taschentuch in der Hand. Ich verspüre vage Erleichterung. Das also ist es, was ich nun zu tun habe. Ich muss trauern. Für die ganze Familie. Ich greife nach einem der Schokokekse auf dem Wohnzimmertisch, die ich bisher nicht bemerkt habe, die zuckrige Masse vermischt sich in meinem Mund mit dem Salz meiner Tränen. Jetzt, da ich weiß, dass ich trauern will, erkenne ich ganz deutlich, dass ich bisher nicht um die anderen geweint habe. Nicht um jene, die unter meinen Großeltern gelitten haben, und auch nicht um die, die unter mir leiden. Auch jetzt heule ich um mich selbst. Weil ich in diese Familie hineingeboren wurde und in diese Gesellschaft.

Während ich meinen Wollpullover, die Handschuhe und die Mütze vom Samtsofa sammle, frage ich mich, was es wohl genau bedeutet, *Trauerarbeit* zu leisten. *Wie ich diesen Job erledigen soll, finde ich schon noch heraus,* sage ich mir, als ich mich aufrichte und bei Ruth Priese bedanke. *Bisher habe ich noch jeden Auftrag erfüllt, den ich einmal angenommen habe. Aber wieso blickt Ruth Priese mir nur so besorgt hinterher, als wir uns verabschieden?*

OPA.
DIE WAHRSAGERIN.

Die vierte Nacht krümmte Franz sich auf der rostenden Konservenbüchse, die immer tiefer in übel riechendem Schlamm versank. Sein Magen brüllte. Wieder hatten die Amerikaner ihm nach einem Tag in der Sonne bloß ein paar Schluck Wasser gegeben. Er zitterte in dem löchrigen und durchnässten Hemd, und die Wunde am linken Oberarm pochte. Am meisten aber litt er darunter, dass ihm die Kameraden auswichen, die mit ihm in dem Stacheldrahtkäfig in dem Landshuter Kriegsgefangenenlager ausharrten. Er meinte zu wissen, wieso sie ihn mieden. Denn die Schmach drückte ihn sowieso schon nieder. Er, ein Obersturmführer der Waffen-SS, der gelobt hatte, dass sich der 9. November 1918 nicht wiederholen dürfe, hatte kapituliert. Als die US-Amerikaner ihn mit den letzten Überlebenden seines Bataillons kurz vor München einholten, hatte er einfach aufgegeben und seine Waffen überreicht. Nun glaubte er, nicht mehr tiefer sinken zu können. Natürlich hatte er in den vergangenen Jahren schlimmer gefroren, gehungert, gelitten. Am schlimmsten war es gewesen, die Freunde sterben zu sehen. Aber auch dann hatte er gewusst, wofür es gut war. Und immer waren sie Seite an Seite gestanden. Nun war wirklich alles zusammengebrochen. Nun machte nichts mehr Sinn. Er war wieder ganz auf sich allein gestellt. Ein stechender Schmerz durchfuhr seinen Arm. Da erinnerte er sich an die Prophezeiung.

Im Trubel einer Kirmes, kurz nach dem Einmarsch im *Sudetenland*, hatte die Wahrsagerin seine Hand gegriffen. Zuerst versuchte er sich noch herauszuwinden. Doch die Burschen, die ihn begleiteten, ermunterten ihn augenzwinkernd, der schönen Brünetten zu folgen. Sie zog ihn hinter einen dunklen Vorhang, schaute im Schein einer Kerze lange in seine rechte Handfläche, bevor sie ihm tief in die Augen blickte. Drei Kinder würde er bekommen, zuerst einen Sohn, dann zwei Töchter, zwei Häuser würde er bauen und eine Firma gründen. Franz lachte, drückte ihr alle Münzen in die Hand, die er in seinen Taschen finden konnte, und sprang auf, um nicht die Spur seiner Kameraden zu verlieren. Fast jeden Tag rief er sich seitdem ihre Vorhersage in Erinnerung. Vor allem wenn alles ausweglos erschien, malte er sich aus, er spiele im Garten seines Hauses mit seinen Kindern, während seine Frau Schweinsbraten zubereitet, in der Garage stand sein Wagen, mit dem er irgendwie Geld verdiente. Die Vorstellung gab ihm auch jetzt die Kraft, die er brauchte.

Im Morgengrauen fuhren die Amerikaner mit einem scheppernden Lautsprecher durchs Lager. *SS hervortreten.* Einen Moment zögerte Franz. Die Tätowierung hatte er sich noch auf dem Marsch durch Österreich herausgeschnitten. Aber die Amerikaner mussten das Soldbuch in seiner Offiziersjacke gefunden haben. Er rappelte sich auf und stand wieder so aufrecht und stramm wie eh und je. Ein Schwarzer Amerikaner packte ihn und zog ihn auf die Ladefläche des Lastwagens, ohne ihn eines Blickes zu würdigen. Franz spannte seinen Körper noch mehr an. Auch die SS-Männer, die schon in dem Wagen saßen, der sie nach Regensburg bringen sollte, die doch seine Verbündeten waren, wandten sich von ihm ab. Wie konnte das alles nur geschehen? Wieder dachte er an das Häuschen mit der Familie.

Verdreckt und verschwitzt wie er war, führten sie ihn im nächsten Lager in ein Büro, in dem hinter einem schlichten Tisch ein hochdekorierter Soldat saß. Er sah aus wie ein Asiate. Franz verhärtete wieder. Zu seiner großen Verwunderung fragte ihn der Mann in hervorragendem Deutsch, ob er Obersturmführer R. sei. *Jawohl*, salutierte er reflexhaft. Sie zuckten beide zusammen. *Wollen Sie mit uns reden?*, fragte der Mann dann und schob einen Stapel Dokumente über den Tisch zu ihm, noch bevor er den Kopf schütteln konnte. *Füllen Sie die in Ruhe aus*, sagte er und erhob sich. Franz blieb mit zwei jungen Soldaten zurück. Hemmungslos musterten sie ihn. Er fühlte sich wie ein Affe im Zoo. *Wenn die wüssten, wer ich bin*, ermahnte er sich, schwellte die Brust, packte den Stift und schrieb auf, wo er gewesen war und unter wem er gekämpft hatte. *Ich habe nichts zu verbergen.* Er setzte den Kugelschreiber ab, und die Jungen holten den Offizier. *Sie werden vor Gericht kommen*, sagte der Mann, während er seine Dokumente überflog. *Sie werden informiert.* Dann wandte er sich an die Jungen. *Schafft ihn hinaus.* Franz richtete sich auf.

In dem neuen Lager, das nur für SS-Leute war, schien anfangs trotzdem alles besser. Vor allem schlief er wieder mit einem Dach über dem Kopf. Die Barracken waren im Vergleich zu denen in Landshut fast leer, und sie prügelten sich auch nicht wie die Tiere um das Essen. Schon am zweiten Tag fühlte er sich energischer. Es gelang ihm dennoch auch in Regensburg nicht, den Kameradschaftsgeist neu zu entfachen. Immerhin blieb er diesmal nicht allein. Es bildeten sich Grüppchen. Die Österreicher, die Südtiroler, die Ungarn, sie blieben unter sich. Nur die Deutschen spalteten sich, vereinzelten. Alle schienen Angst zu haben, sich mit den Falschen zu mischen. Niemand wollte bei denen stehen, die die meiste Verantwortung übernommen hatten, *die sich aufgeopfert hatten,* wie Franz es ausdrückte. Mit jedem Tag wuchs seine Enttäuschung über die Moral der Kameraden, vermengte sich ein wenig mehr mit der Schmach der Niederlage zu einem Gewicht, das ihn zu erdrücken schien.

Erst als ein paar Monate später ein Sturmbannführer aus seinem Regiment nach Regensburg kam, fasste Franz wieder Mut. Noch am ersten Abend stellte er sich ihm beim Abendessen mit Dienstgrad und Bataillon vor und raunte ihm zu, für alles stehe er bereit. Es dauerte nicht lang, und sie hatten eine eigene Gruppe um sich geschart. Die meisten waren Offiziere. Abends saßen sie um eine eimergroße Konservendose, in der ein Feuerchen brannte, und versicherten sich gegenseitig, dass sie sich nichts vorzuwerfen hatten, dass sie sich nur verteidigt hatten, um der feindlichen Machtübernahme zuvorzukommen, dass sie nicht mehr oder weniger getan hatten als die Streitkräfte auf der anderen Seite der Front. Mit den amerikanischen Bewachern fanden sie einen guten Umgang. Sie schienen ihren Fleiß und ihre Tüchtigkeit zu schätzen und wohl noch mehr, dass sie Ordnung hielten. Als sie eine Lagerselbstverwaltung einberiefen, besetzten Franz und seine Kameraden alle Funktionsposten. Kein einziges Mal musste einer aus ihrer Gruppe die Latrinen reinigen. Nach und nach schlugen sich mehr Männer zu ihnen. Und an dem Tag, an dem die anderen mitbekamen, dass der Obersturmbannführer Kontakte nach draußen hatte, dass er einen Anwalt kannte, der ihnen Verteidigungsschreiben verfasste, standen alle Deutschen zusammen. Wieder hatte Franz keinen Zweifel mehr, dass er auf der richtigen Seite stand.

Seit den frühen Morgenstunden hatte er Schweineställe ausgemistet, und wie immer, wenn er viel geleistet hatte, war er guter Dinge. Der Vorarbeiter hatte ihn bei Dienstschluss außerdem gelobt, mit seinem Arbeitseifer würde er es draußen sicher schnell weit bringen. Männer, die sich für nichts zu schade waren, würden überall gebraucht. Er sah sich schon im echten Leben, neben seiner Frau und seinem Sohn. Als er die Baracke betrat, pfiff er noch immer das Soldatenlied, das er schon den ganzen Weg auf den Lippen hatte. *Lass gut sein,* maulte ihn einer der Kameraden an. Sie waren noch zu fünft in der Baracke. Nur die Verurteilten waren im Lager zurückgeblieben, die wie er verurteilt worden waren, die wie er gegen das Urteil des Spruchkammergerichts Berufung eingelegt hatten. Auch wenn sich abzeichnete, dass alle freigesprochen würden, lag die Möglichkeit, dass es einen selbst doch anders treffen könnte, schwer auf ihren Gemütern. Und an diesem Abend war die Stimmung noch gedrückter als sowieso schon in jenen Tagen. *Was ist los?*, fragte Franz. Niemand antwortete, seinem forschenden Blick wichen alle aus. Da fiel ihm auf, dass Hans nicht da war, der jüngste Offizier unter ihnen. Er war sein liebster Zeitgenosse im Lager. Sie bastelten beide gern und hatten die Baracke gemeinsam häuslich eingerichtet. Aus Kisten und Kanistern hatten sie Bänke gezimmert und aus Konservendosen kleine Öfen. *Wo ist Hans?*

Der Obersturmbannführer kam hinter der grauen Filzdecke hervor, mit der er sich in einer Ecke ein eigenes Reich geschaffen hatte. *Die Pulsadern ...*, er brach ab. Franz sah ihn mit Entsetzen an. *Haben sie ihn verurteilt?*, presste er hervor. Der Ranghöhere holte schweigend einen handbeschriebenen Zettel aus der Manteltasche. *Hans, mein Bub. Nun muss ich dir doch schreiben. Lotte hat mir einen Brief zukommen lassen, in welchem sie mir mitteilt, dass sie mit einem Ami zusammenlebt. Bub, sei nicht allzu traurig, wer weiß, für was das gut ist. Ich warte immer auf dich. Deine treusorgende Mama.* Der Obersturmbannführer atmete hörbar Luft aus. *Liebeskummer!*, rief er eine Spur zu flapsig, bevor er den Zettel anzündete und in den selbstgebauten Ofen steckte. Franz fragte sich sofort, ob das der wahre Grund war. Hans hatte so gut wie nie von seiner Freundin gesprochen. Überhaupt war der Junge schweigsam gewesen. Irgendjemand hatte mal gesagt, er sei beim Sicherheitsdienst gewesen. Am meisten verstörte Franz, dass Hans mit dem Selbstmord die Ehre der Waffen-SS verloren hatte. *Was mag ihn umgetrieben haben, dass sie ihm nichts mehr wert war?*, raunte er. Ohne eine Antwort abzuwarten, nahm er das raue Handtuch und lief zu den Latrinen. Wieder dachte er an das Haus und die Familie und dann an Hanna. Obwohl sie bei seinen Eltern in der Oberpfalz lebte, hatte sie ihn nur ein paar Mal im Lager besucht. Den Sohn brachte sie ihm nie. *Würde sie ihn auch im Stich lassen?* Ein stechender Schmerz durchfuhr seine Brust. Er schüttete sich einen Eimer kaltes Wasser über den Kopf. Er würde ihr schreiben, dass sie zusammengehörten, dass daran nicht zu rütteln war, dass sie für immer verbunden waren. Wenn er wieder frei war, würde er sie noch mal zur Mutter machen. Zwei Mal.

ICH.
TRAUERN.

Wohin bloß mit diesem Aufkleber? Ratlos schaue ich mich um. Das Rentnerpaar in der beigen Funktionskleidung hat ihn sich auf die Brust geklebt. *Deutsch.* Wie eine Medaille. Oder wie ein Gütezeichen? *Warum brüsten sie sich nicht gleich mit deutscher Effizienz?,* nörgele ich stumm. *Oder mit deutscher Gründlichkeit?* Wir stehen am Eingang des Stammlagers von Auschwitz. Über uns prangt eisern: *Arbeit macht frei.* Meine deutsche Abstammung zu offenbaren ist mir immer schon unangenehm gewesen. Tatsächlich habe ich es, wenn möglich, vermieden, egal ob ich in Tansania unterwegs war, im Irak oder in Brasilien. Ausgerechnet in der Gedenkstätte Auschwitz geht das aber nicht. Damit die Tourguides die Teilnehmer*innen der eng getakteten Gruppen beieinander- und auseinanderhalten können, soll jede*r Besucher*in den Aufkleber mit der Sprache der gebuchten Führung sichtbar am Körper tragen. Und ich habe mich für eine auf Deutsch entschieden. Widerwillig klebe ich den Sticker auf mein linkes Hosenbein, froh um den Regen, der gerade wieder einsetzt, um den schwarzen Schirm, hinter dem ich mich verstecken kann, und um den Mund-Nasen-Schutz sowieso.

Ich starre auf den Boden und warte auf das Kommando. Noch ist kein Tourguide da, aber die Kopfhörer, über die sie oder er zu uns sprechen wird, trage ich schon im Ohr. Beinahe hätte ich eine sechs Stunden lange Führung gebucht. Nur weil die *Study-Tour* heißt und ich ja nicht studieren, sondern trauern will, habe ich mich für die dreieinhalbstündige Variante entschieden. Jetzt erscheint mir auch das endlos.

Gleich nachdem ich von Ruth Prieses Samtsofa aufgestanden war, habe ich die Reise nach Auschwitz geplant. Priese hatte mir ausführlich von ihrem Besuch in der Gedenkstätte erzählt, wie sehr sie dort geweint, wie viel der Aufenthalt mit ihr gemacht hatte, wie müde sie danach gewesen sei, wie bewegt. Mir schien seitdem unverzeihlich, dass ich bisher nur ein einziges Mal in einem ehemaligen Konzentrationslager gewesen war, noch dazu nur deshalb, weil ich für eine Reportage eine spanische Familie während ihres Berlin-Urlaubs begleitete, die auch Sachsenhausen auf ihrem Programm hatte. Sobald die Gedenkstätte im Frühsommer nach einer Covid-Pause wieder eröffnete, mietete ich ein Auto und fuhr sechs Stunden ohne Pause, bis ich in dem kleinen grauen Ort Oświęcim im Süden Polens ankam. Unterwegs dachte ich an die 40 000 Menschen, die dort heute versuchen, ein normales Leben zu führen. In der Jugendherberge, in der ich ein Einzelzimmer reserviert hatte, legte ich mich sofort auf das schmale Bett. Ich wollte fit sein für den nächsten Tag, für die Trauerarbeit, für meine Aufgabe, ich hatte mich für die erste Tour am Morgen angemeldet. Doch ich konnte nicht schlafen. Ich lauschte dem prasselnden Regen, der immer wieder vom Rattern der Güterwaggons übertönt wurde, und fragte mich, ob Oświęcim noch immer der Verkehrsknotenpunkt sein konnte, der er in den 1930er Jahren gewesen war, was die Nazis dazu veranlasst hatte, gerade hier das größte und erste Vernichtungslager zu bauen. Ich hörte auch Hundebellen und sah irgendwann meinen Opa in einem langen dunklen Ledermantel und mit einem deutschen Schäferhund an der Leine dürre Gestalten in gestreiften Anzügen durch die Nacht hetzen. Als um halb sieben Uhr morgens der Wecker klingelte, lag ich noch immer wach. Müde war ich nicht, nur froh, endlich aufstehen zu können. Am Frühstücksbuffet lud ich meinen Teller voll. Ich wollte mich satt essen, um mittags nicht ins Restaurant zu müssen, um die Zeit in der Gedenkstätte zu nutzen. Um richtig viel zu trauern. Ich bekam keinen Bissen herunter.

Unvermittelt knattert eine weibliche Stimme in meinem Ohr. *Viele, die hier angekommen sind, haben die Propaganda der Nazis geglaubt. Sie dachten, sie würden umgesiedelt.* Dann stellt Marta sich vor. *Ich bin eure Führerin. Wie leicht ihr das Wort über die Lippen geht,* denke ich und spüre hinter meinen Worten ein wenig Neid. Von der resoluten Blonden schaue ich zu dem eisernen Schriftzug über uns und denke an Oma. *Wenn selbst jüdische Menschen nicht glauben konnten, was damals passierte, stimmt dann vielleicht doch, was sie behauptete? Dass sie nichts wusste von den KZs?*, frage ich mich, identifiziere die Frage jedoch sogleich als Abwehrmechanismus. *Sie war die Frau eines SS-Offiziers, der über alles informiert war! Sie arbeitete im Zentrum von Wien, wo sie alles mitbekommen musste, die Hetzjagden, die Pogrome, die zunehmende Ausgrenzung! Nach allem, was ich weiß, muss sie doch sogar mitgemacht haben!*

Martas Stimme in meinem Ohr wird zu einem unverständlichen Hintergrundrauschen, knackt, bricht ab. Ich sehe gerade noch, wie sie mit den anderen Deutschen in einem Klinkerbau verschwindet. Sofort renne ich hinterher. Panisch, den Anschluss zu verpassen übersehe ich zwei Pfützen auf dem sandigen Weg und sorge mich sogleich, krank zu werden. Schon während ich die Treppe hochhetze, höre ich Marta. Ich beschließe, die nassen Zehen zu ignorieren. *Mit den Haaren, die die Nazis den Häftlingen abschnitten, haben sie Polstermöbel gefüllt.* Als Erstes sehe ich das beige Rentnerpaar. *Wie kann sie nur fotografieren? Wie kann er nur fragen, wie die Haare haltbar gemacht wurden? Denken die beiden etwa, dies sei nur ein Museum? Glauben sie, das alles hätte nichts mit ihnen zu tun?* Die Haare sehe ich gar nicht.

Im Shuttlebus zum Lager Auschwitz-Birkenau, zu dem weltbekannten Torhaus mit der Klinkerfassade, zu den Schienensträngen, den Gaskammern, zur Rampe, knurrt mein Magen obszön laut. Ohne Appetit zwinge ich mich, einen der Müsliriegel zu essen, die ich noch in Berlin gekauft habe, damit ich in Auschwitz keine Zeit im Supermarkt verliere. Marta führt uns in den Quarantäneblock. Dorthin kamen alle Neuankömmlinge, die als arbeitstauglich eingestuft und deshalb nicht direkt in die Gaskammern gebracht wurden. *Hier sollten die Häftlinge endgültig gebrochen werden,* rauscht es in meinem Ohr. *Hier fanden die medizinischen Experimente statt.* Der beige Mann klopft mit den Knöcheln der rechten Hand auf eines der Stockbetten, und Marta erklärt sofort und ungefragt, dies sei kein Original, das Holz müsse alle paar Jahrzehnte ausgetauscht werden, weil es anfange zu faulen. Weder das Klopfen des Deutschen hört sich für mich richtig an noch die Antwort unserer Führerin. *Mit dem*

Gerede wollen sie sich doch bloß das Grauen vom Leib halten, sage ich mir und ahne gleich, dass ich es nicht anders mache. *Ist mein permanentes Herumkritteln, dieses überhebliche Intellektualisieren nicht auch bloß ein weiterer Abwehrmechanismus? Verleugne auch ich trotz aller Mühen unbewusst noch immer den Wahnsinn meiner Vorfahren? Ist meine Identität weiterhin an die Vorstellung gefesselt, ich müsste rein und gut sein? Habe ich noch immer nicht verinnerlicht, dass ich erst Ruhe finden kann, wenn ich die Schuld anerkenne und die Verletzungen, die der anderen und auch meine eigenen?* Ich kann es trotzdem nicht lassen. *Wie viele Menschen konnten hier am Tag ermordet werden?*, fragt die beige Deutsche bei den Gaskammern. *Das hättest du vorher lesen müssen*, murre ich stumm. *Hier geht es darum, der Toten zu gedenken.* Marta antwortet in meinem Ohr. 8696 *konnten bei einer Vergasung umgebracht werden. Die Kammern wurden mehrmals am Tag benutzt. Insgesamt wurden hier* 900 000 *Menschen ermordet,* 200 000 *weitere starben an den Haftbedingungen.* Ich will schreien, *ihr versteckt euch hinter diesen grotesken Zahlen! Wir müssen an jeden Einzelnen erinnern!* Bei den Krematorien plappert der Beige, *wie viele Leichen konnten hier verbrannt werden?*, und Marta referiert, 4416 *Leichen innerhalb von* 24 *Stunden, um hinterherzukommen, wurden an drei weiteren Stellen Verbrennungsgruben gebaut.* Ich halte mir den Schirm vors Gesicht und fauche in den Regen, *eure Fragerei ist zum Kotzen!* Erschrocken lasse ich mich zurückfallen, bis Martas Stimme wieder abbricht.

Mir kommt Ruth Klüger in den Kopf, die österreichisch-jüdische Schriftstellerin, die ein paar Jahre gleichzeitig mit meiner Oma in Nazi-Wien lebte und später nach Auschwitz deportiert wurde. In ihren Memoiren *weiter leben* beschreibt sie immer wieder, wie abwehrend die allermeisten Menschen reagierten, wenn sie von ihren Erlebnissen im KZ erzählte:

> Aber die Leute wollten es nicht hören, oder nur in einer gewissen Pose, Attitüde, nicht als Gesprächspartner, sondern als solche, die sich einer unangenehmen Aufgabe unterziehen, in einer Art Ehrfurcht, die leicht in Ekel umschlägt, zwei Empfindungen, die sich sowieso ergänzen. Denn die Objekte der Ehrfurcht, wie die des Ekels, hält man sich vom Leib. – Wir waren wie Krebskranke, die die Gesunden daran erinnern, daß auch sie sterblich sind.

Wieder fühle ich mich ertappt. Bewege ich mich nicht in genau dieser Pose durch Auschwitz? Denke nicht auch ich, dass ich mich einer unangenehmen Aufgabe unterziehe? Will ich die Shoah nicht an mich heranlassen, mit den Überlebenden nichts zu tun haben? Widert auch mich das ebenfalls Menschliche an, von dem sie zeugen, das ich in mir selbst erahne, aber noch immer verweigere zu sehen? Ist meine Aggression ein weiterer Verdrängungsmechanismus, Ausdruck uneingestandener Angst vor der Auseinandersetzung? Habe ich das ganze Vorhaben zu trauern falsch aufgezogen? *Wir erwarten, daß Ungelöstes gelöst wird, wenn man nur beharrlich festhält an dem, was übrig blieb, dem Ort, den Steinen, der Asche*, schreibt Klüger weiter. *Nicht die* **Toten** *ehren wir mit diesen unschönen, unscheinbaren Resten vergangener Verbrechen, wir sammeln und bewahren sie, weil* **wir** *sie irgendwie brauchen: Sollen sie etwa unser Unbehagen erst beschwören, dann beschwichtigen? Der ungelöste Knoten, den so ein verletztes Tabu wie Massenmord, Kindermord hinterläßt, verwandelt sich zum unerlösten Gespenst, dem* wir eine Art Heimat gewähren, wo es spuken darf. Muss ich mich erst damit konfrontieren, dass ich selbst zu den Täter*innen gehöre?

Verunsichert und verwirrt drehe ich Zigaretten, die ich auf dem Gelände der Gedenkstätte nicht rauchen darf. Aber erst als die anderen Deutschen mich aus der Ferne vorwurfsvoll anblicken, schließe ich wieder zu Martas Stimme auf. Die beigen Funktionsklamottenträger verabschieden sich da gerade vorzeitig. *Wir haben noch einen anderen Termin*, erklärt er, und sie nickt geschäftig. Überschwänglich bedankt Marta sich, dass die beiden gekommen sind, dass sie *so nette* Gäste waren. Die beiden lächeln selbstzufrieden. Ich will sie rütteln. *Ihr, die ihr einfach wieder gehen könnt, müsst doch der Polin danken, die mit dem Lager vor Augen aufwachsen musste, die keine andere Wahl hat, als sich mit dem dreckigen Erbe auseinanderzusetzen, das unsere Vorfahr*innen ihrer Heimat hinterlassen haben, um unsere sauber zu halten?* Oder meine ich wieder mich selbst?

Eine junge Deutsche mit polnischen Wurzeln führt das erste Gespräch mit Marta, das ich unkommentiert stehen lassen kann. *Wurden die Menschen, die hier gestorben sind, nach dem Krieg richtig beerdigt?* – *Von den Toten blieb nichts übrig*, antwortet Marta sofort und deutet auf die unzähligen Gruben und Löcher im Umkreis der Gaskammern. *Die Nazis verbrannten sie und lösten ihre Asche in Wasser auf.* – *Ich habe gelesen, dass es auch Massengräber gab?* – *Ganz am Anfang haben die Deutschen die Leichen verscharrt. Aber die aufgeblähten Körper blieben nicht unter der Erde. Deshalb haben sie andere Lösungen gesucht.* Ich muss an einen Bericht denken, den ich am Morgen in einem Prospekt der Jugendherberge gelesen habe. Es ging um eine Gruppe junger Deutscher ohne Nazi-Hintergrund, die gemeinsam Auschwitz besuchten. Eine türkischstämmige Schülerin wurde darin zitiert. *Ich muss hier dauernd denken: Heute wären wir dran.*

Obwohl ich es unbedingt will, fällt es mir am Ende der Tour schwer, mich bei Marta zu bedanken. *Danke für alles,* presse ich hölzern hervor. *Danke, dass du dich mit diesem Erbe auseinandersetzt,* versuche ich es noch einmal. Sie zieht die Augenbrauen nach oben, in ihrem Gesicht lese ich die Frage, *tust du das etwa nicht?* Ich sage nichts mehr. Auch weil ich nun damit beschäftigt bin, dem Drang zu widerstehen, durch das Klinkertor zu laufen, weg von der Rampe, hin zu neutralem Boden. *Aber die ganze Erde ist doch verdammt seit der Shoah, es gibt kein Entkommen. – Draußen kannst du zumindest rauchen.* Aber ich erlaube mir auch nicht, das Gelände zu verlassen, um eine der Selbstgedrehten anzuzünden. Stattdessen nehme ich mir vor, weit hineinzulaufen, in die abgelegensten Ecken. Ich gehe vorbei am Quarantäneblock, an den Verbrennungsgruben, den Gaskammern, weg von den anderen Besucher*innen, die fragen, plaudern, die mich von mir selbst ablenken. Je einsamer es wird, desto mühsamer komme ich voran. Meine Beine werden schwer. *Ist das Müdigkeit oder Widerwillen?* Alle paar Minuten krame ich reflexhaft das Handy aus der Jackentasche, öffne alle Messaging-Dienste, die ich am Morgen noch willensstark stumm geschaltet habe, immer nervöser, denn jedes Mal nehme ich mir fester vor, mich nun wirklich nicht mehr stören zu lassen. Nach dem zehnten Mal schalte ich den Flugmodus ein und stecke das Telefon ganz tief in den Rucksack. Keine Viertelstunde später öffne ich den Reißverschluss und stolpere erneut minutenlang blind über den überwucherten Feldweg. Als ich endlich wieder den Kopf anhebe, erblicke ich zuallererst die rötlich-grünen Blätter des Sauerampfers, der hier überall wächst. Oma hat das säuerliche Kraut fast auf jedem unserer Spaziergänge gepflückt und Antonia und mir wie einen Snack in die Hand gedrückt. Schon strecke ich die Hand aus, um eine Stange abzureißen. Die Sonne blendet mich, ich muss den Blick senken. Da erst denke ich wieder an die Toten und an die Asche. Ich senke die Hand und schwanke weiter.

In einem Birkenwäldchen, vor den Ruinen einer provisorischen Gaskammer, bleibe ich stehen. Meine Füße wollen weiter, vorbeilaufen, aber ich habe mir nun verordnet, *ernsthaft* zu trauern. Im Sekundentakt verlagere ich mein Gewicht von einem Bein aufs andere, und meine Gedanken hüpfen von meinem Telefon zu den beigen Deutschen zu dem Krümel Gras in meiner Tasche in der Jugendherberge zurück zum Handy. Ich zwinge mich, ruhig zu stehen. In meinem Kopf herrscht weiter Zirkus. Ich sehne mich nach einer Religion, einem Ritual, nach irgendetwas, an dem ich mich jetzt orientieren könnte. Neben den Ruinen entdecke ich drei schwarze Stelen, auf denen kleine weiße Kiesel liegen, schon scanne ich den Waldboden nach hellen Steinen. *Darf ich das Ritual einer Religion kapern, an die ich nicht glaube?*, unterbreche ich mich. *Nur was soll ich sonst hier tun?* Mir kommen die Tränen. Weil mir das Trauern einfach nicht gelingen will. Weil ich solch ein Klotz bin. *Vielleicht kann die Nachfahrin eines Nazi-Täters im Schatten des schlimmsten Attentats, das je auf die Menschheit und die Menschlichkeit verübt wurde, gar nicht richtig handeln?* Ich falle auf die Knie und weine stumm und unablässig. *Wie können wir Menschen anderen und uns selbst nur so etwas antun?*

Zurück in der Jugendherberge verlängere ich meinen Aufenthalt um eine Nacht. Es fühlt sich nicht so an, als sei meine Mission erfüllt. Im Bett hadere ich mit meiner Entscheidung. *Ist das jetzt übertriebener Eifer? Deutsche Effizienz und Gründlichkeit? Und was willst du nun überhaupt noch tun? Jeden Zentimeter der Gedenkstätte vermessen?* Als ich beschließe, am nächsten Tag doch abzufahren, um die anderen Gedenkstätten deutscher Vernichtungslager auf polnischem Boden zu besuchen, schlafe ich endlich ein. Am nächsten Morgen schmerzt mein Nacken noch mehr als sonst, und vom Zähneknirschen ist mein Kiefer so verspannt, dass ich den Mund kaum öffnen kann. Im Auto, Kurs aufs KZ Belzec an der ukrainischen Grenze, erinnere ich mich wieder an Ruth Klüger. *Ja, aber die Toten stellen uns Aufgaben, oder? Wollen gefeiert und bewältigt sein. Gerade die Deutschen wissen das, denn sie sind doch ein Volk von Bewältigern geworden, denen sogar ein Wort für diese Sache einfiel, das von der Vergangenheitsbewältigung. Ihr redet über mein Leben, aber ihr redet über mich hinweg, ihr macht so, als meintet ihr mich, doch meint ihr eben nichts als das eigene Gefühl.* Schon wieder fühle ich mich erwischt. Ich drehe mich mit voller Kraft um mich selbst und klammere mich an den blinden Glauben, dass ich die Trauer schon irgendwie bezwingen werde. Ich trete aufs Gaspedal.

An der nächsten Raststätte rufe ich Mama an. Ich will nach Hause. Ich sage nicht, wo ich bin, versuche, so beiläufig wie möglich zu klingen, ich will sie nicht belasten und auch unsere Beziehung nicht. Aber als sie fragt, ob alles in Ordnung sei, wimmere ich mit zusammengepressten Lippen, ich sei gerade in Auschwitz gewesen. *Es ist so furchtbar!* Sie lässt mich nicht weiterreden, aber ich weiß sowieso nicht, was ich noch sagen soll. *Du musst aufhören, dich mit alldem zu beschäftigen,* ruft Mama mit Grabesstimme in den Hörer. *Glaubst du etwa, es sei ungesund, sich mit alldem zu befassen?,* schmettere ich ihr da schon entgegen. *Ich muss mich damit auseinandersetzen! Erst wenn ich das getan habe, kann es mir wieder gut gehen!* Meine viel zu laute, viel zu schrille Stimme verrät mir, dass ich selbst nicht glaube, was ich sage. Eigentlich bin ich sogar überzeugt, dass es nie mehr besser wird, dass ich für immer verdorben und verkorkst bin, und zwar zu Recht. Und meine letzte leise Hoffnung, dass ich irgendwann doch noch verstehen könnte, wie ich diese Vergangenheit bearbeiten soll, ist doch bloß meiner Verblendung geschuldet. *Wenn ich das jetzt abbreche, kann ich mich gleich umbringen!,* schleudere ich Mama entgegen. *Komm nach Hause,* sagt sie bestimmt. *Wenn du willst, fahren wir zusammen nach Dachau.*

OMA.
DER ANFANG VOM ENDE.

Hanna erwartete Franz zur Mittagsstunde. *Wenn die Sonne am höchsten steht, will er bei uns sein,* hatte der Stiefvater nach seinem letzten Besuch im Regensburger Lager verkündet. Die Sonne war hinter den Wolken gar nicht zu sehen. Der Wind pfiff noch genauso eisig durch die Ritzen des Bauernhauses wie nach Sonnenaufgang. Ein paar Mal war es in diesem Jahr schon frühlingshaft warm gewesen, an den Apfelbäumen sprossen die ersten kleinen steinharten Knospen, die Vögel sangen allmählich wieder aufgeregter. Am 11. März 1949 aber, an dem Tag, an dem Franz freikam, war der Winter zurückgekehrt. Hanna hatte trotzdem das kurzärmlige gelbe Kleid angezogen, das einzige, das sie nicht in Wien hatte zurücklassen können. Sie hatte in den Kriegsjahren gelernt, Kälte auszuhalten. Der Junge aber jammerte in den kurzen Wollhosen, die sie ihm zu diesem Anlass gestrickt hatte, als hätte sie ihm keine Manieren beigebracht. *Reiß dich zusammen,* zischte sie, und als er trotzdem weiterwinselte, hob sie die Hand. Sofort verstummte der Sohn. Als sie wieder aufblickte, erkannte sie in der Ferne die kräftige Gestalt von Franz. Zuerst wollte sie ihm entgegenlaufen. Doch etwas hielt sie ab. Sie griff die Hand des Kindes noch fester und richtete sich auf. Auch wenn Franz versuchte, es zu kaschieren, sah sie ganz deutlich, dass er das linke Bein nachzog. Im Frühjahr 1944 war er verwundet worden, kurz bevor er zu ihr nach Wien gekommen war, bevor sie den Sohn zeugten. Als sie damals, das letzte Mal, zusammenlagen, versorgte sie die Ein- und Austrittsstelle der sowjetischen Kugel in seinem Oberschenkel, die noch nicht abgeheilt waren. Er versprach, er würde sich wieder vollständig erholen, und sie hatte keinen Zweifel an seiner Widerstandsfähigkeit. *Habe ich etwa einen Krüppel zum Mann?*, schoss es ihr nun durch den Kopf. Verlegen wollte sie den Sohn zum Vater schieben. Doch der Junge tat keinen Schritt, klammerte sich nur noch fester an ihr Bein. Franz stand wie versteinert da. *Wie soll es jetzt mit uns weitergehen?* Sie erlaubte sich die Frage zum ersten Mal.

Am Anfang verging kein Tag, an dem Hanna sich nicht ausmalte, wie sie an seinem Arm stolzierte, wie sie ihren ersten Sohn in einem Wagen über die Mariahilfer Straße schoben, ihren ersten gemeinsamen Beitrag für das deutsche Volk. Sie waren das perfekte Paar. Blond, stattlich, stolz. In ihren Tagträumen sahen alle Passanten sie bewundernd an, vor allem die übrig gebliebenen Intellektuellen und Juden, die schon lange gebeugt an ihr vorüberhuschten. Seit Franz ihr an jenem Herbstsonntag 1941 im Schönbrunner Schlosspark zum ersten Mal seinen uniformierten Arm hingehalten und sie auf einen Spaziergang eingeladen hatte, hegte Hanna diese Fantasien. Sie hatten nicht viel gesprochen an diesem ersten Nachmittag und auch danach nicht, aber sie hatte sofort gespürt, dass ihr Platz an seiner Seite war. Damals,

als sie auf den von Dahlien gesäumten und frisch geharkten Kieswegen liefen, hatte sie die Blicke der Leute auf sich gespürt. Ehrfurchtsvolle, neidische, auch eingeschüchterte. Sie hatte das Gefühl, sie hatte endlich ihren Platz gefunden. Und daran hatte sie sich seitdem festgehalten.

Bei seinem letzten Heimaturlaub, im Sommer 1944, hatte Franz zum ersten Mal Zweifel am Sieg gezeigt. Sie müsse Wien möglicherweise bald verlassen, sagte er, sie könne zur Familie seiner Mutter nach Bayern. Als sie sich sofort rundheraus und für immer und überhaupt weigerte, wieder aufs Land zu ziehen, schrie er sie an. Sie sei nicht sicher, falls die Russen doch irgendwann kämen, falls sie den Krieg doch nicht mehr gewinnen konnten, *denen willst du niemals begegnen,* hatte er gebrüllt, *nicht als Frau eines SS-Offiziers.* Nachdem sie ihm telegrafiert hatte, dass sie schwanger war, schickte er ihr täglich Aufforderungen, in die Oberpfalz zu gehen. Hanna aber hörte fast jeden Tag im Radio die *Ankündigungen der Wehrmacht.* Sie hatte keine Angst gehabt, auch nicht vor den Russen, und keinen Zweifel an der deutschen Schlagkraft. *Wer soll uns schon etwas anhaben können?*, sagte sie noch in den letzten Kriegsmonaten und erklärte jedem, der zweifelte, dass die Ostarbeiter, die im Winter die Kohlerationen in das Depot der Metzgerei schaufelten, doch bei jeder Schippe fast zusammenbrachen. Auch als sie immer öfter vor den Bomben in den Keller fliehen musste, zögerte sie den Umzug weiter hinaus. Selbst als das Kind geboren war, wollte sie noch weiter abwarten. Erst als im April aus ihrem Dorf tatsächlich die Nachricht kam, dass die Russen sie suchten, die Ehefrau des Oberstumführers Franz R., schnürte sie das Wichtigste in ein Bündel und lief mit dem Buben zu ihrer Schwester Hedwig. Gemeinsam mit dem Kind schlugen sie sich endlose Tage durch leere Landschaften, mit dem Zug, mit Militärkonvois, zu Fuß. Weil im Süden Bayerns schon die Amerikaner waren, mussten sie über Böhmen in die Oberpfalz fahren. Und auch da wollte sie noch immer nicht verstehen, dass es wirklich vorbei war.

Franz starrte sie unsicher an. Hanna wurde übel. Waren sie wegen Menschen wie ihrem Mann gescheitert? Hatte er alles kaputtgemacht, weil er den Glauben an den Sieg verlor? Hatte sie sich doch den Falschen gesucht? Widerwillig ging sie einen Schritt auf ihren Mann zu und packte ihn am Arm. *Komm rein, du musst Hunger haben.* In der Stube saßen schon alle am Esstisch. Die Eltern musterten Franz misstrauisch, die Kinder riefen im Chor *Heil Hitler* und kicherten. Wieder wäre Hanna fast die Hand ausgerutscht.

Auf dem Land hatte sie sich anfangs doch ganz wohlgefühlt. Der Stubenvater hofierte sie und dankte ihr für die Gefallen und Dienste, die ihr Mann ihm erwiesen hätte. Doch je deutlicher wurde, dass der Krieg tatsächlich verloren war, dass die Rote Armee und die Amerikaner wirklich kamen, desto kühler wurde das Verhältnis. Die Schwiegermutter beäugte und beurteilte jeden Handgriff, den Hanna und Hedwig taten. Die Kinder äfften ihren Wiener Dialekt nach. Der Vater schöpfte ihr nicht mehr die Extraportion auf den Teller, die sie doch so dringend für den Sohn brauchte. Damals ging Hanna zum ersten Mal wieder in den Gottesdienst. Sie sehnte sich nach Menschen, die ihr wohlgesonnen waren, die sie schätzten, und vor der Kirche war sonntags mehr Betrieb als vor dem Wirtshaus. Zunächst ekelte es sie, dass alle vor dem Pfarrer in die Knie gingen, als hätten die vergangenen zwölf Jahre nicht existiert, und sie tat es dann doch selbst. Ausgerechnet, als sie dann kurz darauf das Ave Maria sang, hörte sie hinter sich eine Frau den Namen ihres Mannes raunen. Oder hatte sie sich getäuscht? Langsam lehnte Hanna sich zurück, bewegte nur noch die Lippen, spitzte die Ohren. Sie musste wissen, was über sie getratscht wurde, wie die Leute auf sie schauten. Aber nur drei Worte drangen zu ihr. *Schlimmer als Vieh.* Dann verstummte die Frau. Wahrscheinlich hatte sie gemerkt, wer vor ihr saß, sagte sich Hanna. Nach der Messe suchte Hanna fieberhaft im Kirchhof Anschluss. Sie barst vor Neugier. Sie musste erfahren, wie die anderen über sie dachten. Und über all die anderen Dinge, die zu ihr drangen. Gab es wirklich Leute in der Nachbarschaft, die sich mit Federbetten und Hühnern im Wald verschanzten, aus Angst, in ein letztes Kriegsgefecht zu geraten? Waren wirklich Rote-Armee-Soldaten aus der Kriegsgefangenschaft entkommen und hetzten jetzt in Böhmen die Tschechen gegen die Deutschen auf? Am dringendsten wollte Hanna etwas über die Gefangenen hören, die wenige Tage zuvor in der Nacht über die Straßen getrieben worden waren. Sie war vom Klappern ihrer Holzschuhe aufgewacht. Im Mondschein hatte sie eine der ausgemergelten Gestalten gesehen. Sie versuchte, an die Türe der Nachbarn zu klopfen. Hanna sah auch den Bewacher, der den Gefangenen niederknüppelte, bis der nicht mal mehr zuckte. Stimmte es wirklich, dass ein paar den Durchzug durch ihre Gemeinde nicht überlebt hatten? War die dürre Gestalt vor ihren Augen gestorben? Hatte man die Toten wirklich in dem Birkenwäldchen verscharrt, in das Hanna immer öfter vor den Schwiegereltern flüchtete?

Aber auch vor der Kirche fand Hanna keine Antworten und erst recht keine Zuneigung. Alle wandten sich ab, wenn sie sich zuwandte. Dann hörte sie drei Worte noch einmal, die sie im Gottesdienst hinter sich aufgeschnappt hatte, zusammen mit dem Namen ihres Mannes, diesmal im Gefüge eines Satzes: *Die SS hat die Leute schlimmer als Vieh behandelt. Denen haben sie schimmelige rohe Kartoffeln gegeben, den Schweinen die guten gekochten.* Die ganze Runde schüttelte sich, und alle schienen sie plötzlich anzusehen. Alle wussten, dass sie die Frau eines SS-Mannes war, es gab nicht viele wie sie. Hanna hastete nach Hause. In der leeren Küche packte sie einen Laib Brot unter ihre Schürze, legte ihn ihrem Sohn in die Wiege. Auf der Straße hatte sie einmal gehört, dass man mit zwei Laiben bis zum Kriegsende im Wald überleben könnte.

Hanna kam nicht mehr dazu, ein zweites Brot zu stehlen. Zwei Tage später standen die Amerikaner im Dorf. Danach hielt sie sich an dem Gedanken fest, dass alles anders, besser, wie früher werden würde, wenn Franz endlich wiederkäme. Noch öfter erinnerte sie sich an die goldene Zeit. Obwohl sie sich nach Nähe sehnte, zwang sie sich nun noch penibler die Regeln zu befolgen, was sie im Mutterschaftskurs gelernt hatte. Nur alle paar Stunden gab sie dem Buben die Brust, nahm ihn ansonsten bloß in absoluten Ausnahmefällen in den Arm. Nur nachts umklammerte sie ihn manchmal, wenn der Stubenvater sie wegen seines Weinens anbrüllte und Hanna die Einsamkeit nicht mehr aushielt.

Heil Hitler, erwiderte Franz voller Ernst auf den Spaß der Kinder. Dann schlürfte er laut die Suppe. Auch Hanna nahm den Löffel in die Hand. Alle anderen warteten mit dem Essen auf das Kommando des Stubenvaters. Ihr Junge sah sie unsicher an, und sie verpasste ihm unter dem Tisch einen kräftigen Tritt gegen das Schienbein. Er verstand die Aufforderung sofort, tat es seinem Vater gleich und schlürfte laut. Fast gleichzeitig begann auch der Stubenvater zu essen und mit ihm alle anderen. Über der Suppe musste Hanna wieder daran denken, wie Franz bei dem erniedrigenden Entnazifizierungsprozess seine Zugehörigkeit hatte verleugnen müssen. Wie der Stubenvater in seinem Namen um Falschaussagen gebettelt hatte, beim Bürgermeister, beim Pfarrer und beim Großbauern. Wie viele Demütigungen mussten sie noch ertragen?

Nach dem Essen wollte Franz mit ihr spazieren gehen. Während Hanna den Jungen in die Wiege legte, spürte sie Tränen auf ihrem Gesicht. Sie riss sich sofort zusammen, aber Franz hatte es schon gesehen. Draußen nahm er ihr Gesicht in seine Hände und flüsterte eindringlich. Sie musste sich konzentrieren, ihm zuzuhören, er tat ihr weh. In den nächsten Tagen würde er nach München aufbrechen, ein Freund habe ihm Arbeit auf einer Baustelle verschafft. Sobald er genug für ein Grundstück beisammen hätte, würde er sie nachholen. Sie müsste nur noch ein wenig durchhalten, sagte er, und seine Hände packten noch fester zu, während er lobte, wie tapfer und stark sie gewesen war. Als er sie wieder losließ, schmerzte ihr Kiefer. Sie strich ihr Kleid glatt und spannte alle Muskeln an, um nicht mehr zu zittern. Sie würde die beste Ehefrau sein. Denn auch wenn nun alles anders war, so galten doch weiterhin die alten Ideale. Er war ihr Mann, sie war seine Frau. Sie würden nun das tun, was Familien taten, im Eingedenken ihrer Ideale. Sie würden arbeiten und ein Haus bauen, und wenn es fertig war, würde er das Geld nach Hause bringen, und sie würde sich um den Haushalt und um den Sohn kümmern. Weitere Kinder aber, das schwor Hanna sich, wollte sie in dieser neuen Welt nicht bekommen. Nur wenn wirklich wieder alles zum Alten zurückkehrte, wenn sie tatsächlich wieder zu ihrer Größe fanden, würde sie noch ein Kind gebären. Eigentlich wollte sie überhaupt nie wieder einen Mann an sich heranlassen. Auch Franz nicht.

ICH.
HERRENMENSCHELN.

Die Airbnb-Gastgeberin weicht zurück, und ich bin sofort sicher, das hat nicht allein mit Hygiene-Abstandsregeln zu tun. In ihrem Gesicht meine ich eine Mischung aus Neugier und Ekel zu erkennen. Bei meiner Reservierung habe ich geschrieben, dass ich für einen Workshop in der KZ-Gedenkstätte Neuengamme nach Hamburg reise. Dass ich in dem ehemaligen Konzentrationslager mit anderen Nachfahr*innen von Nazi-Täter*innen zwei Tage praktisch in Klausur gehen würde, erwähnte ich nicht. Das habe ich der weißen deutschen Mittfünfzigerin jetzt gesagt, noch im Hausflur, den Rucksack geschultert, Körper und Geist niedergedrückt vom ersten Tag ebendieser Zusammenkunft, voller Sehnsucht, mein Kreuz zu teilen, auf der Suche nach jemandem, dem ich von meinen Gefühlen und Gedanken erzählen kann.

Du hast Nazis in der Familie?, antwortet die Gastgeberin nun tatsächlich. Allerdings mit spitzem Mund und mit Distanz. Ich nicke langsam und will noch hinzufügen, *Sind wir Menschen nach dem Holocaust nicht irgendwie alle Nazi-Nachfahr*innen?*, verkneife es mir aber gerade noch. Es ist schon dunkel, auf keinen Fall will ich riskieren, dass sie mich rauswirft. Mittlerweile habe ich kapiert, wie heftig die Abwehrreaktion sein kann, wenn ich eine Verbindung zu den Nazis aufzeige, dass Interesse an der Geschichte noch lange keine Bereitschaft zur Selbstkritik bedeutet. Auch hoffe ich noch immer, dass wir gleich auf dem pastellfarbenen blumigen Balkon, den sie in ihrer Airbnb-Anzeige gefeatured hat, gemeinsam ein Bier trinken. Also erzähle ich ihr so kurzweilig wie möglich von dem Obersturmführer der Waffen-SS, der im Osten eingesetzt war, *dort, wo alles passierte*, der 300 Männer unter sich hatte, dessen Einheit *irgendwie am Holocaust beteiligt* war, in Belarus ganz sicher. *Das war mein Opa*, ende ich, stoße scharf Luft aus, verdrehe die Augen und greife mit der rechten Hand nach hinten, in die Seitentasche meines Rucksacks, wo die zwei Bierflaschen stecken, die ich am Bahnhofskiosk gekauft habe. Meine Gastgeberin führt mich daraufhin aber nicht wie erhofft auf den Balkon. Sie gibt mir eine Blitzeinweisung in die Wohnung – eigentlich bringt sie mich nur zum Kühlschrank, damit ich dort das Bier abstelle – und verschwindet dann in ihrem Zimmer. Ich weine allein auf dem Balkon. Verwundert bin ich nicht. Wer hat schon Lust, mit einer Nazi-Enkelin abzuhängen? Noch schlimmer: mit einer sich selbst bemitleidenden Nazi-Nachfahrin? Ganz fahren lasse ich die Hoffnung auf eine verbindende Plauderei im heimeligen Grün aber wohl doch noch nicht. Mich übermannt jedenfalls eine Welle übertrieben tiefer Enttäuschung, ja Verlassenheit, als meine Gastgeberin mir kurz darauf, schon im Hinausgehen ganz beiläufig zuruft, dass wir uns wahrscheinlich nicht wiedersehen, weil sie bei einer Freundin übernachten wird und erst sehr spät am nächsten Vormittag zurückkommt. *Da sitzt du schon wieder mit den anderen Nazi-Nachkommen zusammen*, führe ich ihren Satz bitter fort, als sie die Haustür zuschlägt, *mit deinem Tribe, mit dem ich nichts zu tun haben will*. Dann weine ich. In der nächsten Stunde leere ich allein die zwei Flaschen Bier.

Das Bild des *Tribes* ist am Nachmittag zum ersten Mal in meinen Gedanken aufgetaucht. Der Stamm der Nazi-Nachfahr*innen. Die NaNas. Ich saß im Seminarraum der Gedenkstätte Neuengamme, im ersten Stock des Klinkerbaus, wo die SS einst Hunderte Gefangene einpferchte und wo wir zwölf NaNas nun mit großer sozialer Distanz über unsere furchtbaren Verwandten jammerten. Natürlich ist eine Zahlenfetischistin dabei, die bei jeder Gelegenheit mit den bekannten monströsen Ziffern um sich wirft, nur um sich dann scharf davon abzugrenzen. 6 Millionen. 40 Millionen. *70 Millionen. Und mein Vater mittendrin! Und ich bin mein Leben lang Kommunistin und Antirassistin!* – *Es bringt doch nichts, unsere Vorfahr*innen zu dämonisieren*, meckerte ich jedes Mal stumm und schloss die Lider, um mit den Augen zu rollen. *Merkst du denn nicht, dass wir, wenn wir das Böse nicht in uns selbst erkennen, dem gleichen Größenwahn frönen, unter dem unsere Nazi-Ahn*innen litten?* Und während ich weiter schwieg und ein Stoßgebet nach dem anderen in Richtung der zählenden NaNa schickte, merkte ich gar nicht, dass ich gerade vor allem Hinweise auf mein eigenes Herrenmenscheln lieferte, dass ich wie in Auschwitz die anderen abwertete, um mich selbst besser zu fühlen.

Die 68er haben doch auch nichts verändert, als sie ihre Täter- und Mitläufer-Eltern angeklagt und verurteilt haben. Solange wir *uns dem antirassistischen Kampf nur mit dem Kopf verschreiben und solange wir die diskriminierenden Strukturen nur außerhalb unserer selbst suchen, befeuern wir die Unmenschlichkeit immer weiter. Wir selbst profitieren nicht nur ungewollt von den ungerechten Machtverhältnissen, wir erneuern diese ständig selbst. Lasst uns keine Debatten über das Tun anderer führen! Lasst uns uns selbst erforschen! Lasst uns unsere Vorfahr*innen in uns selbst suchen, sonst können wir uns nie wirklich von ihnen lösen.* Während ich so predigte, nervte ich mich schon selbst. Schließlich wusste ich ganz genau, dass meine Rede nur graue Theorie war, dass ich selbst noch immer keine Ahnung hatte, wie ich meine hehren Ideale umsetzen sollte, ja, ob sie überhaupt umzusetzen waren. Ich verdrängte das Konkrete. Ich fragte mich nicht, wie finde ich Opa in mir? Und auch nicht: Wie werde ich ihn bloß los? Es dauerte noch immer eine Weile, bis ich in dem Seminarraum meine selbstgerechte Besserwisserei erkannte. Zunächst rügte ich weiter die Frau mit dem Zahlenfetisch. Denn die empörte sich nun über Männer, die Babys gegen Mauern schmetterten und aus Menschenhaut Lampenschirme anfertigten. *Wie konnten sie nur so grausam sein!*, ächzte daraufhin der Sohn eines Eisenbahners, der Häftlingszüge Richtung Osten gefahren hatte oder fahren musste, darüber war sich der Nachfahre noch nicht im Klaren. Ich fixierte flehend die drei Mitarbeiter*innen der Gedenkstätte, die ein wenig abseits von uns in dem luftigen Seminarraum saßen. Sie hatten dieses Treffen einberufen. Sie mussten doch einschreiten, dieses Geifern endlich stoppen. Sie mussten der Frau doch sagen, dass sie sich nicht suhlen sollte in makabren Beschreibungen und auch nicht in ihrer nach außen gerichteten Wut. Sie mussten ihr, dem

Mann und allen anderen doch verständlich machen, dass es unsere Aufgabe war, das Unmenschliche in uns selbst zu erkennen und auszumerzen, um es aus der Welt zu schaffen. Während ich so versuchte, sie telepathisch auf meine Linie zu bringen, und die Frau sich weiter ereiferte, blickten die Gedenkstätten-Mitarbeiter*innen mit verschränkten Armen und undurchdringlicher Miene in unsere Runde. Da verstand ich, dass sie keinerlei Anstalten machen würden, uns und unseren Prozess zu lenken, dass wir das ganz allein machen mussten, dass das die Herausforderung war. Und dann traf mich die nächste Erkenntnis wie ein Blitz. Natürlich gibt es keinen Königsweg. Natürlich gibt es nicht die *eine* korrekte Haltung, nicht die *eine* richtige Meinung, nicht den *einen* guten Umgang, nicht *den* richtigen Prozess, nicht *das* Trauern. Es existiert keine allgemeingültige Handlungsanweisung, die uns vor uns selbst bewahrt. Jede*r von uns muss sein*ihr eigenes Werkzeug finden, seinen*ihren eigenen Weg, um sich und damit die anderen zu retten. Zusammen können wir, die Nachfahr*innen der größten Terrorist*innen der Menschheitsgeschichte, nicht mehr tun als das, was wir in der Gedenkstätte des ehemaligen Konzentrationslagers taten: Einen geschützten Raum schaffen, in dem wir unsere nazihaften Gedanken, Ideen, Gefühle herauslassen können, ohne dass Dritte, Unbeteiligte oder Betroffene darunter leiden. In diesem Raum dürfen wir uns eben gerade nicht dauernd gegenseitig be- und verurteilen, hier haben wir die Chance, uns selbst zu erkennen, uns allmählich zu angenehmeren, liebevolleren Menschen zu entwickeln. Je länger ich über meine Erkenntnis nachdachte, desto sicherer war ich, dass wir NaNas diesen geschützten Raum sogar schaffen **mussten**. Ja, es war unsere Aufgabe, unsere Pflicht. *Niemand mag sich ohne eigene Not mit den emotionalen Nöten von uns Täternachfahr*innen auseinandersetzen*, schrie ich mich stumm an. Eigentlich wollte ich das selbst auch nicht. Ich fühlte mich der geifernden Frau nicht nah und auch nicht dem naiven Mann. Aber ich war nun überzeugt, dass mir nichts anderes übrig blieb. Noch in der Gedenkstätte erinnerte ich mich an eine Familienaufstellung, an der ich ein paar Jahre zuvor teilgenommen hatte, zusammen mit fünfzig deprimierten, mittelalten *weißen* Deutschen, die sich von einem nuschelnden, weißhaarigen *weißen* Aufsteller Erlösung erhofften. Auch in jener Runde hatte ich dauernd stumm über die anderen gelästert, obwohl ich insgeheim genau wie sie auf definitive Antworten des Mannes wartete. Nach meinem Erkenntnisblitz war ich nun sicher, dass auch die esoterischen, jammernden *weißen* Deutschen unbewusst vor allem mit ihrem eigenen Nazitum zu tun hatten und dass meine Lästerei damals, genau wie die heute nur dazu dienen sollte, die Parallelen zwischen ihnen und mir zu verschleiern. *Wir sind eine Schicksalsgemeinde, ein Tribe*, war im Seminarraum nun mein Mantra. Bis wir uns am frühen Abend verabschiedeten, schaffte ich es dennoch nicht, mit den anderen Teilnehmer*innen in Kontakt zu treten. Ich schwieg weiter, geknickt und auch überfordert, und in den folgenden Pausen blieb ich allein sitzen. Als ich der Zahlenfetischistin aus Versehen beinahe die Toilettentür ins Gesicht knallte, entschuldigte ich mich übertrieben überschwänglich, woraufhin sie, mich skeptisch musternd, zurückwich, was mich das erste Mal an diesem Tag und völlig unerwartet in unangemessen heftige Verzweiflung stürzte.

Nach den beiden Bieren auf dem pastellenen Airbnb-Balkon bin ich wie erwartet ganz benommen. Endlich bin ich ruhig genug, um das Buch aus dem Rucksack zu ziehen, das ich mir gerade für meine Trauerarbeit zu lesen verordnet habe. *Monster* von Yishai Sarid. Es ist der fiktive Monolog eines jüdisch-israelischen Reiseleiters, der Schüler*innen aus Israel zu den deutschen Vernichtungs- und Konzentrationslagern in Polen führt und dabei langsam durchdreht. Gerade beschreibt der Erzähler ausgerechnet, dass ihm das Auftreten der Jugendlichen in den Gedenkstätten im Grunde nur dann adäquat erscheint, wenn sie vor Entsetzen umkippen, und er räsoniert, dass jedes Verhalten, das ihm im Antlitz des Grauens unmenschlich vorkommt, wahrscheinlich gerade besonders menschlich ist. Ich denke an die Zahlenfetischistin und die Babys an den Wänden. Wahrscheinlich ist es wirklich eine normale menschliche Reaktion, sich auf Abstraktes und Altbekanntes zurückzuziehen, auf die immer gleichen Horrorstorys. Wahrscheinlich wehrt unser Kopf sich, die eigene Unzulänglichkeit zu erfassen, um uns zu schützen. Vielleicht sind wir im vollen Bewusstsein unserer Fehlerhaftigkeit, der möglichen eigenen Bösartigkeit gar nicht überlebensfähig. Vielleicht schaffe ich es deshalb nicht, zu dem Nazi in mir vorzudringen. Ich lege das Buch weg und hole mir am Bahnhofskiosk noch ein Bier.

Ich hatte gehofft, es würde mir besser gehen, wenn Mama mich erst einmal zur Gedenkstätte in Dachau begleitet. Bei unserem Besuch dort vor ein paar Wochen habe ich aber vor allem noch mehr wahrgenommen, wie sehr unser beider Sein mit der Nazizeit verwoben ist. Den Großteil der zwei Stunden, die wir in dem früheren KZ verbrachten, traute ich mich gar nicht, mit ihr zu sprechen, aus Angst, sie könnte etwas Falsches sagen, etwas Unangemessenes. Am Ende sagte Mama, *so viel Leid,* und nach einer, meinem Empfinden nach natürlich viel zu langen Pause fügte sie an, *und unsere Familie mittendrin.* Beim Hinauslaufen sagte sie auch noch, genau unter der Inschrift *Arbeit macht frei: Das war auch das Motto vom Papa.* Sie war sichtlich angefasst, und ich hoffte, sie würde endlich eine Ahnung der eigenen Verwicklung erhaschen. Aber ich verkniff mir, *und es ist auch deins,* hinzufügen, auch, weil ich wieder spürte, dass schon diese Einsicht über das Wesen ihres Vaters sie erschütterte. Außerdem hätte ich dann ja auch sagen müssen, *es ist auch mein Motto.* Und dafür aber war ich vielleicht selbst noch gar nicht bereit. Seit Dachau jedenfalls bin ich kaum weitergekommen bei meiner Suche nach einer Antwort auf die Frage, was es eigentlich genau bedeutet, sich dieser Vergangenheit zu stellen. Um mich daran zu erinnern, dass ich die Vergangenheit nicht bewältigen kann, habe ich mein Zimmer und auch den Laptop mit Zitaten vollgeschrieben. Als Oberstes: *Die Deutschen sind ein Volk von Bewältigern geworden, denen sogar ein Wort für diese Sache einfiel, das von der Vergangenheitsbewältigung.* Neben dem Satz von Ruth Klüger steht einer des polnischen Soziologen Zygmunt Bauman. *Der Holocaust ist kein Bild an der Wand, sondern ein Fenster, durch das Dinge sichtbar werden, die normalerweise unentdeckt bleiben.* Baumans Frau hat das Warschauer Ghetto überlebt. Die Erkenntnis kam ihm nach eigenen Angaben, nachdem es ihm endlich irgendwie (er erklärt es leider selbst auch nicht genauer) gelungen war, den eigenen Schleier des Verdrängens zu lüften.

Nachts liege ich oft wach und bekomme von meinen sich-im-Kreis-drehenden Gedanken solches Herzklopfen, dass ich bis zum Morgengrauen nicht einschlafen kann. Überall wittere ich dann Hinweise auf meine, unsere Verstrickung. Hängt das Foto der riesigen deutschen Eiche im Kelleraufgang meines Elternhauses, weil die Nazis den Baum für ihre Propaganda missbrauchten? Hat es mich acht Jahre meines Lebens an die Costa del Sol in Südspanien verschlagen, weil sich dort, geschützt von Hitlers einst mörderischem Komplizen Franco, besonders viele Alt-Nazis verkrochen? Leide ich wegen all dieser unverdauten und unverdaulichen Geschichten so oft unter Verstopfung? Hat meine gesamte Familie deshalb einen eher langsamen Stoffwechsel? Kann es Zufall sein, dass ich beim Autofahren so oft genau dann auf den Tacho schaue, wenn der gerade 88 Stundenkilometer anzeigt? (88 ist eine Chiffre für *Heil Hitler*, H ist der achte Buchstabe im Alphabet.) Tagsüber bin ich so reizbar, dass mir die Tränen kommen, wenn mich der Kassierer im Supermarkt anblafft, weil ich vergessen habe, die Bananen zu wiegen.

Nach dem dritten Bier auf dem Balkon der Hamburger Airbnb-Wohnung schaffe ich es dann endlich zum ersten Mal vor mir selbst auszusprechen, dass ich mich selbst wie eine Herrenmenschin verhalte. Zum Beispiel wenn ich andere wegen ihres Umgangs mit dem Nazi-Erbe verurteile. Diese brutale Konfrontation mit meiner eigenen Fehlbarkeit bringt mich gleich wieder zum Weinen. Natürlich erinnere ich mich an den allerersten Rat des Therapeuten: *Beobachten Sie sich und urteilen Sie nicht.* Ich kann es trotzdem nicht lassen, mich weiter herunterzuputzen. *Und jetzt heulst du doch schon wieder nur um dich selbst!* Und dann geht es erst richtig los. *Du bist privilegiert! Auch weil du dir aussuchen kannst, wann und ob du dich überhaupt mit dieser Geschichte auseinandersetzt. Denk an die Shoah-Überlebenden und ihre Nachfahr*innen, die mit ihren Erinnerungen aus den Lagern jede Unterhaltung sprengen, die nicht Schlange stehen können, weil es sie an das Stehen auf dem Appellplatz erinnert, die nicht Zug fahren können, ohne an die KZs zu denken, denen schlecht wird, wenn sie Deutsch hören.* Schließlich stoße ich auf den ultimativen Beweis dafür, dass ich ganz tief in der Herrenmensch-Falle sitze. Ohne zu zögern, ohne mich ein einziges Mal zu fragen, ob ich der Aufgabe gewachsen bin, habe ich schließlich auf Ruth Prieses Samtsofa die Trauerarbeit für die ganze Familie geschultert. Und ist es nicht ein weiteres untrügliches Indiz, dass ich mich immer schon gern als Kriegerin bezeichnet habe? *Und du meintest im Yoga-Stil – du und deine falsche Selbstwahrnehmung!* Sauer lache ich über mich selbst. Weit nach Mitternacht brabble ich auf dem Airbnb-Balkon eine Sprachnachricht an mich selbst. *Let's face your own Beschränktheit. Du bist ein Mensch. Keine Herrenmenschin. Du brauchst ein neues Selbstbild. Und jetzt musst du ins Bett.* Als mein Körper nach ein paar Stunden anfängt zu entgiften, bin ich wieder hellwach. Draußen graut der Morgen und mich erfasst sofort ein neuer Gedankenstrudel. *Habe ich mich mit meinem Vorhaben übernommen? Habe ich vielleicht wirklich gar nicht die Kraft für die Trauerarbeit? Sind die Geschäftigkeit, mit der ich eben diese Aufgabe angehe, genau wie der Rausch, den ich heute Nacht gesucht habe, nicht Anzeichen dafür, dass es mir zu viel wird?* Zwei Stunden später klingelt mich der Wecker aus wirren Träumen, an die ich mich nicht erinnere, die mich mit einer vertrauten und quälenden Unruhe in den Tag starten lassen. Keine Sekunde frage ich mich jedenfalls, ob mich die Auseinandersetzung mit den Folgen der Nazizeit überfordern könnte. Hellwach, voller Eifer lasse ich den Bus vorbeifahren und marschiere eine Stunde zur Gedenkstätte, im Kopf die Mission, der geifernden Frau und allen anderen NaNas mit Liebe oder zumindest großer Offenheit zu begegnen und einen sicheren Ort für unseren Tribe zu schaffen. Den Vormittag über bin ich dann aber zu beschäftigt, mit dem bitteren Filterkaffee gegen die Schläfrigkeit anzukämpfen, und am Nachmittag davon so überdreht, dass es mir schwerfällt, den Gesprächen zu folgen.

Am Abend, zurück in meiner Wohnung in Berlin, kiffe ich, bis mir übel ist. Plötzlich läuft dann eine Abfolge ungekannter, verdrängter Szenen vor meinem inneren Auge ab. Ich gefalle mir nicht in dem Film, den sie zusammensetzen. Ich schäme mich. Ich ahne aber auch, dass in den Bildern ein befreiendes Potenzial steckt.

/

OMA UND ICH.
DIE TOTEN.

Bei einem braunen Schild mit weißen Kreuzen darauf biegt Opa in ein lichtes Mischwäldchen ab. Die Strahlen der tief stehenden Sonne, die das Innere des Taxis gerade noch golden gefärbt haben, bleiben in den Stoppeln eines frisch gemähten Weizenfeldes hängen. Im Auto wird es sofort düster, die Luft kühlt ab. Ich rutsche zu Antonia. Auch weil die verschwindende Sonne von ihrem Platz aus im Rückspiegel noch ein bisschen besser zu sehen ist. *Was ist gelb und sehe ich, das du nicht siehst?*, ruft Antonia. Wir haben einen weiteren Sommerferientag mit Oma und Opa am See verbracht, sind übermütig und aufgekratzt vom Spielen, Lachen, Streiten. Ich grinse, ich glaube, die Antwort schon erraten zu haben. *Die Sonneeee!* – *Neeeein*, brüllt sie fröhlich, zufrieden über meine falsche Gewissheit. *Du schwindelst*, schreie ich, sie wirft sich auf mich.

Je tiefer Opa in den dunklen Tannenwald fährt, desto stiller werden wir. *Ich will nicht zum Friedhof, nicht schon wieder*, murmelt Antonia. Wortlos rutsche ich zurück auf meinen Platz. Die Ausflüge in Opas Taxi enden eigentlich immer an einer Kriegsgräberstätte. Jedes Mal sinkt die Stimmung. Und je lauter wir mosern, desto unangenehmer wird es. *Wieso müssen wir da immer mit?*, fährt Antonia trotzdem fort. Opa blickt zu Oma auf dem Beifahrersitz, die dreht sich mit strengem Blick zu uns. Auch ich schaue böse zu Antonia. Sie senkt den Kopf und schweigt. Auf dem Parkplatz hievt Opa umständlich mit beiden Händen sein lahmes linkes Bein aus der Fahrertür, stemmt sich ächzend vom Sitz hoch. In den dicken braunen Stoffhosen, in denen er den ganzen Tag geschwitzt hat, die er nur für diesen Moment angezogen zu haben scheint, schlurft er den geharkten Kiesweg hinunter, der zu einer langen Reihe von Steinkreuzen führt. Es sieht aus, als würde er das Bein mit der Kriegsverletzung noch stärker als sonst nachziehen.

Auch Oma steigt aus. Ich bleibe sitzen, im Taxi ist der Badetag immerhin noch ein wenig zu spüren. Auch Antonia rührt sich nicht. *Was ist braun und sehe ich, das du nicht siehst?*, frage ich leise. *Opas Bein*, entfährt es Antonia, eine Spur zu laut. Das merke ich gleich. Ich stimme trotzdem in das Kichern meiner Schwester ein. *Lasst's den Schmarrn endlich und macht's, dass rauskommt's*, scheucht uns Oma, und wir folgen ihr nach draußen. Wir wissen: Tatenloses Herumsitzen duldet sie nur beim Fernsehen. Aber wieso schimpft sie uns, weil wir über Opa lachen? Sie hat sich doch selbst den ganzen Tag über ihn lustig gemacht. Weil er so wenig spricht und nuschelt. Weil er sich mit der nassen Badehose auf ihr Handtuch setzt. Weil er schmatzt. Hat sie überhaupt jemals ein nettes Wort über ihn gesagt? Eigentlich immer herrscht zwischen den beiden Krieg. Sie wird laut, und er stumm.

Auf geht's, ruft Oma. Wir stellen uns neben ihr auf, jede auf einer Seite, sie greift unsere Hände, und dann gehen wir im Gleichschritt durch den Wald, der Sonne entgegen, die noch zwischen ein paar Stämmen leuchtet. Ein Auto kommt uns entgegen. Vielleicht ein kleines bisschen zu nah fährt es an uns vorbei. *Der sollte man den Führerschein entziehen!*, schimpft Oma. *Frauen können einfach nicht Auto fahren!* Ich frage mich, wie sie im Gegenlicht die Fahrerin gesehen haben kann. Und Mama fährt doch auch Auto. Oma dreht um, und wir laufen wieder auf die Kriegsgräber zu, wo Opa noch immer mit gesenktem Kopf vor den Kreuzen kniet. Antonia und ich klettern auf die Rückbank. Oma setzt sich auf den Beifahrersitz. Sie ist ganz starr.

ICH.
SEHEN.

Erste Szene. Mit einem *weißen* Freund besuche ich im Jahr 2011 meine Taufpat*innen auf Sylt. Als die 70-Jährigen zum Nachtisch schokoüberzogene Zylinder aus Eiweißmasse servieren, sagen sie nicht *Schaumküsse*. Mein Freund, der damals schon ein Antirassismus-Training hinter sich hat, wie ich später von ihm erfahre, reagiert sofort und streng. *Das N-Wort wird nicht mehr verwendet.* Meine Patin, eine pensionierte Hauptschullehrerin, stöhnt laut, macht eine abfällige Handbewegung. *Was man nicht alles nicht mehr sagen darf!* Sie wiederholt das Wort, das sie nicht sagen soll, und plappert auch noch über Schnitzel und Apotheken. Ganz langsam steht mein Freund auf und, ohne sie oder mich anzusehen, verlässt er das Zimmer. Ich bleibe mit meinen Pat*innen zurück. Ich bin unruhig. Traurig. Voller Scham. Wahr nehme ich vor allem meinen Ärger. Ich bin sogar richtig wütend. Auf meinen Freund. Weil er mich in eine so unangenehme Situation gebracht hat. Weil er meine Pat*innen provoziert, herabgewürdigt, respektlos behandelt, uns einfach sitzen gelassen hat, ohne etwas zu erklären, ohne uns eine Chance zu geben, uns zu rechtfertigen.

Natürlich habe auch ich längst mitbekommen, dass das N-Wort nicht mehr benutzt werden soll. Dass manche *Weiße* sich weigern, auf den Begriff zu verzichten, finde ich aber nicht weiter schlimm, besonders wenn es Menschen sind, die so alt sind wie meine Taufpat*innen. Ich finde sogar, man muss Verständnis für diese Verweigerer*innen haben. Schließlich ist es doch wirklich nicht leicht, Worte aus dem Sprachgebrauch zu streichen, die man ein Leben lang benutzt hat. Ich verwende das N-Wort damals selbst noch manchmal. *Schaumküsse* klingt ja auch wirklich bescheuert, finde ich. Dass der Begriff Menschen verletzt, dass sich dahinter eine rassistische Haltung verbirgt, die eine rassistische Wirklichkeit verstetigt, blende ich aus. Und so lästere ich am Sylter Abendbrottisch eine Weile mit meinen Taufpaten über *political correctness* und *Sprachpolizisten*, knurre, *fanatisch, übertrieben*. Als mein Freund nach einer Stunde noch immer nicht zurück ist, stapfe ich hinaus in die Dünen, um ihm meine Meinung zu sagen. Er ignoriert mich, starrt bloß aufs Meer. Mein Gezeter geht in Heulen über. *Du hast keine Ahnung, wie es Schwarzen Menschen in Deutschland geht*, schleudert er mir da entgegen. Ich bekomme beinahe einen Nervenzusammenbruch. Wir reisen früher ab als geplant und sehen uns danach kaum noch. Über die Sylter Episode sprechen wir nie wieder.

Doch sie lässt mich nicht los. Irgendwie weiß ich, dass der Freund mit seiner Kritik recht hat. Aber etwas sträubt sich heftig in mir, seine Lektion anzunehmen. Ich sehe vor allem sein Versagen. Seine Arroganz, Selbstgerechtigkeit, Aggression. Ich verabrede mich mit einem *weißen* Bekannten aus München, der mit einer Schwarzen Französin aus der Karibik verheiratet ist, mit der er Schwarze Kinder hat und den ich daher in dieser Sache als Autorität betrachte. *Fühlt sich deine Frau verletzt, wenn man das N-Wort benutzt? Ich sage nicht N-Wort.* Natürlich nicht!, posaunt mein Bekannter, Redakteur bei einer großen Zeitung. *Sie benutzt es ja sogar selber!* Den übrigen Abend prahlen wir mit unseren jüngsten Recherchereisen, die ihn nach Kairo, New Orleans, Moskau geführt haben und mich nach Addis Abeba, Hawaii und Chile.

Wie konnte ich bloß so arrogant, so selbstgerecht sein? Wie konnte ich es nicht früher erkennen?

Zweite Szene. Mit meiner Mutter bin ich bei einem Sandkastenfreund in Hamburg zum Abendessen eingeladen. Es ist Herbst 2015. Seit Monaten fliehen Hunderttausende Menschen vor der Gewalt in Syrien, Afghanistan und im Irak nach Europa, und Deutschland diskutiert über eine Obergrenze für deren Aufnahme. Ich habe gerade mit einem Deutsch-Afghanen ein Buch über seine Flucht und sein Ankommen geschrieben, für ein weiteres die Entstehung der Seenotrettungsorganisation Sea-Watch begleitet, fühle mich als Rächerin der Benachteiligten dieser Erde. Zum Aperitif attackiere ich die Obergrenze. Die Frau von meinem Kindheitsfreund, die wie er für eine Unternehmensberatung arbeitet, reagiert scharf. Sie wolle nicht, dass ihre *hart erarbeiteten Abgaben* für Geflüchtete ausgegeben werden. *Glaubst du etwa, wir hätten uns unseren Lebensstandard verdient?*, frage ich süffisant. *Wir leben doch nur so gut, weil Menschen woanders leiden!* In einem Zug kippe ich ihren teuren Prosecco hinunter.

Wann bist du bloß so radikal geworden?, hält mir mein Kindheitsfreund da vor, und Mama flüstert mir verstört ins Ohr, *ich erkenn dich ja gar nicht wieder.* – Unser Wohlstand basiert auf Ausbeutung! Unser ruhiges Gewissen auf verdrängender Geschäftigkeit!, rufe ich, sodass es auch die Gastgeberin hören kann, die in der Küche den Hauptgang bereitet. Nur wegen Mama bleibe ich bis zum Dessert. Innerlich habe ich noch vor der Vorspeise beschlossen, den Kontakt zu dem *selbstgerechten* Sandkastenfreund und seiner *überheblichen* Frau abzubrechen. Mit *solchen* Menschen will ich nichts zu tun haben.

Wieso habe ich mich da nicht an Sylt erinnert? Wieso habe ich meine Hybris nicht gesehen? Was habe ich noch alles nicht erkannt? Es schüttelt mich.

Dritte Szene. Für ein Interview besuche ich im Frühjahr 2016 den eritreischen Pfarrer Mussie Zerai, den sie *Schutzengel der Geflüchteten* nennen, irgendwo zwischen Basel und Zürich. Er steht dort einer Kirchengemeinde vor. Zerai empfängt mich mit müden Augen. Er habe die Nacht durchwacht, entschuldigt er sich und zeigt mir eine Nachricht auf seinem Handy. *Motor ausgefallen, überall Wasser, alle in Panik.* Es ist der Hilferuf eines Eritreers, der mit Hundert anderen in einem Schlauchboot irgendwo zwischen der libyschen und der italienischen Küste treibt. Zerai hat die SMS um Mitternacht bekommen. Sofort hat er die Position des Boots und die Nummer des Eritreers an die italienische Küstenwache geschickt und auch an die maltesische. Aber noch immer sind die Menschen allein und ihn erreichen weiter verzweifelte Nachrichten. Alle zehn Minuten unterbricht Zerai unser Gespräch, um den Mann im Meer zu beruhigen, um die Küstenwächter*innen an ihre Aufgabe zu erinnern.

Tausenden hat er so schon das Leben gerettet. Unter Menschen, die vom afrikanischen Kontinent nach Europa wollen und keine Chance auf ein Visa haben, kursiert seine Nummer seit vielen Jahren. Sie steht entlang der Fluchtrouten an Hauswänden und in Gefängnissen, auf den Decks von Fluchtbooten. In Zerais gemütlichem Büro empöre ich mich irgendwann sehr. Weil in Genf, Brüssel und Berlin niemand etwas gegen das Sterben unternimmt. Weil alle wegschauen. Weil die Redaktionen nicht einmal gern darüber berichten. Weil ich jedes Mal kämpfen muss, um einen Text über die Not der Flüchtenden zu platzieren. *Ich verstehe einfach nicht, wie alle ignorieren können, was an unseren Außengrenzen passiert! Wie können alle so tun, als hätten die Toten nichts mit uns zu tun!* Erst als ich endlich still bin, spricht Zerai wieder. *Dass alle so leicht wegschauen können, hat wohl damit zu tun, dass die Menschen in den Schlauchbooten Schwarz sind.*

Das erste Mal während des Gesprächs reagiere ich nicht sofort mit heftigem Kopfnicken auf das, was er sagt. Diesmal finde ich seine Aussage sogar äußerst fragwürdig, ja falsch. Ich habe mich längst überzeugt, dass der Grund für das unmenschliche Wegschauen die betäubende Bequemlichkeit des Konsumentendaseins und der damit einhergehende grassierende Egoismus ist. Und ist es nicht eine menschliche Eigenschaft, Geschichten überdrüssig zu werden, wenn sie sich wiederholen? *Ich fürchte, wir würden auch weiße Flüchtende in Seenot ignorieren*, sage ich also. Mussie Zerai lächelt bloß. Ich fühle mich unwohl. Ich will noch etwas hinzufügen, etwas, das meine Position stärkt. Etwas, das die Nähe wiederherstellt, die doch gerade noch zwischen uns geherrscht hat. Aber wir verabschieden uns kurz darauf, ohne dass mir etwas einfällt.

Wie konnte ich damals meine Verblendung nicht sehen? Wieso habe ich nicht gemerkt, dass kein Schwarzer mich braucht? Wieso habe ich meine koloniale Haltung nicht gesehen, und auch nicht, dass ich meinem Leben auf Kosten der Unterdrückten Sinn geben wollte? Wieso hatte ich damals noch nicht Aimé Cesaire gelesen?

Ja, es wäre der Mühe wert, das Verhalten Hitlers und des Hitlerismus einer detaillierten klinischen Studie zu unterziehen und dem ach so distinguierten, ach so humanen, ach so christlichen Bürger des zwanzigsten Jahrhunderts mitzuteilen, dass Hitler in ihm ›haust‹, dass Hitler sein ›Dämon‹ ist, dass er, wenn er ihn rügt, einen Mangel an Logik verrät, und dass im Grunde das, was er Hitler nicht verzeiht, nicht das ›Verbrechen‹ an sich, das ›Verbrechen am Menschen‹, dass es nicht ›die Erniedrigung des Menschen an sich‹, sondern dass es das Verbrechen gegen den weißen Menschen ist, dass es die Demütigung des Weißen ist und die Anwendung kolonialistischer Praktiken auf Europa, denen bisher nur die Araber Algeriens, die Kulis in Indien und die Neger Afrikas ausgesetzt waren.

*Will ich vielleicht noch immer von ihnen geliebt werden? Meine ich noch immer, die **eine** gute Weiße sein zu können, die die Schwarzen versteht, die sie als ihre Alliierte sehen?*

Vierte Szene. *Ach ja, streichen Sie bitte noch die Worte Schwarz und weiß. Damit betonen Sie einen Gegensatz, den wir überwinden wollen.* Die Redakteurin rechnet nicht mit Widerworten, nennt schon den Abgabetermin für die nächste Fassung des Manuskripts. Es ist Sommer 2018, ich habe gerade einen Text über Panafrikanismus geschrieben, die Idee, dass Menschen afrikanischer Herkunft über soziale, kulturelle, historische Bande verknüpft sind und ähnliche Kämpfe führen, egal ob sie in Europa, Amerika oder Afrika leben. Der deutsch-kongolesische Protagonist kämpft in diesem Geist für nicht weniger als eine neue globale Ordnung ohne strukturellen Rassismus, ohne irgendwelche Diskriminierungen. *Die Worte Schwarz und weiß beschreiben keine Hautfarbe, sondern tatsächliche soziale Positionen im real existierenden gesellschaftlichen Machtgefüge*, entgegne ich leise. Verunsichert. *Unser Protagonist ist überzeugt, dass wir die ungerechten Verhältnisse nur überwinden können, wenn wir sie anerkennen und benennen. Ich finde, wir müssen Schwarz und weiß schreiben.* – *Wieso wollen Sie einen Gegensatz schaffen, der nicht existiert?*, unterbricht die Redakteurin meinen Diskurs. *Wenn Sie von Schwarz und weiß reden, speisen Sie Rassismus. Sie spielen den Neonazis in die Karten.* Sie donnert, *das kommt weg*. Ich sage nichts mehr, und auch die Kollegin, die den Text mit mir zusammen geschrieben hat, schweigt.

Wieso hat sie das Projekt angenommen, wenn sie Rassismus leugnen will?, echauffiere ich mich, aber erst, als wir aufgelegt haben. Aber ich zweifele auch ein kleines bisschen. *Hat sie vielleicht doch recht? Macht das Intellektualisieren, das Thematisieren das Problem größer, als es ist? Ist es vielleicht doch besser, den Unterschied zwischen Schwarz und weiß zuerst in der Sprache* *auszumerzen?* Dass die Ungerechtigkeiten vor allem fortbestehen, weil Schwarze noch immer nicht den Platz in der Gesellschaft haben, der ihnen zusteht, ist mir schon klar. Ich frage mich nicht, ob wir Vertreter*innen der *weißen* Mehrheitsgesellschaft überhaupt die Richtigen sind, um über die Bezeichnung von Angehörigen der Schwarzen Minderheit in den Medien zu verhandeln, wo sie genauso unterpräsentiert sind wie überall sonst auch.

Geht es also vor allem um Repräsentation und nicht um kritische Selbstreflexion? Muss ich nicht über mich nachdenken, sondern Platz machen für Schwarze Deutsche? Bin ich schon wieder auf dem Holzweg?

Fünfte Szene. Mit drei afrikanischen Journalist*innen nehme ich im Spätsommer 2016 an einer Stadtführung durch Berlin teil. Wir sind alle Bundespräsident Horst Köhler-Stipendiaten, die drei werden zwei Monate in deutschen Redaktionen arbeiten, ich werde im Herbst nach Nairobi fliegen. Vom Reichskanzlerpalais in der Wilhelmstraße, wo die europäischen Kolonialmächte im Jahr 1884 auf der Berlin-Konferenz auf Einladung Otto von Bismarcks, des Gründers und Kanzlers des Deutschen Reichs, den afrikanischen Kontinent unter sich aufteilten, spazieren wir zum Denkmal für die ermordeten Jüdinnen*Juden Europas. Voller Bewunderung erklärt mir der Journalist aus Mombasa, Deutschland und die Deutschen seien viel weiter entwickelt als Kenia, ja als der gesamte afrikanische Kontinent. *Wir müssen viel von euch lernen.* Ich reagiere sofort und heftig. *Wir müssen von **euch** lernen! Deutschland ist doch höchstens ökonomisch ent-*

wickelt! Und das auch noch auf eure Kosten! Der Kenianer sieht mich verwundert an, die anderen Stipendiaten, die hinter und vor uns laufen, drehen sich interessiert zu uns um. Da nehme ich richtig Fahrt auf. Dass die Erde kurz vor dem Kollaps steht, hat doch gerade mit dieser angeblichen *Entwicklung* zu tun, die doch eigentlich eine *Degeneration* ist, den Zusammenhang aber sehen wir Deutschen und auch die anderen Europäer*innen nicht wegen unserer postkolonialen Arroganz und Selbstgerechtigkeit. Der Mann aus Mombasa lächelt bemüht, die anderen haben sich längst wieder abgewandt. Leider hält mich das nicht davon ab fortzufahren. Entwicklungspolitik sei prinzipiell scheinheilig, denn sie verfolge doch vor allem europäische, westliche Interessen. *Wenn Kenia wie Deutschland wird, macht mir das nichts,* ruft der Journalist aus Mombasa in einer meiner kurzen Redepausen. Dann beschleunigt er seinen Schritt, schließt zu den anderen auf.

Ich glaube, dass er mich abgestempelt hat als Radikale, mit der man nicht reden kann. Ein weiteres Mal sehe ich mich als Märtyrerin, die wegen ihres Einsatzes für die richtige Sache ausgeschlossen wird, von denen, die aus Bequemlichkeit nicht genauer hinsehen wollen. Dem Journalisten aus Mombasa diagnostiziere ich *internalisierten Rassismus.* Denn ich habe da schon gelesen, dass Menschen, die einer diskriminierten Gruppe angehören, die Minderwertigkeit irgendwann für wahr halten können, die ihnen eine dominante Gruppe andichtet. Ich kenne die psychologischen Experimente, die zeigen, dass Menschen Aufgaben tatsächlich schlechter erfüllen, wenn man ihnen sagt, sie seien von Natur aus unterlegen. Ich habe auch gehört, dass rassistische Gewalt und Herabsetzung die Genfunktionen der betroffenen Menschen verändern können und dass diese veränderten Genfunktionen vererbt werden. Wie leicht mir selbst rassistischer Bullshit über die Lippen geht, weiß ich noch nicht. *Wie privilegiert ich bin!*, denke ich also bloß und bemitleide den Kenianer anstatt zu erkennen, dass mein Versuch, Gleichberechtigung zu demonstrieren, nach hinten losgegangen ist, dass ich wieder bevormundet habe, dass es mir erneut nicht gelungen ist, wirklich offen zu sein, echten Austausch zu ermöglichen.

Habe ich das Nazi-Erbe in mir bloß mit einem antirassistischen Zuckerguss überzogen? Habe ich es deshalb so lange nicht sehen können?

Sechste Szene. Gemeinsam mit Eddy, meinem kenianischen Mitbewohner, fahre ich im Dezember 2016 von Nairobi zum Victoriasee, an die Grenze zu Uganda. Eddy ist Fotograf, gemeinsam wollen wir den Musiker Ayub Ogada portraitieren. Mich interessiert Ogada weniger wegen seiner Filmmusik als wegen der Tatsache, dass er nach fast 20 Jahren in London nach Kenia zurückgekehrt ist, quasi gegen den Migrationsstrom. Ich habe die Geschichte schon einer Redaktion verkauft, es soll um Rassismus in Europa gehen und um *das gute Leben in Afrika*. Frühmorgens kommen wir mit dem Nachtbus in Kisumu an, uns öffnet Ogadas Frau. Er liegt bäuchlings und angezogen auf dem Sofa. Eine leere Wodkaflasche steht auf einem Holztisch, daneben liegen mehrere an einer Ecke aufgerissene Plastiktütchen. Darin wird illegal gebrannter, 60-prozentiger Schnaps verkauft. Seine Frau bedeutet uns stumm, auf Sesseln Platz zu nehmen. Nach Mittag wacht Ogada auf. Sofort blickt er in meine Richtung. *Ihr versucht es immer wieder*, zischt er, *ihr wollt uns immer wieder ausbeuten.* Er beugt sich zu mir, bis ich seinen Wodkaatem riechen kann, klopft mit den Knöcheln auf seinen Kopf und sagt, *das Koloniale will da einfach nicht raus.* Dann reißt er ein Plastiktütchen auf, das er aus einer Ritze des Sofas fischt, trinkt es in einem Zug aus, lässt sich mit geschlossenen Augen zurückfallen.

Eddy nimmt meine Hand und führt mich hinaus. Ich zittere, ich nehme Ogadas Ausbruch persönlich, fühle mich angegriffen. Ich kenne den Ethnologen Claude Lévi-Strauss noch nicht, der schreibt, dass wir *Weißen* auf dem afrikanischen Kontinent mit den *allerunglücklichsten Formen unseres eigenen historischen Daseins* konfrontiert sind. Auch wenn ich genau spüre, dass Ogada nicht einfach versoffen ist, dass seine Sucht auch oder vor allem das Ergebnis gesellschaftlicher Verhältnisse ist, der schrecklich ungleichen Verteilung von Unglück, Leiden, Tod, lästere ich den übrigen Tag mit Eddy am Victoriasee über diesen betrunkenen Flegel, der seine schlechten Erfahrungen in Europa auf mich projiziert.

Wie oft muss ich meine Fehler bloß wiederholen, bevor ich sie erkenne?

Siebte Szene. Im Dezember 2019 begleite ich den Deutsch-Kameruner Hervé für eine Recherche in seine alte Heimat. Im Auftrag des Auswärtigen Amts reist er durch das Land und klärt junge Leute über die Risiken der Flucht nach Europa auf. Im Grunde soll er sie abhalten, sich auf den Weg zu machen. Hervé verdient sein Geld selbst seit zehn Jahren in Berlin, vor allem mit einem Afrika-Folklorefestival auf dem Alexanderplatz. Dank der Kampagne für das Auswärtige Amt kann er Dutzenden Menschen in Kamerun Arbeit geben, erklärt er mir, als ich ihn auf die Widersprüchlichkeit seiner Mission anspreche. In meiner Reportage beschreibe ich Hervé trotzdem als Opportunisten, der sich aus Eigennutz und auf Kosten seiner Schwarzen Brüder der alten Kolonialmacht beugt. *Warum bist du so wütend?*, fragt er mich vorsichtig, nachdem er den veröffentlichten Text gelesen hat. Ich streite meine Wut ab. Defensiv, aggressiv.

Wenig später schreibt mir ein Praktikant des österreichischen Regisseurs Ulrich Seidl. Der Filmemacher habe meine Reportage aus Kamerun gelesen und wolle den Protagonisten auf seiner nächsten Mission begleiten. Diese Scheinheiligkeit, das sei Material für einen Film. Zunächst fühle ich mich geschmeichelt. Als ich Seidl auf einen Kaffee treffe, wird mir bewusst, dass ich Hervé Unrecht getan habe, dass seine Situation vielschichtig ist und komplex, dass es sicher nicht an mir ist, über ihn zu urteilen. Als ich Hervé Seidls Anfrage weiterleite, warne ich ihn. Der Regisseur sei auf der Suche nach Skandalen, nehme sicher keine Rücksicht auf seine Protagonist*innen. Für meinen Text entschuldige ich mich noch immer nicht.

Muss ich meine eigenen Fehler etwa erst bei anderen beobachten, damit ich sie irgendwann bei mir selbst sehen kann? Was muss passieren, damit ich sie als Teil von mir verstehe und sie vor anderen eingestehen kann?

Achte Szene. Im Sommer 2020, ein gutes Jahr nach meinem Antirassismus-Training treffe ich Mutlu wieder. Aufgedreht jammere ich über den Rassismus in der Welt und in mir selbst und darüber, wie schwer es mir fällt, die abscheulichen Reflexe loszuwerden. Mutlu erzählt, dass auch er lange unbewusst *weiße* Dominanz reproduziert habe. Auf dem Gymnasium habe er seine kurdisch-türkische Herkunft geleugnet und auf Menschen herabgesehen, die seit Jahrzehnten in Berlin leben und nicht richtig Deutsch sprechen. Er habe behauptet, Rassismus sei nur ein Problem von Menschen, die sich nicht an die neue Heimat anpassen wollen. *Meine Anstrengungen, so mittelklasse-deutsch wie möglich zu sein, hat aber kein Lehrer honoriert. Sie sahen mich, hörten meinen Namen und hatten sofort Tausende Bilder von mir im Kopf, die ich ihnen nicht mehr austreiben konnte.* Es habe aber trotzdem noch eine Weile gedauert, bis er verstanden habe, dass Rassismus nichts mit individuellem Verhalten zu tun hat und dass er sich keinen Gefallen tat, wenn er diese Tatsache leugnete.

Aber ich habe es doch lange verstanden, klage ich. – *Damit die Erkenntnis auch emotional ankommt, braucht es eine liebevolle Atmosphäre, fährt Mutlu fort. Nur wenn man sich nicht verurteilt, ist es möglich, sich verwundbar zu machen, Fehler zuzugeben. Nur dann kann man etwas ändern.*

Wie schaffe ich es nur, liebevoller mit mir und anderen umzugehen? Wie kann ich das ständige Urteilen bloß sein lassen?

Neunte Szene. Auf der Pride gerät meine antideutsche Freundin Sonja im Sommer 2019 in Berlin mit einem Freund aneinander. Der Franzose skandiert mit einer Gruppe von

Palästinenser*innen, die auf der Parade gegen die israelische Besatzung protestieren. Sie wirft ihm Antisemitismus vor. Er spricht von Konzentrationslagern im Gazastreifen und nennt Israel ein faschistisches System. Sie ruft, *mit Antisemit*innen gebe ich mich nicht ab,* und läuft davon. Wir haben uns in einem Lesekreis zu feministischer Theorie über BDSM (Bondage & Discipline, Dominance & Submission, Sadism & Masochism) kennengelernt. Ich versuchte dort vergeblich, meine masochistische Neigung revolutionär aufzuladen. Sie sprach davon, im Bundesarchiv eine Anfrage zur Nazi-Vergangenheit ihrer Großeltern zu stellen. *Das sollten wir alle tun, das würde uns helfen, uns besser zu verstehen.* Im Sommer 2019 denke ich daran nicht. Mich erschrickt vor allem ihre Reaktion, die ich übertrieben, dogmatisch, ungerecht finde. Als Sonja wenig später mit mir über den Vorfall sprechen will, tauche ich ab.

Sicher habe ich Sonja Unrecht getan. Sicher habe ich auch antisemitische Reflexe. Sicher habe ich wieder etwas Wichtiges übersehen. Nur was? – Es tut mir leid, wie die Dinge damals gelaufen sind, schreibe ich im Sommer 2021 auf meinem Berliner Balkon an sie. *Ich würde dich gern wiedersehen und über alles reden. Sag Bescheid, wenn du bereit bist.*

OMA.
SCHNITTBLUMEN.

Wie immer war Hanna als Erste auf den Beinen. Die frühen Morgenstunden waren ihr der liebste Moment, erst recht im Frühling, als es um fünf Uhr schon taghell war. Sie riss das Badfenster auf und atmete tief die eisige Luft ein. Während sie den Amseln zuhörte, die auf den Zweigen der Apfelbäume trällerten, wusch sie sich mit kaltem Wasser Gesicht und Hände und zog den Bademantel über ihr Nachthemd. Dann ging sie in die warme Küche, schaltete das Radio an und kochte zu leisen Schlagermelodien Kaffee, strich Butter und Marmelade aufs Brot. Während sie aß, sah sie wie jeden Tag in ihren zurechtgestutzten Garten. Der Anblick erfüllte sie mit wohliger Zufriedenheit. Da kam Franz herein. Viel zu früh. Sie sprang an den Herd, wärmte Milch, belegte Brote, schenkte Kaffee ein. Sie merkte, wie er sie von seinem Platz auf der Eckbank neben dem Fenster musterte. Noch hatten sie kein Wort gewechselt. *Was gibt's zum Mittagessen?*, fragte er da. Es war Sonntag, und wie immer wollte er Schweinsbraten. Hanna war aber schon zu spät dran mit dem Frühjahrsputz, ihr blieb keine Zeit für Braten und Knödel.

Über die Frage waren sie schon am Abend in Streit geraten, genau als im Fernsehen die Quizsendungen begannen. Nur weil Hanna die Show nicht verpassen wollte, hatte sie nicht gleich losgebrüllt wie sonst. *Leberkäs*, antwortete sie, ohne sich umzudrehen. Sie hörte, wie er scharf Luft ausstieß, spürte, wie die Wut in ihr hochkochte, raffte Worte wie Munition um seinen drohenden Angriff abzuwehren. *Dann eben nächste Woche*, erwiderte Franz nur, fast klang es versöhnlich. Hanna aber forschte gleich nach etwas Gönnerhaftem in seiner Stimme. *Natürlich will er mir wieder zeigen, dass er das Sagen hat! Niemals wird er mich und meine Bedürfnisse sehen! Er weiß doch genau, dass der große Hausputz zwei ganze Wochen beansprucht! Und er erwartet doch sogar von mir, dass alles blitzsauber ist!*

Als sie ihm das Frühstück servierte, hätte sie ihm am liebsten die heiße Milch über den Schoß geschüttet, blitzte ihn aber nur böse an. *Ich brauche endlich mehr Haushaltsgeld.* Sie konnte es sich nicht verkneifen. Dass er ihr gerade genug gab, um das Essen zu zahlen, war ein Stachel, der tief saß, den sie bei jeder neuen Verletzung spürte. Und jetzt fühlte sie sich ein weiteres Mal von ihm abgewertet, geringgeschätzt, herabgewürdigt. Natürlich wusste sie, dass er beim Thema Geld aus der Haut fahren konnte, viel schneller, als wenn es ums Essen ging. Sie wusste auch, dass die Kinder von seinem Ärger wieder wach werden würden, dass ihre ganze Routine durcheinanderkommen würde, dass sie vielleicht gar nicht mehr zum Putzen kommen würde, dass die Stimmung im Haus noch mieser sein würde. Doch nichts geschah. Franz tat so, als hätte er sie nicht gehört. Stand auf und erklärte wie jeden Sonntagmorgen, *Jetzt ist die beste Zeit fürs Geschäft, da kommen die Amerikaner aus den Nachtlokalen*, als müsste er sich entschuldigen, dass er auch an diesem Tag arbeitete. Hanna wollte ihm entgegenschleudern, dass sie doch schon lange nicht mehr darunter litt, dass er vom Frühstückstisch aufstand, um sich bis in die späte Nacht in sein Taxi zu setzen. Sie wollte ihm klarmachen, dass sie mittlerweile sogar froh war, dass sie auch am Sonntag das Haus ein paar Stunden für sich hatte, zumindest so lange, bis die Kinder herunterkamen. Sie wollte sagen, dass ihre Ehe kaputt war. *Du wirst noch an deinem Geld verrecken,* fauchte sie aber nur.

Kaum war er weg, öffnete Hanna alle Fenster, schüttete den Rest ihres Kaffees in die Spüle, schlüpfte in den geblümten Kittel und krempelte die Ärmel hoch. Sie holte die duftenden bunten Reinigungsmittel unter dem Spülkasten hervor, die sie so liebte und die Franz ihr auch nicht gönnte und *Geldmacherei* schimpfte, und begann mit der Küche. Vor elf Uhr würden es die Kinder nicht wagen, ihre Zimmer zu verlassen. Vielleicht blieb ihr sogar noch Zeit, einmal das Bade- und Wohnzimmer zu wischen. Zumindest die drei hatte sie im Griff.

Sie räumte das Geschirr und die Vorräte aus Schubladen und Schränken und tauchte wie immer beim Putzen sogleich in Erinnerungen ab. Wie immer katapultierte sie sich zuerst in die Zeit, als sie nach dem Krieg das Haus bauten, als alles vor ihr lag. Damals konnte sie gar nicht aufhören zu arbeiten, sie packte ohne zu zögern an, was anzupacken war. Und Franz war stets an ihrer Seite. Nur einmal war er nicht da, als sie in der alten Emaille-Badewanne, die sie im zerbombten Nachbarhaus entdeckt hatte, eines Abends Zement anrührte. Die Bauarbeiter sollten am nächsten Tag so schnell wie möglich mit dem Fundament weitermachen. Als sie am Morgen vor dem harten Beton standen, lachte Franz sie aus. Sie zerrte die Wanne eigenhändig auf die Straße. Danach trieb sie sich noch härter an und die anderen auch. Vor sich sah sie ihr eigenes Reich, in dem sie herrschte, ihr Zuhause, das jeder, der vorbeikam, bewunderte. Sie wollte nicht nur die schönsten und gescheitesten Kinder und den feschesten und tüchtigsten Ehemann, auch das schickste Haus und den gepflegtesten Garten.

Was ist bloß von meinem Traum geblieben? Was von meiner Lebensfreude?, fragte sie sich, während sie die Ecken der Küchenschränke schrubbte. *Was ist nur aus uns geworden?* Sie stritten fast jeden Tag. Hanna war überzeugt, dass Franz ihr das Leben zur Hölle machen wollte. *Wieso sonst weigerte er sich, den schimmelnden Holzzaun mit einem schmiedeeisernen zu ersetzen? Die Nachbarsfrau, deren Mann doch nur ein Hotelportier war, hatte doch schon seit Jahren einen.* Solange sie sich erinnern konnte, hatte sie geglaubt, dass es immer schneller immer weiter nach oben gehen würde, dass sie auf der Sonnenseite des Lebens geboren war, dass ihr nie etwas Schlechtes passieren würde. Auch jetzt schob sie jeden Zweifel an ihrem Glück beiseite. Sie scheuerte noch toller. *Auf meine Kinder sind sie mir alle neidisch*, sagte sie sich. *Der Bub steht bei allen Radrennen auf dem Siegertreppchen. Nach den Mädchen dreht sich jeder um. Sie parieren und glänzen.*

Den Baugrund im Osten von München hatten Franz und sie Stück für Stück gekauft, innerhalb nur eines Jahres. In der Gärtnerei nebenan verdiente sie an manchen Tagen genug für einen Quadratmeter, und mit dem Geld, das Franz von den Baustellen mitbrachte, konnten sie in einer Woche zehn Meter kaufen. Jeden Abend schlief sie erschöpft auf seiner Brust ein, morgens wachten sie gemeinsam auf, vor Sonnenaufgang und voller Tatendrang. *Das war die beste Zeit meines Lebens,* dachte Hanna. Sie erschrak. Das Radio piepte elf Uhr. Sie stiebte nach oben, rannte ohne anzuklopfen in die Kinderzimmer und riss die Fenster auf. Sie ekelte sich vor abgestandener Luft. *Genug gefaulenzt!,* rief sie. *Raus aus euren Betten!*

Als das Haus gerade fertig war, kam Franz eines Nachts direkt von der Arbeit ins Schlafzimmer. Er merkte, dass sie sich nur schlafend stellte. Obwohl sie versuchte, ihn von sich zu schieben, blieb er bis zum Ende in ihr. Natürlich freute sie sich an den hübschen Zwillingen, strickte Jacken, häkelte Kleider. Aber der Sohn war ihr genug gewesen. Die Verantwortung der Erziehung lastete schwer auf ihr. Franz ließ sie mit den Mädchen noch mehr allein, als er es schon mit dem Buben getan hatte. Sie versuchte, die Töchter noch strenger unter Kontrolle zu halten. Und trotzdem fürchtete sie ständig, die beiden könnten ihr auf dem Kopf herumtanzen, entgleiten, vom rechten Weg abkommen.

Wie jeden Sonntag wollte der Junge das Bett nicht verlassen. Hanna zog ihm die Decke weg und watschte ihn liebevoll. Er lief maulend ins Bad, sie wechselte seine Bettwäsche. Durch die Tür sah sie, wie die Mädchen in ihren Zimmern die Decken aufschüttelten. *Es ist Sonntag,* rief sie streng. Sofort gehorchten die beiden, zogen die Betten ab. Auch das Leintuch des Bruders nahmen sie mit in den Waschraum im Keller. Hanna fegte und wischte derweil im Wohnzimmer, schüttelte die Kissen auf und nahm die Narzissen aus der Vase, die zu welken begannen. Als die Mädchen aus dem

Keller kamen, trug Hanna ihnen auf, neue Blumen zu holen. Am Zaun der Nachbarin hatte sie vor ein paar Tagen die ersten Tulpen entdeckt. *Lasst's euch bloß nicht erwischen!*, rief sie den beiden hinterher und schob den Leberkäs ins Rohr. Kaum hatte der Geruch des gegrillten Fleisches zu strömen begonnen, war der Junge in der Küche. Sie steckte ihm ein Stück in den Mund, er schloss die Augen und summte, sie tätschelte ihn am Kopf, er lehnte sich an sie. Am Nachmittag würden sie ihn wieder alle zum Radrennen begleiten, er würde wieder aufs Podest klettern, sie stolz machen. Sie lächelte. Er war ganz ihr Sohn. Nur in der Schule haperte es noch bei ihm. Aber Franz trieb ihn da schon mit viel Hingabe an. Die Mädchen kamen mit den Tulpen, steckten sie in eine frische Vase, deckten den Tisch.

Sie aßen wie immer schweigend. Als Hanna abräumte, erzählte Franz von den Amerikanern, die er von München nach Bad Tölz kutschiert hatte. *Einer hat mir gesagt, dass ich ihn unbedingt in Kalifornien besuchen soll, sobald er wieder zurückgeht*, prahlte er vor den Kindern. *Am nächsten Wochenende darf ich ihn nach Neuschwanstein fahren, zum Märchenschloss.*
Der Junge starrte auf den leeren Teller vor sich. Er wirkte enttäuscht. Hanna war sicher, er fand die Begeisterung seines Vaters für die Amerikaner genauso abstoßend wie sie. Die Mädchen aber, die doch sowieso schon gefährdet waren, die amerikanische Musik hörten und begannen, sich für die Tanzlokale zu interessieren, hingen an seinen Lippen. *Seinetwegen werde ich die beiden eines Tages noch verlieren*, dachte sie, während sie die Teller in das warme Spülwasser gleiten ließ. *Wenn sie vom Weg abkommen, ist das seine Schuld.*

Nach dem Abwasch ging sie ins Zimmer der Mädchen und legte die Strumpfhosen heraus, die knielangen Röcke und die Blusen. *Macht euch fertig.* Hanna klatschte in die Hände. *Auf geht's zum Radrennen!* Sofort standen die Mädchen neben ihr, den Jungen hörte sie in seinem Zimmer. Franz aber schien verschwunden.

ICH.
TASTEN.

Ich finde, die anderen haben sehr viel Raum eingenommen. Rapha präzisiert. *The Germans.* Es ist erst das zweite Mal, dass er*sie sich während des Zoom-Marathons zu Wort meldet. Die meiste Zeit hat er*sie auf dem Sofa eine weiß-schwarz-rote Katze gekrault, zurückgelehnt, scheinbar unberührt von den zugegebenermaßen drögen Wortmeldungen. Erst ganz zum Schluss, als der US-amerikanisch-jüdische Moderator nach letzten Wortmeldungen gefragt hat, hat Rapha sich noch einmal aufgerichtet und ist an die Kamera herangerückt. Nach *The Germans* herrscht Stille. Als Erster findet der Moderator wieder Worte. *Das ist eine ganz sensible Beobachtung.* Wir, vier deutsche NaNas und acht Nachkommen von Holocaust-Überlebenden aus Deutschland, den USA und Frankreich, haben uns an diesem Sonntagmorgen vor unseren Computern versammelt, weil wir im Herbst an einem der zweitägigen Treffen teilnehmen wollen, die der Verein One-by-One in Berlin organisiert, von denen mir Ruth Priese schon bei unserem ersten Treffen erzählt hat. Das Online-Meeting solle ein erstes Kennenlernen sein, ein *Vorfühlen*, erklärte sie mir kurz davor am Telefon. Ich verstand: Wir

NaNas müssen die Nachfahr*innen der Holocaust-Überlebenden davon überzeugen, dass eine Begegnung auch für sie interessant sein kann. Und jetzt sieht es aus, als hätten wir es vermasselt.

Das Treffen hat nicht schlecht angefangen. Zumindest war ich mit meinem Auftritt zunächst nicht unzufrieden. In der Vorstellungsrunde erklärte ich, wie ich bei dem Antirassismus-Training meine Oma in mir entdeckte und wie ich seitdem versuche, das Nazi-Erbe zu identifizieren und *auszumerzen*. Dass ich ausgerechnet in dieser Runde das Wort *exterminate* benutzte, plagte mich dann aber so sehr, dass ich sogleich mit zittrigen und schwitzenden Fingern einen Joint drehte, natürlich außerhalb des Bildausschnitts meiner Kamera. Meine Verunsicherung stieg, nachdem ich zu Ende gekifft hatte. Wie ein Schulmädchen meldete ich mich nun brav und aufgeregt, sobald der Moderator um Beiträge bat. Um das Gespräch anzukurbeln, hatten die Veranstalter*innen, jüdische US-amerikanische Kinder von Holocaust-Überlebenden, dem Treffen ein Motto vorangestellt, *die Grauzone, wie Primo Levi sie beschrieben hat*. Als ich dazu aufgerufen wurde, las ich vor, was ich mir sorgfältig überlegt und notiert hatte. *Ich frage mich, wie es sein kann, dass die Täter*innen das Grauen so einfach verdrängen konnten, während die Überlebenden sich nach allem, was sie durchgemacht haben, auch noch mit Gewissensbissen quälen mussten.* Während ich las, war ich nicht sicher, ob mein Satz Sinn ergab, ich fürchtete auch, dass sich darin trotz aller Mühen eine ungewollte Respektlosigkeit verbergen konnte. Ich hatte aber so lange daran gefeilt und war so unsicher, dass ich nicht wagte, spontan etwas zu verändern. Denn ich war auch überzeugt, die Frage nach unseren Gedanken zu Levis Grauzone sei *der* Prüfstein für das Treffen im Herbst. Wieso sonst sollten wir bei diesem Zoom-Treffen ausgerechnet darüber reden, welche Verantwortung KZ-Insass*innen tragen, die sich, um zu überleben, gegenüber anderen Häftlingen schuldig gemacht hatten? Vor allem darüber sinniert der italienische Autor und Holocaust-Überlebende Levi nämlich, als er in seinem Buch *Die Untergegangenen und Geretteten* über die Grauzone schreibt. Auf meinen sorgfältig ausgefeilten Satz ging niemand ein. Ich war froh darum. Rapha brachte schon an dieser Stelle mit einer Wortmeldung gleich nach mir alle zum Schweigen. Die Idee des *implicated subject* von Michael Rothberg sei in dem Zusammenhang sehr interessant. Demnach seien alle, *irgendwie auch die Opfer*, am Zustand einer Gesellschaft beteiligt. Auf die Stille folgte große Empörung auf allen Seiten. Die Veranstalter*innen baten schließlich darum, jede weitere Diskussion dazu in einen privaten Chatroom zu verlagern. Natürlich auch, weil wir beide bei dem Treffen mit Abstand die Jüngsten sind (wobei ich sicher zehn Jahre älter bin), war Rapha mir schon vorher aufgefallen. Vor allem aber, weil er*sie als Einzige*r hinter seinem*ihrem Namen Pronomen vermerkt hat: *they/them*. Sobald ich es bemerkt hatte, tippte ich (*she/her*) hinter meinen. Ich zögerte kurz, denn immer wieder denke ich darüber nach, mich selbst als non-binär zu outen. Als Frau fühle ich mich in meiner Identität eingeschränkt, die männlichen Anteile in mir erlebe ich als sehr ausgeprägt. Aber dies war sicher nicht die richtige Gelegenheit. Danach regte ich mich jedes Mal sehr auf, wenn der Moderator *Raphael* statt *Rapha* sagte. Natürlich, ohne es mir anmerken zu lassen.

Ich fand die Dynamik des Gesprächs auch sehr unangenehm, pflichtet ein weiterer Nachfahre von Holocaust-Überlebenden nun Raphas Kritik bei. Und dann spricht er aus, was ich schon fürchte. *Ich glaube nicht, dass ich Lust auf ein weiteres Treffen in dieser Runde habe*. Noch während der jüdische Deutsche spricht, klicke ich auf den *Hand heben*-Button meiner Zoom-App, aus einem heftigen Impuls heraus, den ich mir zunächst selbst nicht erklären kann, denn ich weiß noch gar nicht, was ich sagen will. *Glaubst du etwa, du kannst es ausgerechnet mit noch mehr Worten wiedergutmachen?*, rüge ich mich. *Wieso hast du nicht früher gemerkt, dass du den anderen nicht genug Raum lässt? Wieso musstest du zu allem etwas sagen?* Ich bin immer noch oder schon wieder im Kreuzverhör mit mir, als ich höre, dass der Moderator meinen Namen sagt. Ähm, also …, stammle ich. *Für mich ist das Treffen im Herbst sehr wichtig. Ich möchte herausfinden, welche Nazi-Impulse in mir schlummern. Ich will vor allem die Verhaltensmuster erkennen, die andere Menschen verletzen, und lernen, sie abzulegen.* Obwohl ich mir diesmal vorgenommen habe, wirklich genau zu beobachten, wie meine Worte auf die anderen wirken, nehme ich wieder gar nichts wahr, während ich spreche. Und auch danach gelingt es mir nicht, dem weiteren Gespräch zu folgen. Nicht einmal, ob mein Beitrag diesmal Reaktionen ausgelöst hat, interessiert mich. Das hat vor allem damit zu tun, dass ich das Verhör mit mir selbst fortsetze. *Klingt das, was du da gerade gesagt hast, nicht, als würdest du die anderen benutzen wollen? Glaubst du, dass deine Selbsterkenntnis hier irgendjemandem am Herzen liegt? Die Überlebenden sind nicht dein Tribe! Und woher willst du eigentlich wissen, dass sich alle Nachfahr*innen als jüdisch definieren? Hast du sie gerade nicht erst als solche gekennzeichnet?*

Kannst du vielleicht gar nicht anders, als die Geschichte zu wiederholen? Die Selbstzerfleischung hört auch nicht auf, nachdem der Moderator das Zoom-Meeting beendet hat. Sie wird sogar noch heftiger.

Eine Woche danach ruft mich Ruth Priese an. Das Treffen im Herbst werde nicht stattfinden. Die jüdischen Teilnehmer*innen haben tatsächlich entschieden, dass sie uns Deutschen nicht kennenlernen wollen. Sie stöhnt bestürzt, ich seufze laut. Ich frage nicht nach, und sie erklärt nichts. Ich gehe davon aus, Priese sei genauso sicher wie ich, dass die Absage mit unserer Selbstbezogenheit zu tun hat, mit unserer Nazihaftigkeit. Ich glaube, sie wolle genauso wenig darüber reden wie ich. *Bis bald,* sagen wir beide nach weniger als einer Minute, und ich bin sicher, dass es nur eine Floskel ist. Meine Lust jedenfalls auf ein NaNa-Treffen ist erst einmal verblasst. Gleichzeitig ist mein Wunsch, Rapha kennenzulernen, ins Unermessliche gewachsen. Hektisch suche ich in meinem E-Mail-Postfach die Einladung zu dem Zoom-Treffen. Ich erinnere mich richtig. Die Veranstalter*innen hatten vergessen, die Adressaten zu verbergen. *Hey Rapha, ich wollte mich bei dir bedanken. Für mich waren deine Rückmeldungen das Beste an dem Zoom-Treffen. Sie haben mich berührt. Wünsche dir das Allerbeste.*

Ich will keine Antwort erwarten und tue es dann natürlich doch, je mehr Stunden vergehen, desto sehnlicher. Als Rapha schon am nächsten Abend schreibt, kann ich es kaum fassen. *Ich freue mich, dass dir das Treffen weitergeholfen hat. Ich bin nicht sicher, ob es bei mir tiefe Gefühle ausgelöst hat.* Rapha erwähnt noch, dass er*sie an einem autofiktionalen Roman über seine*ihre Oma arbeite und plant, für die Recherche die nächsten zwei Monate in Deutschland zu verbringen. *Ich arbeite auch an einem Buch über meine Oma*, tippe ich aufgeregt. *Ich werde dir helfen, wo ich kann, sag einfach Bescheid, was du brauchst.* Kaum habe ich die Mail abgeschickt, plagen mich meine Worte schon. *Wieso sollte er*sie ausgerechnet deine Hilfe in Anspruch nehmen? Rapha hat doch nur aus Höflichkeit auf deine E-Mail geantwortet. Dass du ihn*sie nicht interessierst, hat er*sie doch schon mit der Absage an das Treffen im Herbst klargemacht.* Ich beginne weitere E-Mails und unterbreche mich scharf. Immer tiefer vergrabe ich mich in Selbstvorwürfe und schließlich in Selbstmitleid. *Die NaNas sind dein Tribe. Beziehungen zu anderen sind wegen deiner Wurzeln unmöglich. Damit musst du dich abfinden.* Drei Wochen später erhalte ich endlich die nächste Nachricht von Rapha. Eine Unterkunft habe er*sie schon, aber falls ich weitere junge Nazi-Nachfahr*innen kenne oder überhaupt junge Deutsche, die sich mit der Nazi-Vergangenheit auseinandersetzen, wäre es toll, wenn ich Kontakt herstellen könnte. Auf jeden Fall freue er*sie sich, mich zu treffen. Schon tippe ich aufgeregt eine Nachricht an Sonja, meine antideutsche Bekannte, mit der ich fast zwei Jahre nicht gesprochen habe. *Der Enkel einer Holocaust-Überlebenden aus New York will für einen Roman über sich und seine Oma mit jungen Deutschen über die Nazizeit reden. Hast du Lust?*

Ein paar Wochen vor dem missglückten Zoom-Treffen haben Sonja und ich uns wiedergesehen. Stundenlang liefen wir an der Spree nebeneinanderher, sprachen sehr viel, sahen uns selten an. Auch sie entschuldigte sich, sie habe bei unserer letzten Begegnung Fehler gemacht. Ich erzählte, dass ich endlich ans Bundesarchiv geschrieben habe, von meinem Opa und meinem Rassismus, und deutete an, was ich befürchtete. Dass der Schleier des Verdrängens noch längst nicht gelüftet war, dass darunter viel mehr schlummerte als das, was ich bisher entdeckt hatte. Sie weinte und sagte, sie wisse noch immer nicht genau, was in ihrer Familie passiert sei, traue sich einfach nicht, diese Anfrage zu stellen, empfinde schon wegen ihrer deutsch-deutschen Wurzeln solche Schwere, solche Verantwortung, dass ihre oberste Priorität bloß sein könne, jüdisches Leben zu schützen. Deshalb sei sie jedem Antisemitismus auf der Spur, vor allem dem israelbezogenen, der sei nämlich am meisten verbreitet, vor allem in der linken und queeren Szene, deshalb habe sie so heftig auf das Skandieren unseres Freundes reagiert. Dann kam sie auf den jüngsten antisemitischen *Skandal* zu sprechen. Der Berliner Club About Blanc, ein Treffpunkt der Antideutschen-Szene, hatte vor Kurzem eine DJ ausgeladen, weil sie die Israel-Boykottbewegung *BDS* (*Boycott, Divestment and Sanctions*) unterstützt, der Verästelungen zur Hamas nachgesagt werden. Was eben gar nicht gehe. Weil antisemitisch. Sagt auch die Bundesregierung.

Von dem Vorfall hatte ich schon bei Instagram gelesen. Ich war in den Storys queerer Freunde darauf gestoßen, die die Position der Palästinenser*innen unterstützten. Beim Lesen mancher Kommentare hatte ich ebenfalls Unbehagen empfunden. Es schien mir falsch, Israelis mit Nazis zusammenzubringen und die palästinensischen Gebiete mit Konzentrationslagern. Ich hatte da aber auch schon Ruth Klüger gelesen, die über *das ängstliche Abgrenzen gegen* mögliche Vergleiche, das Bestehen auf der Einmaligkeit des Verbrechens schreibt:

> *Dasselbe geschieht sowieso nicht zweimal, insofern ist alles Geschehen, wie jeder Mensch oder Hund, einmalig. Abgekapselte Monaden wären wir, gäbe es nicht den Vergleich und die Unterscheidung, Brücken von Einmaligkeit zu Einmaligkeit. Im Grunde wissen wir alle, Juden wie Christen: Teile dessen, was in den KZs geschah, wiederholten sich vielerorts, heute und gestern, und die KZs waren selbst Nachahmungen (freilich einmalige Nachahmungen) von Vorgestrigem gewesen.*

Ich relativierte also mein Urteil über die NS-Vergleiche in den Storys meiner Freund*innen. Meinen Unmut darüber führte ich nun vor allem auf die Tatsache zurück, dass Europäer*innen in einem so komplexen Konflikt, der ihnen so fernlag, überhaupt so radikal Stellung für eine Seite bezogen. Ich verordnete den westlichen Palästinenser-Unterstützer*innen, natürlich insgeheim, doch besser jenes Leid auf der Welt anzuprangern, das Europa und damit auch jede*r Einzelne von uns mitverursacht.

Vielleicht auch deshalb beschlich mich erneut Unwohlsein, als ich Sonja an der Spree über den *Skandal* im About Blank und die Kritik an Israel urteilen hörte. *Klar, eine Deutsche mit Nazi-Hintergrund hatte kein Recht, zum Boykott eines jüdischen Staats aufzurufen. Aber wir können das doch einer palästinensischen Deutschen nicht verbieten, deren Familie unter der israelischen Besatzung leidet. Berlin ist das Zuhause der größten palästinensischen Diaspora. Natürlich gibt es Menschen, die aus nachvollziehba-*

ren Gründen der BDS-Bewegung anhängen. Doch nur kurz wunderte ich mich diesmal, dass Sonja, die queer ist, die doch ebenfalls unter der Diskriminierung der Mehrheitsgesellschaft leidet, kein Verständnis für die Situation der Palästinenser*innen aufbringen konnte, die als Muslim*innen und Einwanderer*innen doch auch ausgegrenzt wurden. Denn diesmal erkannte ich in ihrer Haltung gleich mich selbst.

Vor unserem Wiedersehen hatte ich den jungen deutschen und jüdischen Autoren Fabian Wolff gelesen. In einem Essay in *der Zeit* ging es auch um die Antideutschen. *Diese Deutschen erhoffen sich von oft unbedingter Israel-Liebe und dem Einsatz gegen Antisemitismus eine Art Transzendenz deutscher Schuld. Deutscher Philosemitismus tritt außergewöhnlich herrisch auf.* Beim Lesen fühlte ich mich wieder einmal ertappt. Schlummerte nicht auch in mir die Sehnsucht nach Erlösung? Wollte nicht auch ich die eine woke *Weiße* sein? Trat nicht auch ich immer wieder herrisch gegenüber anderen NaNas und *Weißen* auf? Natürlich, seit dem Antirassismus-Training hinterfragte ich mich auch ständig, zweifelte meine Gedanken und Gefühle an. Aber im Grunde war ich genau wie die Antideutschen auf der Suche nach dem einen, dem richtigen Weg, mit den Naziverbrechen umzugehen. Ich erinnerte mich schließlich auch an den Vortrag von zwei israelisch-jüdischen Wissenschaftlern, den ich im Sommer 2018 in Berlin gehört hatte. Die beiden hatten die Gefahren des muslimischen Antisemitismus in Deutschland analysiert und waren vor allem zu dem Schluss gekommen, dass sich viele Journalist*innen und Politiker*innen hierzulande seit 2015 auf den sogenannten *neuen Antisemitismus* von muslimischen Deutschen stürzten und darüber die Judenfeindlichkeit und den Rassismus der *Weißen* vernachlässigten. Natürlich schwelte in diesem Land antimuslimischer Rassismus, pflichtete ich ihnen damals euphorisch bei. Gleichzeitig irritierte mich sehr, dass die beiden Verständnis für Syrer*innen, Libanes*innen und Palästinenser*innen einforderten, die ihre Wut auf Israel in Berlin offen kundtaten.

Je mehr ich von Fabian Wolff las, desto offensichtlicher schien mir, dass nicht nur ich und die Antideutschen an der gleichen Erlösungssehnsucht und am gleichen Größenwahn krankten, sondern auch die ganze bundesdeutsche Erinnerungskultur. Sie war zu einem *Gedächtnistheater*[5] verkommen, wie Max Czollek schreibt, ein weiterer jüdischer deutscher Publizist, zu einer ritualisierten Performance, die keine weitere Auseinandersetzung mit der Geschichte zulässt, bei der nur bestimmte, erwünschte und bekannte Gefühle wie Scham, Reue und Demut zugelassen sind, bei der die immer gleichen Argumente fallen. Ich meinte zu verstehen, dass der Bundestag in diesem starren etablierten Rahmen keine andere Wahl hatte, als die Methoden und Argumentationsmuster der Israel-Boykott-Bewegung als antisemitisch einzustufen und allen BDS-Anhänger*innen, unabhängig von ihren Hintergründen, Räume und Unterstützung zu verweigern, dass er den brutalen Rassismus ausblenden musste, den die Palästinenser*innen erfahren. Und deshalb mussten deutsche Medien- und Kulturschaffende natürlich ver-

---

5 Czollek zitiert dabei das Werk »Gedächtnistheater. Die jüdische Gemeinschaft und ihre deutsche Erfindung« des deutsch-kanadischen Soziologen Y. Michal Bodemann. Auch er kritisiert das deutsche Verständnis von Integration.

breiten, der kamerunische Philosoph Achille Mbembe, ein wichtiger Denker des Postkolonialismus und einer der einflussreichsten Intellektuellen des afrikanischen Kontinents überhaupt, sei ein Antisemit, weil er in einem Essay schreibt, *das Apartheidregime in Südafrika und – in einer ganz anderen Größenordnung und in einem anderen Kontext – die Vernichtung der europäischen Juden sind zwei emblematische Manifestationen (des gleichen) Trennungswahns.* Deshalb konnten so viele Deutsche einfach darüber hinweggehen, dass Mbembe noch 2015 für sein Werk *Kritik der schwarzen Vernunft* mit dem Geschwister-Scholl-Preis ausgezeichnet worden war, der Autor*innen ehrt, die *dem verantwortlichen Gegenwartsbewusstsein wichtige Impulse* geben. Deshalb konnten sie ignorieren, dass er eine *planetare Politik* fordert, die – im Gegensatz zur trennenden Politik der europäischen Nationalstaaten – alle Menschen auf der Erde einschließt und überhaupt jedes Leben. Die also gerade verbindet und nicht entzweit.

An der Spree mit Sonja musste ich an Mbembe denken. Gern hätte ich mit ihr über seine Ideen gesprochen, viel lieber als über den Skandal im About Blank. Aber wieder verschlug es mir die Sprache, und die Verbindung zwischen uns riss erst einmal wieder ab.

Rapha und ich treffen uns an einem Samstag in der Hasenheide in Berlin. Es ist Sommer, und die Wiesen sind voller halb nackter, tätowierter, queerer Menschen mit Lautsprechern, aus denen Techno dröhnt. Ich bin zu früh dran, schwitze nicht nur wegen der Hitze und rauche zur Beruhigung erst einmal einen Joint. Als ich mich gerade von meinem aktuellen persönlichen Horrorszenario überzeugt habe, Rapha habe es sich besser überlegt, wolle sich nicht mit mir, dieser größenwahnsinnigen, hyperempfindlichen und gleichzeitig unsensiblen NaNa treffen, steht er*sie vor mir. Ich springe von der rot-schwarz karierten Decke auf, die ich im Schatten einer haushohen Eiche ausgebreitet habe, und halte Rapha die beiden Limos hin, die ich im Späti gekauft habe. Sogleich fürchte ich, noch immer ganz in meinem Schreckensszenario gefangen, die Geste könnte anbiedernd sein. Doch Rapha greift dankbar nach einer der Flaschen und lässt sich damit auf meine Decke fallen. Ich will nachfragen, nach seiner*ihrer Familie, nach dem Buch, an dem er*sie arbeitet, will von meinem erzählen, vor allem von meinen missglückten Versuchen, klarzukommen mit dem, was bei der Arbeit daran hochkommt. Aber ich habe mir fest vorgenommen, mich zurückzunehmen, zuzuhören, Rapha das Gespräch lenken zu lassen. Diesmal wirklich. Also sprechen wir zuerst über die Berliner Clubszene, dann über die Antideutschen und schließlich darüber, wie gerade des Holocausts gedacht wird. Er*sie findet die derzeitige Erinnerungskultur vor allem deshalb problematisch, weil die Instandsetzung der Mahnmale so viel Geld verschlingt, während viele noch lebende Holocaust-Überlebende kaum genug zum Weiterleben haben. Die Hälfte lebe unterhalb der Armutsgrenze. *Wenn die Opfer ausreichend versorgt wären, fände ich es in Ordnung, dass das Gedenken in Deutschland und auch in den USA und in Israel vor allem symbolisch ist.* Ich bin erstaunt, wie er*sie jüdische Menschen in die Verantwortung nimmt. Rapha wundert sich sehr darüber, dass wir Deutschen so sehr darauf beharren, den Holocaust als singuläres Ereignis zu betrachten. *Natürlich sind die Nazis das*

Produkt von Prozessen, die lange vor ihnen angefangen haben. Und die haben nach ihnen leider auch nicht aufgehört.

Zunächst beglücken mich die Worte, erheben mich fast. Ich bin zufrieden, ausgerechnet in Rapha, eine*r Nachfahr*n einer Holocaust-Überlebenden, eine*n Verbündete*n gefunden zu haben. Dann fürchte ich, dass mich diese Allianz auch deshalb begeistert, weil ich mich Sonja damit überlegen fühlen kann. Sofort schäme ich mich sehr. Ich fühle mich Rapha unwürdig und spüre den heftigen Drang davonzulaufen. Dem kann ich gerade noch standhalten. Aber ich schaffe es nicht, dem sofort folgenden heftigen Verlangen zu widerstehen, ausgerechnet Rapha mein Leid zu klagen. Schon erzähle ich ihm*ihr von meinen Stimmungsschwankungen, von diesen hässlichen Nazi-Gedanken, die ich nur sehr allmählich wahrnehme, weil sie meinem Selbstbild so brutal widersprechen.

Rapha blickt mich voller aufrichtigem Mitleid an und schaut dann eine Weile auf die Wiese, von der nach den vielen Partys nur noch rissige braune Erde mit ein paar dürren Grashalmen darauf übrig geblieben ist. *Von den KZs kam nichts Gutes,* sagt er*sie schließlich. Verwundert sehe ich ihn*sie an. Er*sie erklärt, der Satz stamme von Raphas Großmutter. Das habe sie jenen geantwortet, die davon ausgingen, die Erfahrung in den Lagern hätte die Überlebenden mit moralischer Überlegenheit ausgestattet. *Ich will damit sagen: Alle, die mit dem Holocaust zu tun haben, tragen viel Mist mit sich herum.* Raphas Oma zum Beispiel sei ein harter, kalter Mensch gewesen. Sie habe zum Beispiel auch ihre eigene Mutter, auch eine Überlebende, in der Öffentlichkeit heftig kritisiert. *War sie berühmt?*, frage ich und beiße mir sofort auf die Zunge. Rapha könnte die Frage ja übergriffig finden und mich sowieso. *Ruth Klüger,* spricht er*sie in meine zersetzenden Gedanken.

Die Schriftstellerin, die im nationalsozialistischen Wien neben meiner Oma aufwuchs, deren Memoiren *weiter leben* heute im Deutschunterricht Lektüre sind. Mir fällt da plötzlich der Traum ein, von dem ich kurz nach meiner Reise nach Auschwitz hochgeschreckt bin und den ich bisher wie so vieles verdrängt habe. Ich hänge im All am Wrackteil eines Raumschiffs, mit meiner gesamten Familie inklusive Großeltern. Ohne Rücksicht aufeinander versuchen wir, uns hinter dem Metallteil zu verstecken, denn wir werden beschossen. Die Geister der Holocaust-Opfer rächen sich. Ich habe wahnsinnige Angst, aber ich weiß auch ganz genau, dass es keine Alternative gibt. Dass meine Familie und ich nun verfolgt wurden, ist die einzige gerechte Strafe. Schon erzähle ich Rapha davon. Natürlich startet in meinem Kopf sofort das nächste Kreuzverhör. Rapha lächelt leise und sagt, er*sie habe von Wissenschaftler*innen gelesen, die zum Holocaust arbeiten. *Die leiden fast alle unter Albträumen. Ist wohl normal, wenn man sich so intensiv damit beschäftigt.* Der Gedanke scheint mir nun so simpel wie naheliegend, und mir ist völlig unverständlich, dass er mir nicht vorher gekommen ist. Natürlich leiden wir im Schatten dieses Menschheitsverbrechens, natürlich straucheln wir. *Hast du etwa wirklich geglaubt, du seist nicht verletzlich und schwach?* Diesmal kommt die Selbstgeißelung nicht richtig in Gang. Ich bin nicht mehr wütend. Vor allem bin ich nun verwundert. Rapha verurteilt mich nicht. Er*sie hält mich und mein Inneres aus. Ich empfinde überwältigende Zuneigung.

An den Tagen danach entkomme ich dem existenziellen Unbehagen wieder nicht. Mich begleitet das klaustrophobische Gefühl, jemand zu sein, die ich nicht sein will, in einer Position festzustecken, der ich nicht entkommen kann. Immerhin ist mir bewusst, dass ich schon wieder in ein nazihaftes Schwarz-Weiß-Denken verfalle. Allerdings schimpfe ich mich gleich auch. Ein paar Wochen später bin ich dann zum ersten Mal erschüttert, wie garstig und armselig ich mit mir selbst umgehe. Ich erkenne an, wie sehr ich darum ringe, die Gefühle hinter meinen Gefühlen aufzuspüren. Und zum ersten Mal glaube ich an das, was ich mir schon lange wie ein Mantra wiederhole. Dass meine Wurzeln mein Leben beeinflussen, aber nicht bestimmen, dass ich etwas verändern kann an meinem Sein und daran, wie ich mich in der Welt bewege.

Dass es eine kathartische Wirkung haben kann, wenn Nachfahr*innen von Nazis und Holocaust-Überlebenden aufeinandertreffen, erzählen mir beim nächsten NaNa-Stammtisch die Gründungsmitglieder des Vereins One-by-One um Ruth Priese. Denn natürlich gehe ich trotz meines Widerwillens wieder hin. Bei den Herbst-Zusammenkünften in Berlin sei es oft passiert, dass versteckte und verschüttete Gefühle hochkommen. Manchmal würden sie sogar ausgelebt. Priese und die anderen erwähnen Schuld, Scham, Angst vor Rache. Es sei auch zu Situationen gekommen, die manche als verletzend empfanden. Aber gerade diese besonders emotionalen Begegnungen hätten die Teilnehmer*innen später als Beginn eines Wandels beschrieben. Bei solchen *Enactments* entwickele sich ein neues, realistischeres und am Ende positiveres Selbstbild.

Habe ich in dem Zombie-Albtraum und in der Hasenheide Gefühle ausgelebt, die ich von meinen Großeltern geerbt habe und die ich bisher vor mir selbst versteckt habe, unbewusst oder bewusst, genau wie meine rassistischen Instinkte?, frage ich mich nach dem NaNa-Treffen. *Sitzt tief in mir die Angst, die Opfer meiner Großeltern könnten sich an mir rächen? Glaube ich trotz meiner morgendlichen Yoga-Routine, trotz der Meditationsretreats, trotz der psychodelisch-spirituellen Drogentrips, Gewalt sei der einzige Ausweg?*

OPA.
ALTE WUNDEN.

Wieder drohte Franz wegzudämmern. Das Hinterzimmer des Gasthauses, in dem sie wie jeden Freitag zusammensaßen, erschien ihm immer unwirklicher, ein bisschen wie eine der Fernsehshows, von denen Hanna sich seit Jahrzehnten jeden Samstagabend einlullen ließ, die er selbst längst Volksverdummung schimpfte, ein Ablenkungsmanöver, auch wenn er noch nicht herausgefunden hatte, von was sie eigentlich genau abgelenkt werden sollten. Er schüttelte sich wach, dass seine Lippen schlotterten, und zwang sich wieder, den Worten des Kameraden zu folgen. Wir müssen uns schärfstens verwahren gegen den Vorwurf, dass die SS-Verfügungstruppe bis zum Frühjahr 1944 in Polen und in der Sowjetunion terrorisiert und gemordet hätte.[6] Die geschliffene Ausdrucksweise des Freundes beeindruckte ihn wie jedes Mal aufs Neue. Gleichzeitig ärgerte er sich, dass er den Worten nur so schwer folgen konnte, fühlte sich dem Kameraden unwürdig. Die Division Das Reich hat, genau

---

6 Dieses sowie die folgenden Zitate sind aus verschiedenen Artikeln der Zeitschrift *Der Freiwillige* inspiriert, die von ehemaligen Mitgliedern der Waffen-SS verfasst wurden.

wie alle anderen Divisionen der Waffen-SS, im Rahmen und unter dem Befehl des Heeres gekämpft und schwerste blutige Verluste ertragen, überall an der Front und für die gesamte Dauer des Krieges. Wir betrachten die Vorwürfe als eine unglaubliche Verunglimpfung unserer Gefallenen und der Abertausenden von Kameraden, die an ihrer Verwundung gestorben oder als Schwerversehrte aus diesem Krieg heimgekehrt sind. Schon vor langer Zeit haben wir all diese Beschuldigungen anhand der vielen vorhandenen Kriegstagebuchaufzeichnungen der Division einwandfrei widerlegt. Wieder driftete Franz ab. Er konnte sich einfach nicht konzentrieren. Er hatte das alles schon so oft gehört. Seit bald fünfzig Jahren kämpften sie gegen die gleichen Anschuldigungen. Nur manchmal ließ er an sich heran, wie sehr es schmerzte, dass es immer noch Menschen gab, die nicht verstehen wollten, dass sie doch immer nur das Beste gewollt hatten, erst recht damals. Plötzlich verspürte Franz den heftigen Drang, hinaus an die frische Luft zu stürmen. Er hatte das Gefühl, keine Luft mehr zu bekommen. Aber er riss sich zusammen, es ziemte sich nicht aufzustehen, während einer vortrug. Er schob den schweren dunklen Vorhang, der sie vor neugierigen Blicken abschotten sollte, ein wenig beiseite, um zumindest das Fenster zu öffnen. Ein greller Sonnenstrahl brach in den Raum. Alle drehten sich zu ihm um. Reflexhaft ließ Franz den Vorhang los, und die Dunkelheit verwandelte die Männer wieder in schemenhafte Gestalten. Er dachte an den Ostfeldzug. Dort hatte er viel größere Strapazen ertragen. Der heftige Schmerz in seinem Oberschenkel erinnerte ihn daran, dass er fast 80 Jahre alt war. Er atmete flach.

Kurz nachdem Franz 1949 als einer der Letzten aus der Kriegsgefangenschaft entlassen worden war, hatte er die Kameraden seiner Division das erste Mal in München wiedergetroffen. Paul Hausser, der Generaloberst der Waffen-SS, der Vater der Verfügungstruppe, den sie weiter liebevoll *Papa* nannten, hatte sie zusammengetrommelt. Allen war gleich klar, dass sie weiter oder wieder gegen eine feindliche Front kämpfen mussten. Die Waffen-SS war in Nürnberg als verbrecherische Organisation verurteilt worden, die Journalisten wollten sie zu Sündenböcken machen. Sie taten gleich laut kund, dass auch sie erst nach dem 8. Mai 1945 erfuhren, wie die Endlösung vor sich gegangen war. Also ohne ihre Kenntnis, ohne ihr Zutun, ohne ihre Schuld. Von da an versammelten sie sich einmal im Monat. *Ihr habt euch im Krieg ehrenhaft geschlagen*, erklärte Hausser beim Treffen. *Haltet auch weiterhin die Treue zu Volk und Vaterland, auch unter geänderten Machtverhältnissen, und werdet gute Bürger dieser demokratischen Rechtsordnung.* Die Worte erinnerte Franz bis heute ganz genau, sie wurden zu seinem Leitmotiv. Es störte ihn nicht, dass bald auch Männer der Totenkopfverbände zu ihnen stießen. *Auch sie hatten schließlich nur ihre Pflicht erfüllt, und hatten sie nicht sogar besonders viel Verantwortung übernommen?*

Als Erstes versuchten sie, ihre Pensionsansprüche durchzusetzen. Franz war einer der Allerersten, der einen Antrag beim Bundesarbeitsministerium stellte. Dass er damit weniger Chancen hatte, tatsächlich Geld vom Staat zu bekommen, war ihm egal. Er wollte keine Almosen, ihm ging es um Respekt und Anerkennung. Als ihnen dann tatsächlich allen eine Rente zugesprochen wurde, glaubte er, der Albtraum sei vorüber. Er war sicher, alle würden ihn endlich wieder als den sehen, der er war. Ein pflichtbewusster, treuer und fleißiger Deutscher, der für seine Heimat alles gegeben hatte und auch in Zukunft geben würde und der zu Unrecht als Verbrecher beschuldigt wurde. Er irrte sich. Es wurde noch schlimmer. Das letzte Mal hatte Franz sich zugehörig gefühlt, als er im Dezember 1972 zwischen Tausenden Kameraden am Münchner Waldfriedhof am Grab von Papa Hausser stand.

Fast 50 Jahre nach Kriegsende machen sich Illustrierte und Rundfunk- und Fernsehsendungen den von den Siegern aus durchsichtigen Gründen erstmals benutzten Begriff der Kollektivschuld zu eigen, der abendländischer Rechtsauffassung widerspricht. Die Alliierten erließen doch selbst eine Generalamnestie für Kriegsverbrechen ihrer Soldaten! Die Medien trennen in propagandistischer Absicht Ursache und Wirkung, wobei die Ursachen verschwiegen oder beiläufig als geringfügig, ihre Folgen aber riesenhaft übertrieben dargestellt werden.

Im Lichtstrahl des Overheadprojektors, der aktuelle Schlagzeilen an die Wand warf, wirbelten wild die Speicheltröpfchen des sich ereifernden Kameraden. Franz dachte das erste Mal seit Langem wieder an Hans, den Jungen vom Sicherheitsdienst, der sich in Kriegsgefangenschaft die Pulsadern aufgeschnitten hatte. Vielleicht hatte er kommen sehen, dass die Welt sie verachten würde? Dass sie auch ohne Urteil verurteilt sein würden? Hatte er etwa geahnt, dass sich auch die Kameraden entfremden würden? Dass sie im Grunde alle ganz allein bleiben würden? Franz musterte die anderen heimlich. Er tat doch nur noch so, als würde er sie bewundern. Tief in seinem Herzen verachtete er sie. Derjenige, der immer schon und bis heute die Treffen organisierte, war im Grunde ein unerträglicher Gschaftlhuber. Der so hochgestochen sprach, ein eingebildeter Schönschwätzer. *Wir geben uns nicht der Hoffnung hin, dass politisch motivierte Medien von uns umgestimmt werden können, weil wir davon ausgehen, dass sie längst die Wahrheit kennen. Wir hoffen aber, dass wir in der Lage sein werden, die vielen Nichtwissenden zu besserer Beurteilung zu befähigen.*

Plötzlich hatte Franz das Gefühl, alle Kraft weiche aus seinem Körper. Er erinnerte sich nicht, jemals so schwach gewesen zu sein. Erstaunlicherweise konnte er den Worten des Kameraden aber trotz seiner tiefen Müdigkeit so gut wie lange nicht mehr folgen.

Arme Schweine sind wir, die ehemaligen Soldaten der Waffen-SS, die heute als vermeintliche Verbreiter rechtsextremer Tendenzen zu gelten haben. So maßt man sich an, uns als »Ewiggestrige« zu bezeichnen, ohne uns um unsere Meinung zum Dritten Reich und zu den der Waffen-SS vorgeworfenen Gräueltaten zu befragen. In der Waffen-SS wie überhaupt in allen anderen Streitkräften des Dritten Reiches sind wir Soldaten durch Unterricht, Dienstanweisung und Befehle eingehend mit den für uns in Betracht kommenden Bestimmung der Haager Landkriegsordnung vertraut gemacht worden. Doch es wird keinen verantwortungsbewussten Truppenführer geben, der nicht hinterhältige Angriffe auf seine Soldaten ausschließen will. Er ist dabei gezwungen, harte Kollektivstrafen gegen den hinterhältigen Feind anzuwenden. Wenn es nötig ist, wird er wie wir Hunderttausende, ja Millionen schlachten lassen.

Franz musste weggetreten sein. Voller Schrecken sahen die anderen ihn an. *Wie viele habt ihr auf dem Gewissen?*, schoss es ihm durch den Kopf, während er in die sich wieder verhärtenden Gesichter schaute. Rasch richtete er sich auf und rückte dabei die Brille zurecht, die ihm auf die Nasenspitze gerutscht war. Er durfte sich nichts anmerken lassen. *Du bist eingeschlafen und hast wie am Spieß wirres Zeug geschrien*, flüsterte ihm sein Banknachbar zu. Franz senkte den Kopf und hielt entschuldigend beide Hände in die Höhe. Da durchfuhr wieder der heftige Schmerz seinen linken Oberschenkel. Nur mühsam unterdrückte er einen Aufschrei.

Der ehemalige Bundespräsident Professor Carstens nannte drei Richtlinien, an die sich jeder Bürger unseres Landes halten sollte: Wer frei sein will, hat auch Verantwortung zu tragen. Wer Rechte beansprucht, muss auch Pflichten übernehmen. Wer Ansprüche stellt, muss auch zur Leistung bereit sein. Wir können mit diesen Richtlinien gut leben – warum können das so viele andere nicht auch? Warum dulden wir diese Ausländer, die diese Richtlinien nicht kennen? Was ist wohl der Grund, dass wir noch heute – fast 50 Jahre nach Kriegsende – an unserer alten Truppe der Waffen-SS hängen und nicht von der Erinnerung loskommen, obwohl doch unsere ehemaligen Gegner und ein großer Teil unserer eigenen Mitbürger alles getan haben, die Waffen-SS zu verleumden?

Franz merkte, dass es bald vorbei war. Er sagte sich, dass er froh sein musste, weil er die Ehre der Waffen-SS besaß. Aber es beruhigte ihn nicht. Er hatte unaussprechliche Angst.

ICH.
TANZEN.

Die Kommandos der ukrainischen Grenzbeamt*innen reißen mich aus dem Tiefschlaf. Für Sekundenbruchteile weiß ich weder wo ich bin noch was gerade passiert, bin bloß erfüllt von einer alles zersetzenden, diffusen Angst. Dann sehe ich die müden Mitreisenden, die im funzligen Licht des alten Busses ihre Pässe hervorkramen. Wie ferngesteuert springe ich auf, um auch meinen aus dem Rucksack in der Ablage über dem Sitz zu holen. Das Buch, über dem ich eingeschlafen bin, rutscht von meinem Schoß und knallt auf den Boden. *Die Wohlgesinnten* von Jonathan Littell. Da erinnere ich mich an den Traum, in dem ich gerade noch gefangen war, der ganz offensichtlich von der Erzählung inspiriert war.

Ein schrecklicher Gestank von Exkrementen überlagerte den Geruch des Blutes, viele mussten sich im Augenblick des Todes entleeren.
Häufig trafen die Schüsse nicht richtig, und die Menschen waren nur verletzt, was die Schützen aber nicht kümmerte, die schon beim nächsten Opfer waren, die Verwundeten

wälzten sich, krümmten sich, stöhnten in ihrer Qual, andere dagegen verstummten vor Schreck und waren wie gelähmt, die Augen weit aufgerissen.
Ich war wie versteinert, wusste nicht, was ich tun sollte.
»Obersturmführer!« Er deutete mit seiner Pistole auf die Leiber. »Versuchen Sie, den Verwundeten den Rest zu geben.«
Manchmal musste man, um an die Verwundeten heranzukommen, über die Leichen gehen, das war entsetzlich glitschig, das weiche weiße Fleisch verschob sich unter meinen Stiefeln, die trügerischen Knochen brachen unter meinen Schritten und ließen mich straucheln, ich versank bis zu den Knöcheln in Schlamm und Blut.

Mir ist übel, in meiner Halsschlagader pocht es heftig. Natürlich habe ich geahnt, dass mich dieser Roman fordern würde. Er erzählt die Shoah aus der Ich-Perspektive eines SS-Obersturmführers im Sicherheitsdienst, detailliert und realistisch. Das Kapitel, das ich gerade lese, ist dem Massaker von Babyn Jar gewidmet, dem *Holocaust der Kugeln*. Für den mein Großvater den Weg bereitete. Den SS-*Kameraden* verübten, die er bis zu seinem Lebensende verteidigte. Und ich bin auf dem Weg nach Kiew, zum 80. Jahrestag der Geschehnisse. Aber nur wegen des zusätzlichen Gewichts habe ich gezögert, den 1400-Seiten-Wälzer einzupacken. Die Befürchtung, die anschaulichen Schilderungen könnten mich überfordern, wischte ich so brutal beiseite, dass ich sie fast gar nicht mehr wahrnahm. Stattdessen überzeugte ich mich davon, mich dieser fiktiven Sicht der Täter*innen aussetzen zu müssen, um meinem Großvater näherzukommen, um mit meiner Auseinandersetzung voranzukommen, um endlich wirklich trauern und aufarbeiten zu können. Mit der gleichen Motivation habe ich mich für den Bus als Transportmittel entschieden. Vage stellte ich mir vor, mich in die Haut meines Opas zu begeben, während ich im Herbst 2021 durch die Landschaft reise, die er im Sommer 1941 durchquerte. Wo vielleicht er, sicher seine *Kameraden* fast in jedem Dorf Menschen vernichteten, als seien sie Insekten. Mit Blick auf die Weizen- und Maisfelder, die sich auch in Polen scheinbar endlos entlang der Autobahn reihen, dachte ich aber vor allem daran, dass ich kürzlich gelesen hatte, dass die Ukraine das Hauptziel des nazideutschen Kolonialkriegs gewesen war, sie sollte *Kornkammer* und *Siedlungsgebiet* des *Reichs* sein. Dann echauffierte ich mich erneut und noch heftiger darüber, dass Deutschland einen ukrainischen KZ-Kollaborateur vor Gericht gebracht hat, sich aber noch immer nicht mit der kolonialen Geschichte in der Ukraine auseinandergesetzt hat. Als ich auf Google Maps sah, dass wir keinen Kilometer vom Gelände des ehemaligen Vernichtungslagers Majdanek entfernt entlangfuhren, habe ich den Fahrer bloß nicht gezwungen, mich außerplanmäßig aussteigen zu lassen, weil es schon mitten in der Nacht war.

Hinter den anderen Passagieren taumle ich als Letzte aus dem überheizten Bus in die sternenklare Nacht. Ein schneidend kalter Wind schlägt mir ins Gesicht. Mich fröstelt, doch ich wage es nicht, umzukehren und die Jacke auf meinem Sitz zu holen. Die freundlichen Grenzpolizist*innen, die entspannt unsere Pässe und Rucksäcke inspizieren, machen mir unerklärlicherweise Angst. *Ist die vielleicht* *ein Produkt der nicht aufgearbeiteten deutschen Kolonialisierung der Ukraine?*, frage ich mich und spanne alle Muskeln an, um mein heftiges Zittern zu unterdrücken. Im selben Moment übermannt mich eine niederdrückende Müdigkeit. Alle Aufgaben, die ich mir in Berlin noch leichtfertig gestellt habe, scheinen mir nun unlösbar. Denn natürlich reichte es mir nicht, meinem Opa näherkommen und um die Toten trauern zu wollen. Ich habe mir außerdem verordnet herauszufinden, welche Folgen die deutsche Besatzung in der ukrainischen Gesellschaft bis heute hat. Und ich will unbedingt mit Jüdinnen*Juden sprechen. Deren Perspektive scheint mir nun der Schlüssel zu meiner eigenen Geschichte. Dass ich noch immer keine Antwort aus den beiden jüdischen Gemeinden in Kiew erhalten habe, hat mich bisher aufgestachelt, an deren Adresse weitere, immer fordernde, immer verzweifeltere Nachrichten zu schicken. Nun finde ich es normal, dass sie mich, die NaNa, ignorieren. Und dass alle Airbnb-Wohnungen im einst jüdischen Viertel Podil ausgebucht sind, erscheint mir wie ein Wink des Universums. *Du hast da nichts zu suchen.* Um mich zu beruhigen, rufe ich mir ins Gedächtnis, dass in der Stadt der Technoclub K41 steht, der mit dem Berliner Berghain verglichen wird, weil auch er Treffpunkt der queeren Szene ist, und den tatsächlich dieselben Architekt*innen in eine alte Brauerei gebaut haben. Wenn mich die Auseinandersetzung mit der Gegenwart der Vergangenheit doch zu sehr fordert, kann ich mich dorthin in einen Rave flüchten. Das habe ich mir zumindest noch in meiner Berliner Küche ausgemalt und bei dem Gedanken fühlte ich mich kühn und verwegen. Als ich mich nun erneut an der Vorstellung festhalten, ja aufbauen will, bin ich sicher, dass es für mich keinen Ausweg aus dem Grauen gibt.

Schon am Nachmittag in Warschau, wo wir fünf Stunden Aufenthalt hatten, verzweifelte ich wieder an der Gewissheit, für immer verkorkst und verdorben zu sein. Obwohl mein Magen knurrte, nahm ich die Essenseinladung der freundlichen mexikanischen Mitreisenden nicht an, erlaubte mir auch nicht, in einer Bäckerei ein Sandwich zu holen, lief stattdessen im Stechschritt allein zu einem noch erhaltenen Mauerstück des Ghettos. Das hatte ich mir auch noch für diese Reise vorgenommen. Dort regte ich mich zuerst darüber auf, dass das Mahnmal im schwer zugänglichen Hinterhof eines Wohnhauses versteckt und nur mit einer unscheinbaren Tafel gekennzeichnet ist. Als Nächstes schalt ich mich, weil ich wieder gleich alles beurteilen musste. Dann schimpfte ich mich, weil ich mich schimpfte. Dabei versäumte ich es auch, in dem Warschauer Hinterhof, um die Menschen zu trauern, die hinter der haushohen Ziegelwand eingesperrt gelitten hatten und elend zugrunde gegangen waren, die von SS-Männern mit Flammenwerfern in ihren Verstecken aufgestöbert und verbrannt wurden. Auf dem Weg zurück zum Bus nach Kiew weinte ich bitterlich. Ich erkannte die destruktiven Wege meiner Gedanken, die mich quälten, die mich isolierten, schaffte es aber nicht, sie zu verlassen.

Ich tripple auf der Stelle, um warm zu werden, um wach zu bleiben, vor allem, um den Druck von der Brust zu schütteln. Da ziehe ich auch schon reflexhaft das Handy aus der Hosentasche. Ich muss einfach unbedingt sofort wissen, ob mir der Mann geschrieben hat, mit dem ich seit ein paar

Wochen viel Zeit verbringe. Seit ich auf dieser apokalyptischen Endlos-Busreise bin, habe ich nichts von ihm gehört. Auch jetzt ist keine neue Nachricht von ihm da. Meine Kehle schnürt sich zu. Alle Gedanken sind nun bei ihm. Ich fantasiere, dass er sich in jemand anderen verliebt, dass er genug von mir hat, fühle mich verlassen, einsam, wertlos. Dass es mir nicht gelingt, bei mir zu bleiben, meine Gefühle zu sortieren, zieht mich weiter nach unten. Am allermeisten aber plagt mich die vermeintliche Zurückweisung des mir doch noch fast unbekannten Mannes. Ich will so nicht fühlen und kann nicht anders. Mein Verderben scheint endgültig besiegelt.

Bis vor Kurzem bezeichnete ich mich als polyamorös. Seit fünf Jahren führe ich eine offene Beziehung und vor drei Jahren habe ich meinen Freund davon überzeugt, dass es eine gute Idee sei, weitere Partner*innen hinzuzufügen. Bisher hat das nicht geklappt. Je öfter es mir gelingt, mich zu beobachten, ohne mich zu beurteilen, desto häufiger oute ich mich als liebessüchtig. Nun glaube ich, dass ich mit meiner Beziehungskonstellation vor allem meine Bindungsunfähigkeit überspielen will. Immer schon verknalle ich mich dauernd, unabhängig davon, ob ich in einer Beziehung stecke oder nicht. Ausschließlich in Männer, die auf mich *unabhängig* wirken und die sich irgendwann als *nicht verfügbar* entpuppen, die mich auf jeden Fall von Anfang an nicht besonders liebevoll behandeln. Jedes Mal aufs Neue bin ich zuerst sehr high und dann sehr down. Im Grunde hoffe ich bei jedem neuen Mann, dass er mich errettet und erlöst, und das, ohne ihn mir überhaupt richtig angesehen zu haben. Natürlich werde ich weder gerettet noch erlöst. Stattdessen ersticken meine Erwartungen und Projektionen die sich anbahnende Beziehung. Mein Absturz ist garantiert. Aus dem Loch kraxle ich mit der nächsten Verknalltheit, nur um wenig später wieder zurück und noch tiefer hineinzurutschen. Das Muster erkenne ich schon länger. Aber erst seit ich regelmäßig mit dem Therapeuten aus Dachau spreche, ahne ich, dass mein Leid nicht in der Zurückweisung des jeweiligen Mannes wurzelt, dass die Ursachen dafür in der Kindheit liegen, genau wie die meiner Beziehungsschwierigkeiten überhaupt. Aber anstatt mit dieser Erkenntnis das emotionale Dickicht endgültig zu durchdringen und den Auslöser meiner Not endlich zu ergründen, jage ich schon wieder einem Mann hinterher, der mich nicht will. Und schon wieder glaube ich ernsthaft, trotz aller Erkenntnisse und Einsichten, dass er mich glücklich machen wird. Dieser wirklich. Mein fester Partner hält das alles bloß aus, weil er in einer anderen Stadt wohnt, weil wir uns nur alle paar Monate treffen und weil er irgendwann beschlossen hat, von meinen Eskapaden nichts mehr wissen zu wollen.

Apathisch klettere ich nun zurück in den noch immer heißen Bus. Doch mir wird nicht mehr richtig warm. Kalte Schauer jagen mir in unregelmäßigen Abständen über Brust und Rücken. Bis wir am nächsten Mittag in Kiew ankommen, sitze ich angespannt und steif vor dem trüben Fenster. An Opa denke ich wenig, an die Toten von Babyn Jar noch weniger und immerhin auch nicht dauernd an den Neuen. Ich bekomme viel zu früh meine Tage und tänzle die verbleibende Fahrt stündlich an den auf ihren Sitzen ausgestreckten Mitfahrenden vorbei, bis zu der übel riechenden Toilette, um mehr oder weniger erfolgreich im Free-Bleeding-Stil Blut zu lassen.

Der Zahlencode des Kästchens, das den Schlüssel zu meinem Airbnb-Zimmer am Maidan enthält, endet auf 88. *Natürlich*, denke ich und lache schlaff über meine Abergläubigkeit. Dann erinnere ich mich daran, dass im Jahr 1946 auf diesem Platz 15 deutsche Offiziere hingerichtet wurden, die in der Ukraine Widerwärtigkeiten verübt hatten. Während ich unter der Dusche Reste von Gebärmutterschleimhaut aus meiner Hose wasche, weine ich schon wieder. Ich schiebe es auf die Hormone, obwohl ich genau weiß, dass ich in den Tagen vor der Blutung mies drauf bin, nicht währenddessen, und wische grob mit dem rauen Handtuch die Tränen aus meinem Gesicht. Danach wälze ich mich im Bett. Ich bin zu müde, um aufzustehen, und zu aufgekratzt, um zu schlafen. Schließlich tigere ich vom Bett zum Fenster zum Bett. Ich will die schweren dunklen Samtgardinen beiseiteschieben, will zumindest etwas sehen von der Stadt, wenn ich schon nicht schaffe, sie zu erleben. Doch jedes Mal rutschen die Vorhänge zurück und verdecken die milchigen Gläser aufs Neue. Ich weiß nicht, wie ich meine Kiewer Mission beginnen soll, und weiß auch sonst nichts mit mir anzufangen. Es ist zu spät, um Babyn Jar zu besuchen, und die Mitglieder der jüdischen Gemeinden ignorieren mich weiter. Schließlich renne ich hinaus, atemlos und ohne Ziel, immer weiter hinab, zum Fluss Dnepr, bis ich plötzlich vor der Synagoge von Podil stehe. Das Backsteingebäude ist unbewacht, das niedrige Eisentor verschlossen, im Garten unterhalten sich zwei junge Männer mit Schläfenlocken und langen schwarzen Mänteln. Einen Moment lang treibe ich mich an, mit den beiden ins Gespräch zu kommen. Aber dann erfasst mich eine Heißhungerattacke, ich flüchte in ein

Café und verschlinge zwei Stück Schokokuchen innerhalb von ein paar Minuten. Auf dem Rückweg zum Maidan sehe ich überall Birken. Jedes Mal denke ich an Birkenau, an das Wäldchen, an die Teiche, an das Krematorium. Lange kann ich dann nicht einschlafen und vor dem Morgengrauen bin ich wieder wach. Aber erst Stunden später überwinde ich mich aufzustehen. Beim Frühstück bringe ich den Mund wieder nur unter Schmerzen auf.

Babyn Jar liegt zehn Kilometer vom Maidan entfernt, im Norden der Stadt. Je weiter ich laufe, desto höher und grauer sind die Häuser, desto breiter und schmutziger die Straßen, desto kaputter die Gehwege, desto öfter denke ich an den Neuen. Als ich nach zwei Stunden an einem verwitterten Steintor ankomme, der Eingang der Gedenkstätte, habe ich mein Telefon mehr als zwanzigmal entsperrt, um Whatsapp, Telegram, Signal, Instagram, Messenger zu öffnen. Wieder hole ich es nun aus dem Rucksack. Um es auszuschalten. Die Gedanken an das Handy und den Mann lärmen aber nur noch lauter in mir, übertönen nun vollständig das Jaulen der Laubbläser und das Hämmern der Gerüstbauer, die das Areal für den Jahrestag vorbereiten. In der kleinen Synagoge der Gedenkstätte, unter der Decke, die den Sternenhimmel zum Zeitpunkt des Massakers abbildet, weine ich aufrichtig und zum ersten Mal seit Langem erleichtert. Bis ein paar französische Tourist*innen hinter mir posaunen, *die Deutschen sind heute doch nur so reich, weil sie damals die Juden plattgemacht haben.* Ich falle auf die Knie, senke den Kopf, doch meine Tränen sind nun versiegt, und meine Gedanken kreisen um französische Neo-Kolonialpolitik und die Frage, ob ich mich mit diesem Intellektualisieren nicht schon wieder von mir selbst ablenke. Enttäuscht und wütend stolpere ich über das Areal der Gedenkstätte. Zum Menora-Denkmal. Zum Eisenbahnwaggon, der an die ermordeten ukrainischen Rom*nja erinnert. Zum Mahnmal für die hier ermordeten Kinder. Zu dem für die sowjetischen Opfer der deutschen Faschist*innen. Zu dem für die ukrainischen Fußballspieler, die erschossen wurden, weil ihre Mannschaft die der Nazis besiegte. Von dort torkle ich durch einen lichten Laubwald hinab zum sandigen Boden der Schlucht. Dort ärgere ich mich über die Mountainbiker*innen in Motorcross-Kluft, die die Abhänge hinunterrasen, als sei hier nie etwas geschehen, über die Jugendlichen, die vor Lagerfeuern tanzen, als sei dies ein ganz normaler Park, und verheddere mich dann weiter in endlosen Analysen, erst zum *richtigen* Gedenken, dann von meiner Liebessucht.

Im Bus zurück ins Stadtzentrum nehme ich mir vor, mich den übrigen Tag planlos durch die Stadt schaukeln zu lassen, was ich an der Endstation gleich wieder verwerfe, weil mich dort der bloße Gedanke an Planlosigkeit hyperventilieren lässt. Was ich sofort als weiteren Hinweis auf meine Nazihaftigkeit deute, die ich wiederum als Grund dafür sehen will, dass mich der Neue ignoriert. Ich meine zu ersticken, diesmal wirklich. Obwohl ich es besser weiß, hinterlasse ich dem Mann eine weinerliche Sprachnachricht, in der ich ihm die Verantwortung für mein Unbehagen zuschiebe. Bevor ich die Nachricht zurückrufen kann, weist er mich erbost und kalt von sich. Nun zerfrisst mich die gefühlte Gewissheit, die Verbindung zu allen Menschen für immer verloren zu haben. Warm und unaufhaltsam laufen mir Tränen über die Wangen. Ich ziehe die Kapuze tiefer ins Gesicht, setze Sonnenbrille und Gesichtsmaske auf und rase durch die Stadt. Diesmal sehe ich überall Eichen. Meine Taschen sind bald mit Eicheln prall gefüllt. Wie die von Oma nach unseren Spaziergängen. In einem Kiosk kaufe ich zwei Tafeln Rittersport Marzipan, die eine esse ich sofort, die andere eine halbe Stunde später. Danach schimpfe ich mich ungesund und fett. Das tiefe Verlangen, high zu tanzen, drängt sich in mein Bewusstsein. Aber es ist erst acht Uhr abends. Auch das Kiewer Berghain öffnet um Mitternacht. Ich spüre auch gar keine Vorfreude, nur Verzweiflung. Schließlich taumle ich ins Bett und in einen traumlosen Schlaf, aus dem ich um kurz vor vier Uhr morgens hochfahre. Benommen und mechanisch trabe ich eine Stunde durch die kalte Nacht wieder hinunter zum Fluss, nach Podil. Dann stehe ich vor dem grauen, heruntergekommenen Gebäude, in dem das K41 untergebracht ist.

Eine halbe Stunde lang zwinge ich mich, nüchtern zu bleiben. Dann positioniere ich mich in einer Ecke neben den Toiletten im ersten Stock, rauche Kette und raune in Richtung von jedem, dessen Blick mich streift, *do you have Ketamin? Ecstasy? Speed?* Nach einer weiteren Viertelstunde nimmt mich eine aufgekratzte Ukrainerin mit in eine der düsteren Edelstahlkabinen und legt mir auf ihrem iPhone eine Line Ketamin. Dumpfe Euphorie legt sich wie ein wärmender Mantel um mich, Zeit und Raum dehnen und beugen sich. Allein stapfe ich zurück zur Tanzfläche und verschmelze mit dem wummernden Bass und den anderen wogenden Körpern zu einem großen Ganzen. Wie so oft in diesem Zustand muss ich an Oma und den Heldenplatz denken. Als die Wirkung der Droge abflaut, nehme ich einen jungen Mann wahr, der zu meiner Linken tanzt, nah genug, dass ich sein Interesse spüren kann, weit genug weg, dass ich mich nicht bedrängt fühle. Ich lächle in seine Richtung. Fünf Minuten später liegen wir in der weichen Kunstledersofalandschaft neben den Toiletten und rauchen sein Gras. Er heißt Togrul und will wissen, was ich in Kiew tue. Ich antworte, ich wolle die Vergangenheit meiner Ahn*innen entstauben, *die Kapitel mit den Nazis, die bisher alle von sich weggeschoben haben, die aber jede*n von uns bis heute quälen, und ich glaube, nicht nur meine Familie, die ganze Gesellschaft.* Er nickt nachdenklich. *Ich glaube, wenn wir alle das Schweigen über geschehenes Unheil brechen, würde es weniger Gewalt auf der Welt geben.* Bedächtig dreht er den nächsten Joint. Er habe bis vor ein paar Monaten in einem der Hochhäuser neben der Schlucht von Babyn Jar gewohnt und wegziehen müssen, weil er in eine Depression fiel. Er ist sicher, die war der Geschichte und der Energie des Orts geschuldet. *Vor ein paar Wochen hat mein Opa mir dann erzählt, dass er jüdische Wurzeln hat. Ich hatte keine Ahnung!* Togrul stammt aus dem Kaukasus, aus Aserbaidschan. Dort ermordeten die Nazis 850 Menschen jüdischer Herkunft. Dass es nicht mehr waren, lag wohl allein daran, dass die Wehrmacht nicht bis in den Süden des Landes vordrang, wo die meisten Jüdinnen*Juden des Landes lebten, sondern rechtzeitig von der Roten Armee zurückgedrängt wurde.

Im Oktober 2020, als ich allmählich begann, über der Nazi-Vergangenheit meines Opas in eine depressive Verstimmung zu rutschen, rief mich eine befreundete Fotografin aus Baku an. Sie war auf dem Weg nach Bergkarabach.

Aserbaidschan und Armenien führten wieder Krieg um die Region. Sie fragte, ob ich nachkommen wolle. Sofort suchte ich Flüge, schrieb E-Mails an mögliche Kontaktpersonen vor Ort. Die Vorstellung, auf Recherche durch den Kaukasus zu reisen, jagte Euphorie durch meinen Körper. Es fiel mir dann aber schwer, mich auf die Details des Konflikts zu konzentrieren. Schließlich schickte ich meiner Freundin eine Sprachnachricht: *Ich kann nicht nachkommen. Ich würde weglaufen vor der Konfrontation mit mir selbst.*

Eine Weile rauchen Togrul und ich schweigend. *Magst du nachher bei mir was essen?*, fragt er schließlich, und mich durchfließt die nächste Welle Euphorie. In seiner Wohnung führt er mich tatsächlich sofort in die Küche, was mein Hochgefühl schon wieder dämpft. Ich klammere mich an einen Joint und frage vorsichtig, ob er nicht Lust hätte zu chillen. Er lächelt, *du brauchst Nahrung für deine Mission*, holt Eier, Tomaten, Paprika, Zwiebeln, Knoblauch und Schafskäse aus dem Kühlschrank. *Ich mach dir Schakschuka. Hat mein Opa mir immer gemacht, als ich klein war.* Ich bin froh, dass er mir den Rücken zugewandt hat. In meinem Hals sitzt jetzt nämlich ein Kloß, der so groß ist, dass ich ihn nicht einfach runterschlucken kann. Ich greife nach dem Feuerzeug, Tränen tropfen auf die hellgrüne Wachstischdecke. Sofort wische ich sie weg, sauge noch heftiger an dem Joint.

Pass auf dich auf, ruft er mir hinterher, als ich bei Tagesanbruch die Treppen hinunter und hinaus zum Maidan laufe. Ich glaube sofort zu wissen, wie er es meint.

OMA.
IM WAHN.

Hatte sie das wirklich getan? Hatte sie sich wie ein Tier vor die Haustüre geworfen? Die Szenen in ihrem Kopf wirkten unwirklich, sie könnten auch aus einem Traum stammen. Hanna wand sich auf dem Boden, stemmte sich mit aller Kraft in den Türrahmen und grölte, während hinter dem undurchsichtigen Glas eine dunkle Gestalt an der Klinke rüttelte und mit kehliger Stimme und starkem ausländischem Akzent ihren Namen rief; je heftiger Hanna sich sträubte, desto lauter. Über der Erinnerung (oder der Einbildung?) schüttelte sie sich und stöhnte unwillkürlich laut. Die Frau im Bett neben ihr antwortete wie immer beim kleinsten Geräusch mit gellenden Schreien. *Sie wollen mich umbringen!* Sekunden später breitete sich beißender Uringeruch aus. Hanna wollte aufstehen, weglaufen, doch ihr Körper gehorchte nicht. Da fing auch sie an zu schreien. *Hilfe!* Nun war sie sicher, dass sie sich wirklich gegen die Tür geworfen hatte. Dass die dunkle Gestalt sie holen wollte. Noch immer. Sie empfand die gleiche dumpfe Verzweiflung, die gleiche Wut. Sie war in die Falle getappt. Deshalb lag sie jetzt in diesem Bett neben dieser Frau und konnte sich nicht bewegen.

Holt mich hier raus! Eine Krankenschwester erschien an ihrem Bett und drückte sie sanft an den Schultern zurück in die Kissen, schob ihr drei dicke Tabletten unter die Zunge und versuchte, mit einem Plastikbecher Wasser in ihren Mund einzuflößen. *Sie tun mir weh!* Hanna bäumte sich auf, versuchte zu spucken. Aber die Tabletten lösten sich schon bitter auf. Da war sie wieder in ihrem Haus und über ihr die dunkle Gestalt.

Ein paar Jahre nachdem auch die Mädchen aus dem Haus waren, hatte sie begonnen, die Feinde überall zu entdecken. Zuerst entlarvte sie die Nachbarinnen, mit denen sie sich damals noch einmal in der Woche zum Kaffee traf. Ausgerechnet, als sie das einzige Mal ihr Misstrauen überwand und die Frauen zu sich nach Hause einlud. Sogar Kuchen backte sie, obwohl sie sich damals schon längst geschworen hatte, nur noch für die Enkel am Herd zu stehen. Nachdem sie gegangen waren, fand sie die Abhörwanze im Blumentopf neben dem Wohnzimmertisch, an dem sie gesessen hatten. Franz zeigte sie die kleine kreisrunde, metallene Scheibe nicht. Sicher hätten sie sich wieder in Grund und Boden gebrüllt, und ihm wäre irgendwann die Hand ausgerutscht. Seit der Geburt der Mädchen begegneten sie sich nur noch voller Wut. Diesmal hatte er auch noch Anlass, zornig zu sein. Denn er hatte sie gewarnt. Die Stimmung richte sich gegen sie, es könnte etwas auf sie zukommen, am besten lasse sie nur Angehörige ins Haus. Doch sie hatte die Mahnung von sich gewiesen wie alles, was von ihm kam. Dabei waren ihr die Nachbarinnen doch schon verdächtig vorgekommen, lange bevor sie die Wanze fand. Eine von ihnen, die Frau des Hotelportiers, die sich immer schon für etwas Besseres gehalten hatte, hatte einmal die Unverschämtheit besessen, Hanna nach einem Kaffeekränzchen mit einem Brief aufs Postamt schicken zu wollen. *Ich bin doch nicht dein Botenmädchen!*, hatte sie sie sofort zurechtgewiesen. Danach hatte Hanna sich eine Zeit lang von den Treffen ferngehalten. Als sie wieder hinging, nahm sie sich in Acht, nicht zu viel preiszugeben, die Haltung zu wahren. Niemand sollte sie je wieder unter ihrer Würde behandeln. Und trotzdem war es wieder geschehen.

Nachdem sie ihr die Wanze in die Blumen gelegt hatten, waren die Nachbarinnen für sie gestorben. Nur in der Sauna, am Frauentag begegnete sie ihnen noch manchmal. Die Aufgüsse des jungen Bademeisters waren Hanna das Risiko wert. Einmal traf sie dort in Begleitung ihrer Schwestern auf die Clique. Davor war sie mit den beiden aneinandergeraten, weil sie ihr einreden wollten, dass die Frauen es gut meinten. Sie erwischte die zwei dann, als sie in der Dusche ausgerechnet mit der Frau des Hotelportiers tuschelten. Instinktiv hatte sie das eiskalte Becken schneller als sonst verlassen und die Schwestern gesucht. Bevor sie Hanna hinter der Glastür entdeckten, schnappte sie ein paar Worte auf. *Krank, verrückt, verbohrt.* Es reichte ihr, um zu verstehen, dass sie sich nun auch vor der eigenen Sippe in Acht nehmen musste. Weder sie noch die Schwestern verloren über den Vorfall je ein Wort. Danach kamen die beiden immer seltener nach München, und auch die Telefonate wurden weniger. Hanna fuhr überhaupt nicht wieder nach Wien und rief die beiden nicht mehr an. Nachdem Helli ihr dann die Locke geschickt hatte, ging sie gar nicht mehr ans Telefon.

Auch die Kinder und Enkel kamen immer seltener. Manchmal beschwerte sie sich noch darüber, singsangte auf Anrufbeantworter, *kein Schwein ruft mich an, keine Sau interessiert sich für mich.* Eigentlich aber war sie erleichtert. Denn bei jedem Besuch fürchtete sie noch mehr den Schmutz, das Chaos, die Unordnung. Sie wischte sowieso schon ständig Staub von den Möbeln und vom Boden, rückte Kissen zurecht, ordnete die Kleidung in den Schubladen, mistete Schränke aus. Das Bad konnte sie nicht verlassen, ohne Wasserflecken von den Kacheln und den Armaturen gerieben zu haben. Mit dem Abwasch begann sie, noch bevor sie den letzten Bissen heruntergeschluckt hatte. Und trotzdem war es nie so sauber und ordentlich, wie sie es wollte. Die Spritzer, der Staub und das schmutzige Geschirr schienen sich jeden Tag zu vermehren. Sie hatte das Gefühl, vom Chaos erdrückt zu werden, darin zu ersticken. Die Fenster schloss sie überhaupt nicht mehr. Kalt war ihr sowieso nie.

Das Haus verließ Hanna bald nur noch für die täglichen zweistündigen Spaziergänge. Die meiste Zeit verbrachte sie nun mit jenen Menschen, die sie zufällig in dem kleinen Park hinter dem Haus traf, die nichts von ihr wussten, denen sie fern war, die ihr egal waren. Nur bei ihnen fühlte sie sich noch sicher. Ihre Kreise wurden immer kleiner. Je weiter weg von zu Hause sie war, desto unwohler fühlte sie sich.

Auch im Zimmer war das Amselmännchen laut zu hören, es musste gleich vor dem Fenster sitzen. Hanna versuchte sich aufzurichten. Aber wieder versagten ihre Muskeln, und aufs Neue erschrak sie, diesmal noch heftiger. War sie jetzt ein Krüppel? Würde sie nicht mehr unter den Baumkronen laufen können? Würde sie die Vögel nicht mehr von Ast zu Ast hüpfen sehen? War ihr Leben jetzt vorbei? Die Spaziergänge in der Natur waren ihr das Wichtigste, das merkte sie nun, vielleicht sogar das einzig Wichtige. Das Haus aber, an das sie sich ihr Leben lang geklammert hatte wie an einen Anker, war nur noch Last.

Wie schön, dass Sie wach sind! Die Schwester hielt ihr einen Becher mit süßem Früchtetee an die Lippen. Hanna hatte keinen Durst, aber sie wollte die freundliche junge Frau nicht enttäuschen, also zwang sie sich zu schlucken. *Sie sind unsere Vorzeigepatientin,* sagte die Pflegerin, *so schnell wie Sie hat sich noch keiner von einem Schlaganfall erholt. Morgen fangen wir mit der Physiotherapie an.* Das Lob jagte Hanna einen wohligen Schauer über den Rücken. Trotz der lahmen Muskeln fühlte sie sich so stark wie schon lange nicht mehr. *Ich werd' euch zeigen, was ich noch alles kann,* sagte Hanna. Ihre Stimme war leiser und unsicherer als beabsichtigt, ihr Ton schwerer und ernster. Die Schwester nickte und strich ihr über den Kopf. Die Berührung tat ihr gut. Hanna schloss die Augen. Als sie wieder allein war, merkte sie, dass die Anwesenheit der stöhnenden und bettnässenden Bettnachbarin sie viel weniger störte, als sie glaubte. Eigentlich war sie sogar froh, dass sie da war.

Sechs Jahre war Franz mittlerweile tot. Die letzten Jahre war er noch seltener zu Hause gewesen, hatte sich noch mehr zurückgezogen, kaum noch ein Wort an sie gerichtet. Je stiller er gewesen war, desto lauter war sie geworden. Ihr allabendliches Schreien führte nur dazu, dass sie noch schlechter schlief. Doch so oft sie sich auch vornahm, Franz zu ignorieren, ihn wie die anderen Feinde zu behandeln, so oft scheiterte sie. Ihre Wut auf ihn war einfach zu groß. Er hatte sie endlos enttäuscht. Nur wenige Jahre hatten sie so gelebt, wie sie es sich gewünscht hatte, wie er es ihr versprochen hatte. Viel länger hatte Hanna sich bloß eingeredet, sie sei wirklich die stolze und starke und unabhängige Frau, die sie vorgab zu sein. Je älter sie wurde, desto weniger gelang es ihr, vor sich selbst zu verbergen, dass sie von seinem Gutdünken abhängig war, dass er sie kleinhielt. Dass sie ohnmächtig war. Nachdem sie nach seinem Tod endlich den Zugang zu seinem Bankkonto erhielt, den sie so lange eingefordert hatte, der für sie zum Symbol ihrer Freiheit, ja ihrer Würde geworden war, ging sie jede Woche in die Innenstadt zum Einkaufen, natürlich nur in die teuersten Geschäfte. Das größte Vergnügen war für sie dabei, der Verkäuferin die Geldscheine über die Theke zu reichen und mit prall gefüllten Tüten aus dem Laden zu schreiten. Spätestens wenn sie die Blusen, Röcke, Hosen, Kleider in ihrem Schrank verstaute, war das Hochgefühl wieder verpufft. Kaum eines der Stücke zog sie je an. *Es ist zu spät*, dachte sie manchmal, *ich kann nicht mehr aufholen, was ich verpasst habe.* Ihr Zorn auf Franz wuchs ins Unermessliche. Dass sie ihn nicht mehr anschreien konnte, dass sie ihm seine Fehler nicht mehr vorhalten konnte, machte sie wahnsinnig.

Vom Bett aus lauschte Hanna den wetteifernden Amselmännchen. Sie erinnerte sich nicht, wann sie den Vögeln das letzte Mal so genau zugehört hatte. *Ich gehe nicht zurück in das Haus*, beschloss sie. Dann fiel sie in einen traumlosen Schlaf.

OMA UND ICH.
SCHWIMMEN.

Antonia und ich sind noch keine acht Jahre alt, als Oma uns im Freibad vor den Bademeister zerrt. Sie hat uns schon mit drei das Schwimmen beigebracht und scheucht uns in jedes Wasser, das tiefer als einen Meter ist. Jetzt will sie, dass wir das Seepferdchen machen und am besten den Freischwimmer gleich mit. Damit hat sie schon geprahlt, als Mama uns bei ihr abgeliefert hat, um übers Wochenende zu verreisen. Der Bademeister fragt, ob wir gut vorbereitet seien, sie bejaht laut. Auf Anhieb tauche ich einen Meter zum Boden und durchschwimme das Becken. Meine Schwester tut sich schwer. Erst beim dritten Versuch schafft sie es, den Ring vom Beckengrund zu holen. Der Bademeister klatscht. Oma ruft, *und jetzt der Freischwimmer!* Antonia zieht die Schultern hoch, starrt auf den Boden. *Sind Sie sicher?*, fragt er. Oma gibt mir einen Schubs. Ich hechte ins Becken, schwimme fünfzehn Minuten, tauche zwei Meter. Alle klatschen.

Drei Mal versucht es meine Schwester zum Boden. Dann erlöst der Bademeister sie. *Lassen Sie ihr doch noch ein wenig Zeit.* Oma verkündet, *wir kommen wieder,* und marschiert voran zu den Handtüchern auf der Liegewiese. Dort schneidet sie jeder von uns von der großen Gelbwurst ab, die sie immer als Brotzeit dabeihat. Als sie mir meine Scheiben reicht, zwinkert sie mir unmerklich zu. Ich lächle, ebenfalls kaum sichtbar. Meine Wurst ist ein wenig dicker als die von Antonia. Ich weiß, dass ich so tun soll, als wüsste ich das nicht und auch, als hätte ich das Zwinkern von Oma nicht bemerkt. Ich soll dankbar sein für die Extrawurst, Antonia darf aber nichts mitkriegen. *Können wir rutschen gehen?*, frage ich. *Du machst den Freischwimmer für die Toni*, verkündet Oma da und weist uns an, die Badehosen zu tauschen. Antonia schlüpft in meine rosafarbene, ich ziehe Antonias babyblaue an. Dann führt sie uns noch einmal vor den erstaunten Bademeister. Ich tauche und schwimme und wieder klatschen alle. Nur Antonia in der rosa Badehose nicht. Sie hat jetzt auch keine Lust mehr, mit mir zu rutschen. *Dann gehen wir eben nach Hause*, erklärt Oma und packt schon die Badesachen. Als wir später vorm Fernseher sitzen, kratzt sie mir zuerst und länger den Rücken.

Ich habe Mitleid mit meiner Schwester. Sie tut mir leid, weil sie nicht dieselben Fähigkeiten hat wie ich, weil sie weniger Lob und Belohnungen bekommt. Ein wenig bin ich auch genervt, dass ich Antonia wieder mal unter die Arme greifen musste. Vor allem fühle ich mich aber geschmeichelt, stark, zu allem fähig. Ich zweifele nicht an der Richtigkeit dieses Prinzips, das in unserer Familie herrscht und ja auch überall sonst. Dass die Starken geschätzt werden und die Verletzlichen weniger zählen.

Ineinander verkeilt rollen Mama und Antonia über den Teppich im Wohnzimmer, beide brüllen inbrünstig. Mama versucht, meiner Schwester eine Wollstrumpfhose und eine Wollstrickjacke anzuziehen. Sie muss zur Arbeit, wir sollen in den Kindergarten, draußen schneit es. Antonia erträgt die Wolle auf der Haut nicht, kratzt sich die Haut wund, windet sich immer wieder aufs Neue aus den Strümpfen und der Jacke, das Gesicht rot vor Anstrengung. Jedes Mal wirft Mama sich mit wilden Augen auf sie. Schließlich kommt Oma hinzu. Heute kümmert sie sich wie jeden Donnerstag um uns, denn Mama kommt erst spät aus dem Büro. *Da haben wir aber einen Haustyrannen,* ruft sie im Ernst und mit Spaß und greift beherzt nach meiner Schwester.

Ich beobachte die Szene still in einer Ecke. Mir ist unwohl. Ein wenig freue ich mich aber auch. Weil ich das Kratzen ertrage, weil es mir gelingt, mich zusammenzureißen. So wie es alle immer von uns verlangen.

ICH.
PUZZELN.

Möglicherweise hat dieses Gefühl etwas mit Ihren Großeltern zu tun, sagt Jürgen Müller-Hohagen, mein Therapeut aus Dachau. *Es könnte sogar eine direkte Fährte in die NS-Zeit sein.* Ich habe keine Ahnung, was er meint. Gerade habe ich ihm von meiner Selbstdiagnose Liebessucht erzählt und von Kiew, dass ich auch dort litt, aber nicht trauern konnte, dass ich dort schon wieder zusammengebrochen bin, weil mir ein unbekannter Mann nicht die Aufmerksamkeit gab, die ich mir erhoffte. Daraufhin fragte er wieder einmal, was diesem *Schmerz* zugrunde liegen könnte, der mir solche depressiven Stimmungen bereitet und das Leben überhaupt so schwer macht. Den Begriff *Sucht* wiederholte er nicht. Sofort schimpfte ich mich, nicht so streng mit mir umzugehen, und rügte mich, weil ich mich schimpfte. Ich sprach aus, dass ich immer wieder in fremden Männern potenzielle Erlöser wittere, um dann geblendet von meiner Projektion in deren Arme zu torkeln. Ich lachte und weinte gleichzeitig. Schließlich ist mir glasklar, dass mich das alles bloß in immer tiefere emotionale Abgründe führt, sehe meinen Irrtum aber stets viel zu spät, nämlich dann, wenn ich schon falle, wie es mir in Kiew nach der Begegnung mit Togrul erneut passiert ist. Dann gestand ich, wohl wieder vor allem mir selbst, dass mich jedes Mal aufs Neue eine unstillbare Sehnsucht verführt, *besonders* zu sein.

Diese Sehnsucht könnte aus einer Familientradition stammen, die in der NS-Zeit wurzelt, führt Müller-Hohagen nun aus. Auch wenn ich noch immer keine genauen Verbindungen ziehen kann, spüre ich sofort, dass an seiner Vermutung etwas dran ist. In dieser Familie sind nicht allein rassistische Reflexe in mir angelegt worden. Meine Großeltern haben auch eine Gefühlswelt weitergegeben. Hat nicht auch Oma von Opa Erlösung erwartet? *Das Erbe Ihrer Großeltern ist nur ein Teil Ihres Inneren, darauf baut Ihre eigene Geschichte auf,* mahnt Müller-Hohagen nun und erinnert mich daran, dass ich das, was ich da gerade in mir entdecke, was mir nicht gefällt, *bearbeiten* kann. Dann erwähnt er noch ein Buch. *Adolf Hitler, die deutsche Mutter und ihr erstes Kind* von Sigrid Chamberlain. *Ich glaube, das könnte für Sie interessant sein.*

Chamberlain, die neben Autorin auch Erzieherin und Mutter ist, wurde 1941 als Tochter überzeugter Nationalsozialist*innen geboren. Sie litt sehr, weil es ihr nicht gelang, ihre Kinder zu trösten, wenn sie weinten. Sie begann, die eigene Kindheit in einer Psychotherapie zu erforschen, und sprach mit anderen Kindern ihrer Generation. Immer wieder stieß sie auf den Namen Johanna Haarer.

Die Lungenfachärztin avancierte unter den Nazis zur Pädagogik-Expertin, wohl vor allem wegen ihrer Regimetreue. Ihre Bücher wurden bis 1945 über eine halbe Million Mal verkauft, ihre Tipps außerdem in NS-Zeitungen und Mutterschaftskursen verbreitet. Sie erklärte das Kind zum natürlichen Feind der Eltern, zum Störenfried. Ähnliche Ideen waren unter Pädagog*innen schon lange vor 1933 in ganz Westeuropa en vogue. Im Unterschied zu anderen autoritären Erziehungskonzepten stellten Haarer und die Nazis aber nicht den Mann in den Mittelpunkt, sondern die Frau. Die Mutter, die sich dem schlagenden Vater bislang zwar nicht in den Weg gestellt, danach aber in ihren Armen Trost gespendet hatte, wurde in der NS-Zeit angehalten, sich die eigenen Kinder vom Leib zu halten. Im wahrsten Wortsinn. Haarer forderte Mütter auf, ein weinendes Baby allein zu lassen, und behauptete, wenn man ihm Aufmerksamkeit schenkte, würde es sich zum Weinen ermuntert fühlen. *Nach kurzer Zeit fordert es diese Beschäftigung mit ihm als ein Recht, gibt keine Ruhe mehr, bis es wieder getragen, gewiegt oder gefahren wird – und der kleine, aber unerbittliche Haustyrann ist fertig.* Eingebettet in Beteuerungen, nur das Beste für das Kind zu wollen, bläute Haarer den Müttern ein, ihre Babys auf Distanz zu halten und nicht zu berühren; Blickkontakt zu vermeiden; das Kind zwischen den Mahlzeiten allein zu lassen, am besten im eigenen Zimmer. Wenn es beim Füttern oder Stillen bummelte oder sonst irgendetwas tat, was die Mutter meinte, unterbinden zu müssen, sollte es zusätzlich isoliert werden. Auch die ersten 24 Stunden nach der Geburt sollte das Baby komplett allein verbringen. Liebesentzug war überhaupt Haarers wichtigstes Erziehungsinstrument. *Das Überschütten des Kindes mit Zärtlichkeiten, etwa gar vor Dritten, kann verderblich sein und muss auf die Dauer verweichlichen*, schrieb sie auch.

Sigrid Chamberlain erkannte in Haarers Erziehungsidealen einen Hinweis darauf, wieso sie selbst vor ihren verzweifelten Kindern erstarrte. Sie vermutete, dass sie das Verhalten der eigenen Mutter spiegelte. Sie erinnerte sich an immer mehr Situationen aus ihrer Kindheit. Einmal schwirrte eine Wespe vor ihrem Gesicht, sie hatte Angst, gestochen zu werden, war kurz davor zu weinen. Die Mutter baute sich vor ihr auf und drohte zuzuschlagen, falls der Tochter nur eine Träne kommen sollte. Wenn die kleine Sigrid sich wehtat, reagierte sie jedes Mal mit Gewalt.

Wer als Kind beigebracht bekomme, spontane Impulse und Gefühle zu unterdrücken, der verliere jegliches Vertrauen in die Welt, schreibt Chamberlain in ihrem Buch. Alles und jede*r erscheine unberechenbar, feindlich, böse. Eine in diesem Geist erzogene Erwachsene sei hart gegenüber sich selbst und anderen, verachte Gefühlsäußerungen, unterdrücke das eigene Denken und Fühlen, sei innerlich wie erstarrt, könne kaum die eigenen Bedürfnisse erspüren, sorge mehr schlecht als recht für sich selbst. Die unbarmherzigen Eltern aus der Kindheit lebten quasi im eigenen Inneren fort. Sie würden zu inneren Dämon*innen, die die Erwachsene dazu bringen, sich selbst genauso hart und unerbittlich zu behandeln wie einst die Eltern. Nationalsozialistische Pädagogik sei immer auch *eine Erziehung durch Bindungslosigkeit zu Bindungsunfähigkeit,* schreibt Chamberlain weiter. So geprägte Menschen hätten ein *großes, nie gestilltes Bedürfnis nach Anerkennung,* lese ich in ihrem Buch. Sie suchten ständig nach Situationen, die sie scheinbar aufwerten. Nirgendwo verankert und am wenigsten in sich selbst seien sie verführbar und gleichzeitig rücksichtslos. Ihre *Sehnsucht nach Zugehörigkeit* sei so groß, dass sie dafür fast jeden Preis zahlen würden.

Ich fühle mich ertappt. So sehr wie vielleicht noch nie.

Bei unserem nächsten Telefonat frage ich Mama nach Johanna Haarer. Sie sagt, den Namen habe sie noch nie gehört. Als ich die Erziehungsideale umreiße, erklärt sie, auf keinen Fall sei Oma von solchen Ratschlägen beeinflusst gewesen. *Die Mama hat uns doch dauernd abgebusserlt.* Sie spricht schnell und laut, und ich merke, wieder hat sie Angst vor meinen Recherchen, vor meinen Schlussfolgerungen. Sofort betone ich, dass ich niemandem, am wenigsten ihr einen Vorwurf machen will, dass ich nur verstehen möchte. Unser Gespräch ist dann trotzdem schnell beendet. Auf meine Frage, ob sie irgendwelche Schwierigkeiten mit uns hatte, als wir klein waren, ob sie sich bei unserer Erziehung über ihr eigenes Verhalten wunderte, antwortet sie nur noch mit einem abwehrenden *Nein.*

Auch ich kann mir ja nur schwer vorstellen, dass Mama Antonia und mich als Babys auf Abstand gehalten hat. Aber Haarers Ratschläge blieben nach der Befreiung Deutschlands *en vogue*. Ihre Bücher verkauften sich in nur minimal abgewandelter Form noch bis in die 1980er Jahre, und zwar eine weitere halbe Million Mal. Und auch Ärzt*innen und das Pflegepersonal in deutschen Kreissälen popularisierten die Nazi-Tipps, genau wie Pädagog*innen und Hebammen.

Der Psychologe Claus Koch, der auch zu den Folgen der NS-Erziehungsmethoden forscht, schreibt, die so Erzogenen versuchten unbewusst, *die vorausgegangene Vernichtung ihres eigenen Bindungswunsches zu rächen.* Sie seien aber nicht in der Lage, die eigenen Eltern anzugreifen, denn die stellten die absolute Autorität dar. Deshalb *projizieren sie die negativen Gefühle auf eine*n äußere*n Feind*in*. Der/die steht dann stellvertretend für das »Böse«, dem sie sich als Kind ohnmächtig ausgeliefert fühlten, wenn sie bestraft und gequält wurden.

Die Nazis lieferten die passende Projektionsfläche für das *Böse* gleich mit. Sie ließen Johanna Haarer auch einen antisemitischen Erzählband veröffentlichen. *Mutter – erzähl' von Adolf Hitler.* Das vermeintliche Märchen handelte von einer vermeintlich guten deutschen und einer angeblich bösen jüdischen Familie.

Auch die Vertreter*innen der *Neuen Rechten*, die enge Kontakte in die AfD pflegen, zu Pegida und zu allen anderen Parteien rechts von der CSU, die explizit Menschen ansprechen, die sich ausgeschlossen fühlen, die sich danach sehnen dazuzugehören, halten ein Feindbild bereit. In verschiedenen Variationen erzählen sie, Grund für das existenzielle Unbehagen sei die *Diversity*-Politik. Die wolle nämlich einen *großen Austausch*, bei dem *weiße* (cis Hetero-)Männer mit (queeren) People of Color ersetzt werden sollen. In den Welterklärungsmodellen der *Neuen Rechten* vermischt sich Rassismus mit Antifeminismus, mit Antigenderismus, mit Ableismus.

Sickern diese zersetzenden, trennenden, isolierenden Ideen nicht längst in den Mainstream-Diskurs? Und in die Politik? Scheint der Faschismus nicht wieder ganz nah? War er vielleicht nie weg? Geht mit Deutsch-Sein einher, das Faschistische im Ich und im Eigenen zu überspielen? Zerbreche ich an der gebrochenen Identität meiner Vorfahren? Kann ich mich glücklich schätzen, dass mich meine Not bisher nur in die Arme von immer neuen Liebhabern geführt hat und nicht in die von Neofaschisten?, frage ich mich noch. Und dann denke ich an meine Zwillingsschwester.

Antonia ist mit einem seltenen Syndrom zur Welt gekommen, eine schwere Epilepsie ist eines der Symptome. Immer schon nimmt sie starke Medikamente. Bisher dachte ich, die Krankheit sei der Grund, warum die Rollen in unserer Familie immer klar verteilt gewesen sind. Ich bin die Starke, sie ist die Schwache. Mir fällt alles leicht, ihr alles schwer. Sie braucht Hilfe, ich helfe.

Seit ein paar Jahren sehen wir uns kaum, wenn doch, geraten wir heftig aneinander und trennen uns dramatisch. Bei unserem letzten Treffen habe ich sie auf einen rassistischen Reflex hingewiesen, zugegeben ziemlich rüde. Sie warf mir vor, ich hätte sie schon in unserer Kindheit unterdrückt, untergebuttert, kleingemacht. Ich fauchte, ich hätte ihr doch ständig nur geholfen, wolle ihr auch jetzt nur helfen. Sie bekam einen epileptischen Anfall. Das ist nun fast ein Jahr her. Sie fehlt mir sehr. Bisher glaubte ich, bei **ihr** müsste etwas passieren, damit wir uns wieder annähern können.

Die Nazis haben mit unseren Schwierigkeiten zu tun! Antonia sitzt mir gegenüber, die Hände an den Sitz des Stuhls geklammert, neben uns ein Therapeut. Wir haben uns zu einem zweitägigen Seminar für Geschwister angemeldet, in Wien, nicht weit vom Graben. Der Vorschlag kam von ihr, ich war sofort bereit. Ausführlich erzähle ich meiner Schwester in dem hellen Seminarraum von meiner Liebessucht, wie die mit Johanna Haarer zusammenhängen könnte, und ich verkünde, dass auch sie in den Büchern Hinweise auf sich selbst finden werde. Antonia bekommt einen epileptischen Anfall. Erst da merke ich, dass ich schon wieder in meine alte Rolle gefallen bin. Ich will ihr helfen, den Weg zeigen. Ich lasse ihr keinen Raum, lasse keinen echten Dialog zu. Ich halte sie klein. Für sie bin ich eine Gefahr.

Absolution durch Vergebung sei nicht möglich, habe ich bei Ruth Klüger gelesen, aber Wandel dank der menschlichen Eigenschaft lebenslänglicher Lernfähigkeit. Es bringt nichts, mich davonzustehlen.

Nachdem Antonia sich von dem Anfall erholt hat, geht sie zu einer gemeinsamen Schulfreundin, bei der sie mit ihrem Mann und ihrem Sohn übernachtet. Ich fahre zu unserer Cousine und krieche auf das Schlafsofa. Das Grauen aus der Vergangenheit droht mich zu verschlingen wie das *Nichts* aus der *Unendlichen Geschichte* von Michael Ende. Auf der Flucht rase ich wie die *Grauen Männer* aus *Momo* durchs Leben, ohne wirklich teilzuhaben, ohne irgendjemandem nahzukommen. Mitten in der Nacht wache ich mit klopfendem Herzen auf. Ich bin in unserer Kindheit. Ich empfinde diffuse Verzweiflung. *Ich muss Antonias Krankheit wegmachen, sonst wird sie nicht überleben, sonst werden* **wir** *nicht überleben.* Ich fürchte nicht nur, sie könnte sich bei einem epileptischen Anfall etwas tun. Ihre Existenz selbst ist irgendwie bedrohlich. Aber darüber darf ich nicht reden, ja nicht mal nachdenken.

Ich durchwühle meinen Tabak nach einem Krümel Gras und, als ich dort nichts finde, meinen ganzen Rucksack. Kettenrauchend höre ich eine geführte Meditation nach der anderen. Als am Morgen der Wecker klingelt, bin ich aufgedreht, traurig und auf eine ungekannte Art ganz ruhig. *Ich bin nicht schuldig, genauso wenig wie Mama, die in der Gefühlswelt von Oma und Opa aufgewachsen ist, die darin noch mehr gefangen sein muss.* In der Trambahn zum Therapiezentrum schlägt mein Herz so schnell wie der Bass im Berghain. *Wenn ich anerkenne, dass ihr Unrecht passiert ist, wenn ich das Schweigen breche, schaffen wir gemeinsam eine Familientradition ab, unter der wir alle leiden,* sage ich mir, als ich am Graben aussteige.

Ich habe mich dir überlegen gefühlt. Ich war überzeugt, du schaffst es nicht allein, du brauchst meine Hilfe. Ich rieche sauren Schweiß und schmecke warme Tränen. Du wurdest in unserer Familie ausgegrenzt und abgewertet. Und ich habe mitgemacht. Es tut mir leid.

Danke, sagt Antonia nur. *Dass du das anerkennst, ist eine große Erleichterung.* Ganz aufrecht sitzt sie vor mir. Sicher. Stark. So habe **ich** sie noch nie gesehen.

Auch ich fühle mich leichter.

EPILOG

Antonia und ich gehen durch die Siedlung im Osten von München, durch die wir als Kinder so oft mit Oma spaziert sind. Es ist Anfang Sommer. In den Vorgärten wachsen die ersten Lampionblumen, noch hellgrün, die Johannisbeersträucher hängen schwer mit Früchten. Omas Häuschen ist längst abgerissen, auch von ihrem üppigen Garten ist nichts geblieben, auf dem Grund haben sie drei Reihenhäuser errichtet. Nicht weit von der Stelle, wo in den Neunzigerjahren die Container standen, in denen Menschen lebten, die vor dem Krieg auf dem Balkan nach München geflohen waren, wurden 2016 wieder welche aufgestellt. Nun sind darin Ukrainer*innen untergekommen. Drei Tage nachdem wir uns in Wien getroffen haben, hat Russland das Land angegriffen. Antonia und ich kommen ganz langsam voran, zwischen uns läuft Christoph, der zweijährige Sohn meiner Schwester. Alles beobachtet, betastet, befühlt er. Bei den Containern läuft er los, stolpert, schürft sich die Knie auf, fängt an zu weinen. Sofort nimmt Antonia ihn in den Arm. Manchmal falle es ihr noch immer nicht leicht, das Schreien auszuhalten, sagt sie, während sie seinen Kopf streichelt, aber es klappe immer besser. Es ist das erste Mal, dass wir uns seit Wien wiedersehen. Ein bisschen habe ich mich gefürchtet vor diesem Treffen. Aber die Furcht hat sich angefühlt wie ein Reflex aus einer anderen Zeit. Denn vor allem habe ich mich gefreut. Ein paar Mal im Monat telefonieren wir nun, meist ruft sie mit Christoph an, per Videocall. Bevor ich meine Kamera anschalte, höre ich ihn. *Wo ist Tante Vroni?*

Eineinhalb Jahre ist es her, dass ich auf Ruth Prieses Sofa saß und sie zu mir sagte, die ganze Gesellschaft würde etwas davon haben, wenn ich das Schweigen in unserer Familie breche. Damals dachte ich ganz groß an einen Systemwandel. Ich dachte, wenn nur genug Menschen in dieses dunkle Loch hinabsteigen, das das Schweigen über die Vergangenheit in uns und unseren Familien hinterlassen hat, würde automatisch eine radikale Veränderung einsetzen. Ich dachte auch, nach dem Abstieg würde ich auf der richtigen Seite stehen, die Arbeit wäre erledigt. Jetzt glaube ich, dass das Erkunden des Lochs nur der Anfang sein kann. Es bleibt anstrengend. Jede Begegnung ist wichtig, und ich will so wahrhaftig wie möglich sein. Ich glaube nun auch, wenn es nicht anstrengend ist, kann es nicht gut sein.

Seit Kiew gelingt es mir immer besser, meine inneren Dämonen zu zähmen, ein bisschen zumindest. Das Grauen aus der Vergangenheit droht mich nicht mehr dauernd zu verschlingen. Ich bin nicht mehr ständig auf der Flucht. Ich fühle mehr und denke weniger. Ich fürchte mich nicht mehr so sehr davor, Fehler zu machen. Wenn mich jemand auf rassistische oder anders diskriminierende Haltungen oder Perspektiven hinweist, wenn jemand zeigt, dass sie*ihn ein Verhalten, ein Umstand, ein Ausdruck verletzt, bin ich aufrichtig dankbar. Wenn ich mich selbst bei abwertenden Denkmustern ertappe, überwinde ich die Scham und benenne sie, vor mir selbst und vor anderen *weißen* Deutschen. Das hilft mir dabei, einen guten Umgang mit diesen meinen ungewollten Reflexen zu erlangen.

Ich will jeden Menschen so sein lassen, wie sie*er sein will. Ich will niemanden benutzen, nach seiner Verwertbarkeit beurteilen, auch nicht unbewusst. Auch spüre ich jetzt, ich tue mir selbst weh, wenn ich andere verletze, ich beschneide mich, wenn ich andere eingrenze, ich urteile auch über mich, wenn ich andere beurteile.

Christoph hat aufgehört zu weinen, Antonia stellt ihn wieder auf den Boden. Ein paar Schritte geht er allein, dann greift er ihre Hand, schließlich meine. *Engel fliegt,* ruft er, nimmt Anlauf, unsere Hände fest umklammert. Wir halten ihn, heben ihn hoch. Einen Moment lang fliegt er wirklich.

ADRESSEN UND ANLAUFSTELLEN

ARCHIVE

Arolsen Archives
Große Allee 5 – 9
34454 Bad Arolsen
Tel: 05691 629 0
Homepage: arolsen-archives.org

Bundesarchiv, Abteilung personenbezogene Daten
Anfragen zu Mitgliedschaft in NS-Organisationen
Eichborndamm 179
13403 Berlin
Tel: 030 41904440
Mail: poststelle-pa@bundesarchiv.de

Bundesarchiv, Abteilung Militärarchiv
Anfragen zu Unterlagen der Wehrmacht
Wiesentalstraße 10
79115 Freiburg
Tel: 0761 47817
Mail: militaerarchiv@bundesarchiv.de

Landesarchiv
Anfragen zu Entnazifizierungsprozessen
zum Beispiel Staatsarchiv München
Schönfeldstraße 3
80539 München
Tel: 089 286382525
Mail: poststelle@stam.bayern.de

KONTAKT ZU ANDEREN NACHFAHR*INNEN

One by One
Monatliche Treffen in Berlin
Ruth Priese
Tel: 030 6574230
Mail: ruthpriese@gmx.de
Homepage: one-by-one-de.org

Arbeitskreis für intergenerationelle Folgen des Holocaust
Spichernstr. 40
50672 Köln,
Tel: 0221 2579 917
Mail: contact@pakh.de
Homepage: pakh.de

KZ-Gedenkstätte Neuengamme
Stiftung Hamburger Gedenkstätten und Lernorte zur Erinnerung an die Opfer der NS-Verbrechen
Regelmäßige Gesprächsseminare für Angehörige von NS-Tätern
Jean-Dolidier-Weg 75
21039 Hamburg
Tel: 040 428131575
Mail: neuengamme@gedenkstaetten.hamburg.de
Homepage: stiftung.gedenkstaetten-hamburg.de

PSYCHOLOGISCHE UND ALLGEMEINE INFORMATIONEN

Dachau Institut
Informationen und Beratung zu psychologischen und pädagogischen Folgen des Nationalsozialismus
Jürgen Müller-Hohagen
Mail: mueller-hohagen@dachau-institut.de
Homepage: dachau-institut.de

Gestern ist Jetzt
Podcast zur Familiengeschichte im Nationalsozialismus
Mail: mail@gesternistjetzt.de
Homepage: gesternistjetzt.de

BIBLIOGRAFIE

Theodor W. Adorno: *Was bedeutet: Aufarbeitung der Vergangenheit* [1959], in: Ders., Gesammelte Schriften, Bd. 10.2, Frankfurt a. M. 1977, S. 555-572.
Hannah Arendt: *Besuch in Deutschland.* Berlin 1993
May Ayim: *blues in schwarz weiss & nachtgesang.* Münster 2021
Frank Bajohr und Michael Wildt (Hgg.): *Volksgemeinschaft. Neue Forschungen zur Gesellschaft des Nationalsozialismus.* Berlin 2009
Zygmunt Bauman: *Dialektik der Ordnung. Die Moderne und der Holocaust.* Hamburg, 1992, S. 7.
Aimé Cesaire: *Über den Kolonialismus.* Berlin 2017
Sigrid Chamberlain: *Adolf Hitler, die deutsche Mutter und ihr erstes Kind. Über zwei NS-Erziehungsbücher.* Gießen 1997
Maureen Maisha Eggers, Grada Kilomba, Peggy Piesche und Susan Arndt (Hgg.): *Mythen, Masken und Subjekte – Kritische Weißseinsforschung in Deutschland.* Münster 2005
Frantz Fanon: *Die Verdammten dieser Erde.* Berlin 1981
Sebastian Haffner: *Germany. Jekyll and Hyde. 1939 Deutschland von innen betrachtet.* Berlin 1996
Natasha A. Kelly (Hg.): *Sisters and Souls. Inspirationen durch May Ayim*, Berlin 2015
Rassismus. Strukturelle Probleme brauchen strukturelle Lösungen! Zürich 2021

Steffen Klävers: *Decolonizing Auschwitz?* Berlin/Boston 2019
Ruth Klüger: *weiter leben. Eine Jugend*. Göttingen 2008
Claus Koch: *Die Auslöschung des/der Anderen*, in: Erziehung nach Auschwitz bis heute. Hgg. von Sabine Adresen, Dieter Nittel und Christiane Thompson, Frankfurt 2019
Nora Krug: *Heimat*. München 2018
Hanne Leßau: *Entnazifizierungsgeschichten. Die Auseinandersetzung mit der eigenen NS-Vergangenheit in der frühen Nachkriegszeit*. Göttingen 2020
Primo Levi: *Die Untergegangenen und Geretteten*. München 1990
Jonathan Littell: *Die Wohlgesinnten*. Berlin 2008
Heinrich Mann: *Der Untertan*. Frankfurt am Main 1991
Alexander und Margarete Mitscherlich: *Die Unfähigkeit zu trauern*. München 1991
Michael Rothberg: *Multidirektionale Erinnerung*. Berlin 2019
   Implicated Subject. Beyond Victims and Perpetrators. Stanford 2019
Yishai Sarid: *Monster*. Zürich/Berlin 2019
Jan Erik Schulte, Peter Lieb & Bernd Wegner (Hgg.): *Die Waffen-SS. Neue Forschungen*. Paderborn 2014
Timothy Snyder: *Bloodlands. Europa zwischen Hitler und Stalin*. München 2015
Verflechtungen. Koloniales und rassistisches Denken und Handeln im Nationalsozialismus, Neuengammer Studienhefte, Hamburg 2019
Michael Wildt: *Die Ambivalenz des Volkes*. Berlin 2019
Oliver von Wrochem (Hg.): *Nationalsozialistische Täterschaften. Nachwirkungen in Gesellschaft und Familie*. Hamburg 2015

DANK

Ich danke allen, die mich bei dieser Reise begleitet haben und die sich mit mir und der Nazi-Vergangenheit meiner Familie auseinandergesetzt haben. Die mir einfach zugehört haben. Die mich vor den Kopf gestoßen und die mich zum Innehalten gebracht haben. Jürgen Müller-Hohagen, Mutlu, Alfons, Maria, Renate, Helli, Helmut, Rapha, Sonja, Togrul. Ruth Priese und den anderen Mitgliedern von One-by-One, die mir zeigten, dass diese Auseinandersetzung nicht endet. Meinem Agenten Alfio Furnari, ohne den ich mich wahrscheinlich nicht an dieses Buch gewagt hätte. Meiner Lektorin Marion Preuß, die mich immer ermutigt hat. Natürlich Antonio, Ehsan, Anna, Tina. Und vor allem meiner Mama und meiner Schwester. Ich danke außerdem der VG Wort und der Beauftragten der Bundesregierung für Kultur und Medien für die Förderung *Neustart Kultur*.